轨道模型

9步打造适应
数字化未来的组织架构

[德] 安妮·M. 舒勒 (Anne M. Schüller) 著
亚力克斯·T. 斯蒂芬 (Alex T. Steffen)

李一汀 译

机械工业出版社
CHINA MACHINE PRESS

The Orbit Organization
9 steps to the business model for the digital future
In 9 Schritten zum Unternehmensmodell für die digitale Zukunft
Die Orbit-Organisation

在数字化转型的今天,企业面临的真正挑战是要创建一个适应数字化未来的组织架构。若想跟上高速发展的数字经济,企业的结构重组势在必行,这正是"轨道模型"方法论的重点所在:完成从传统的金字塔架构向可持续发展的"以客户为中心"的组织架构过渡。

Published in its Original Edition with the title
Die Orbit-Organisation
Author: Anne M. Schüller, Alex T. Steffen
By GABAL Verlag GmbH
Copyright © GABAL Verlag GmbH, Offenbach
The simplified Chinese translation rights arranged through ZONESBRIDGE AGENCY. Email: info@zonesbridge.com

本书中文简体字版由GABAL授权机械工业出版社仅限在中国大陆地区(不包括香港、澳门特别行政区及台湾地区)出版与发行,由中世汇桥版权代理安排引进。未经出版者书面允许,本书的任何部分不得以任何方式复制或抄袭。版权所有,翻印必究。
北京市版权局著作权合同登记　图字:01-2019-6044号。

图书在版编目(CIP)数据

轨道模型:9步打造适应数字化未来的组织架构/(德)安妮·M.舒勒,(德)亚力克斯·T.斯蒂芬著;李一汀译.—北京:机械工业出版社,2023.7
　　书名原文:The Orbit Organization:9 steps to the business model for the digital future
　　ISBN 978-7-111-72533-6

Ⅰ.①轨… Ⅱ.①安… ②亚… ③李… Ⅲ.①企业结构–数字化–研究 Ⅳ.① F272.90

中国国家版本馆 CIP 数据核字(2023)第 010518 号

机械工业出版社(北京市百万庄大街22号　邮政编码100037)
策划编辑:刘　洁　　　　　责任编辑:刘　洁　胡嘉兴
责任校对:肖　琳　张　薇　责任印制:邓　博
盛通(廊坊)出版物印刷有限公司印刷
2023年12月第1版第1次印刷
145mm×210mm・8.875印张・3插页・246千字
标准书号:ISBN 978-7-111-72533-6
定价:79.00元

电话服务	网络服务
客服电话:010-88361066	机 工 官 网:www.cmpbook.com
010-88379833	机 工 官 博:weibo.com/cmp1952
010-68326294	金 书 网:www.golden-book.com
封底无防伪标均为盗版	机工教育服务网:www.cmpedu.com

作者介绍

关于安妮·M. 舒勒(Anne M. Schüller)

安妮·M.舒勒对传统公司架构了如指掌。20多年来,她一直在国际服务公司担任领导职位。如今她这样说:"一方面,我向来都是特立独行的思考者,论证了某些'通用'的行事方式其实荒谬不堪,可能这惹恼了不少人;另一方面,鉴于很多事情只是当时的惯例,我也理所当然地予以了支持。"她切身经历了股东价值思维的时代。

安妮·M.舒勒于2002年退出企业界后一直担任主讲嘉宾、管理思想家和商业教练,其客户群体中有很多是德语区国家的产业界精英人士。此外,她还从不同视角出发,围绕客户、员工及组织架构之间的配合与互动撰写了系列著作,并为此创造了一个通用术语——以客户为中心的企业管理。

安妮·M.舒勒的著作不仅非常畅销,更屡获殊荣[一],例如《亲密接触客户的领导层》斩获2008年度瑞士经济图书大奖,《触点》被评为2012年度中小企业图书,《触点公司》被推选为2014年度管理图书,《接触·点·胜利》荣膺2016年度最佳培训书籍。她的工作还为其赢得了许多其他荣誉,比如,2015年她因毕生事业成就成为德国演讲者协会名人堂成员,2017年和2018年她被商务社交网站领英(LinkedIn)评为最强音,2018年她又被商务社交网站XING评为年度最佳作者。她也由此成为最重量级的商业影响者之一。

[一] 本书出版后获2019年度getAbstract International Book Award(国际图书奖)提名。该奖是广受欢迎的历史最悠久的国际图书奖之一,每年受到全球读者和650多家出版机构的关注。——编者注

她擅长围绕数字化与人性，借助轨道模型（Orbit Modell©）开展当代企业管理及堪称范本的客户导向的演讲，因演讲内容丰富、贴合实际、妙趣横生而受到热烈追捧。此外，她还举办了各种有关管理变革的主题研讨会及大型员工工坊，并培训了不少具备资质的接触点管理经理人。

更多有关安妮·M.舒勒的个人信息，请参见网页 www.anneschueller.de。

关于亚力克斯·T.斯蒂芬（Alex T. Steffen）

亚力克斯·T.斯蒂芬对创新驾轻就熟。他是一名讲师、领导力培训师和企业家。在与各大国际公司及政府部门的合作中，他致力于更好地将数字与人类两者合二为一，聚焦于如何提升数字化竞争力和企业家思维。他设定的目标是：在变革时期构建更坚挺有力的组织和团队。

他以帮助人们转换视角而著称。发表主题演讲时，他将故事娓娓道来，寓教于乐，也由此激发了人们对于变革的好奇及转型的欣喜。他以高效团队和公司再设计为主题开设了德英双语讲座，致力于帮助大家拓展知识和提升效能，在国际上广受欢迎。

作为研讨会领导者，亚力克斯成了不同世界之间的架桥者。他拥有十多年的全球工作经验，对大型集团和初创型公司都有广泛的了解。亚力克斯拥有国际商务学士学位，是公认的创业生态系统及创新中心专家。作为非传统思维的传播者，他采用了一些前所未有的方式和方法，如组织架构中的轨道模型。亚力克斯专注于构建富有开创性意义及具有高度相关性的公司。他的公司 Growth Masters 为世界各地的领导者及企业家提供策划培训，特别聚焦于社区及学习环境并由此开辟了一片能够孕育真正转型的沃土。

更多有关亚力克斯·T.斯蒂芬的个人信息，请参见网页 www.alextsteffen.com。

轨道模型

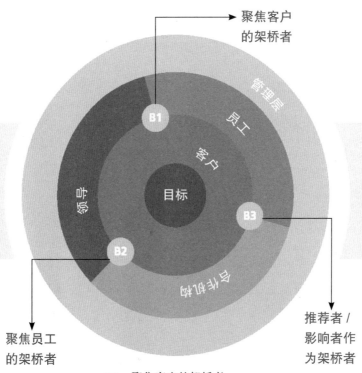

B1　聚焦客户的架桥者
B2　聚焦员工的架桥者
B3　推荐者/影响者作为架桥者

目 录

作者介绍

轨道模型

引言　新时代需要一种新的组织模型 // 1

第0章　未来已来：下一代经济和下一代组织架构 // 17

　　0.1　天堂还是地狱？人工智能和人类智慧的融合 // 20

　　0.2　不可超越的巅峰：去中心化的智能和众人的智慧 // 23

　　0.3　"书本智慧"和"街头智慧"的差异 // 25

　　0.4　颠覆或是自我颠覆，选择权在您的手上 // 28

　　0.5　彻底过时：金字塔形组织架构 // 31

　　0.6　老派：传统组织的运作方式 // 33

　　0.7　陈旧管理思维模式的各种影响 // 35

　　0.8　在新旧学派交替之间发生了什么 // 38

　　0.9　复杂：网络化系统的特征 // 39

　　0.10　新派：年轻公司的组织架构 // 42

　　0.11　新心态：新兴企业的文化 // 43

　　0.12　新的商业模式：游戏规则改变者的创新 // 44

　　0.13　传统企业能向新兴企业学习什么 // 46

　　0.14　双元性：如何展现两全其美的艺术 // 49

　　0.15　开启变革：转型之路 // 52

第1章　目标作用场 // 57

　　1.1　宗旨和目标之间的差异 // 59

1.2 处于组织核心位置的目标 // 62
1.3 从客户视角看企业目标 // 64
1.4 紧密跟踪客户目标 // 67
1.5 情感对客户目标的启迪 // 69
1.6 从员工视角看企业目标 // 71

第 2 章　客户作用场 // 75

2.1 超高关联性：如何创造神奇的吸引力 // 77
2.2 超高关联性在 B2C 领域和 B2B 领域都能奏效 // 79
2.3 关键点：客户真正想要的是什么 // 81
2.4 客户至上：站在客户角度思考和行动 // 82
2.5 今日及未来客户的购买流程 // 85
2.6 洼地战略能神奇地吸引客户 // 88
2.7 企业中的双阶层社会 // 90
2.8 从进攻式销售转向协助式销售 // 92
2.9 接触点：创造"真实时刻" // 94
2.10 EPOMS：接触点的分类 // 98
2.11 买家角色：新的目标群体概念 // 100
2.12 忘掉 ABC 结构：B2B 领域的买家角色 // 102
2.13 消费者业务中的客户旅程 // 106
2.14 客户旅程的 7 步走 // 108
2.15 商务客户领域的买家旅程 // 110

第 3 章　聚焦客户的架桥者的作用场 // 113

3.1 对待客户时走入的歧途 // 115
3.2 在客户看来，部门思维是致命的 // 117
3.3 客户代言人及其核心任务 // 119

3.4　超越部门界限的客户利益代表 // 120

　3.5　一名客户接触点经理的地位和形象 // 122

　3.6　B2C 领域的接触点行动：豪华邮轮上的婚礼 // 123

　3.7　B2B 领域的接触点行动：德国威图公司的报盘优化 // 124

第 4 章　员工的作用场 // 127

　4.1　恐惧是效率和进步的最大杀手 // 129

　4.2　新型劳动力：员工而非工人 // 130

　4.3　红绿灯和交通环岛的故事 // 132

　4.4　老旧的职场：官方的和非官方的 // 133

　4.5　自组织：何为关键 // 134

　4.6　自组织也需要框架条件 // 136

　4.7　自组织的六大要素 // 138

　4.8　一、二、三级：自组织的不同阶段 // 139

　4.9　自组织的成功案例 // 142

　4.10　人们如何产生改变的意愿，又如何不愿做出改变 // 146

　4.11　工作黑客：以"小步走"方式持续改变 // 148

第 5 章　聚焦员工的架桥者的作用场 // 151

　5.1　如何在整个企业增进彼此的联结 // 152

　5.2　多种多样的内部架桥者角色应运而生 // 154

　5.3　文化经理：环境营造者和文化优化者 // 156

　5.4　内部接触点经理：员工和组织之间的纽带 // 158

　5.5　首席敏捷官：业务协调人 // 161

　5.6　协同工作工具：极具价值的连接元素 // 163

　5.7　协同的工作环境堪称卓越的联网者 // 165

第 6 章　领导的作用场 // 169

6.1　下一代经济需要人才专家 // 171

6.2　我们仍然需要领导，但方式截然不同 // 172

6.3　从部门组织到流程组织 // 174

6.4　如何做出决策：昨日和今朝 // 177

6.5　如何改善决策质量 // 180

6.6　如何提高决策速度 // 182

6.7　以角色取代职位，以职能取代职务 // 184

6.8　老式和新型的项目工作 // 186

6.9　职业道路：梯子还是攀岩墙 // 189

6.10　重新思考目标体系：目标与关键成果法而不是目标管理法 // 191

6.11　糟糕的薪酬体系将导致什么后果 // 194

6.12　替代会谈的其他选择：日报和回顾 // 195

6.13　错综复杂的时代必须构建容错的学习文化 // 197

6.14　概览：新旧管理工具 // 201

第 7 章　合作机构的作用场 // 203

7.1　创新实验室：未来企业的典范 // 205

7.2　企业内部实验室：任务、挑战和风险 // 206

7.3　创新实验室 2.0："成熟"的创新岛 // 208

7.4　已经担任和想要成为实验室经理的五点成功计划 // 209

7.5　创新社区作为外部的创新助手 // 211

7.6　如何与初创型企业成功合作 // 213

7.7　从母公司中分拆出来 // 215

7.8　一个生动的案例：绍曼家具公司的子公司分拆 // 218

7.9　众包：利用外部的智慧 // 220

7.10　众包成功的衡量标准 // 223

7.11 开放创新:全世界共同参与的创新 // 225

第 8 章 推荐者和影响者作为架桥者的作用场 // 229

8.1 推荐营销的重要性与日俱增 // 231

8.2 曾经是谁推荐了你 // 233

8.3 人们为何会主动推荐 // 235

8.4 影响者营销是如何迅速崛起的 // 237

8.5 影响者分类:商人、狂热爱好者、偶尔推荐者 // 239

8.6 影响者营销中最该做和最不该做的事 // 242

8.7 如何搜索、找到并免费赢得影响者 // 244

8.8 "粉丝"社区:如何最佳利用网络效应 // 246

8.9 如何构建自己的"粉丝"社区 // 248

第 9 章 管理层的作用场 // 251

9.1 如何将企业带入未来 // 253

9.2 企业重新设计:更新路线图 // 255

9.3 重建专家:转型团队 // 256

9.4 筹建转型工作组 // 258

9.5 如何成功开发新的业务单元 // 260

9.6 大型小组研讨会:转型流程的理想之选 // 263

9.7 成功因素的可视化处理:转型画布 // 265

参考文献 // 267

引言　新时代需要一种新的组织模型

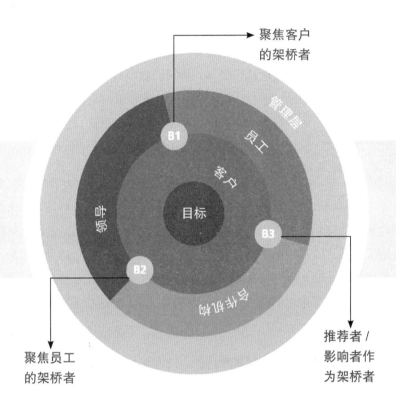

欢迎抵达未来。时代转折点近在眼前，人类、仿人机器人以及各种人工智能以惊人的速度彼此交叠趋同。我们正在共同迈入一个前所未有的时代，一切都不同于以往。同时，我们又共同担负着让这个时代变得更加美好的使命，这既是为了人类的日常生活，又是为了自身所在的企业，还是为了整个经济体和社会。现在，我们将开启这一征程。

有一点毋庸置疑：进步将会促进发展。各种创新层出不穷，它们会瞬间又频繁地从完全出人意料的领域涌现出来。我们再也无法预见几年之后会发生什么，无时无刻不在发生着巨大的变革。尽管尚未完全认清这条前行的道路，但现在我们就得启程了。"路是靠自己走出来的"，这话一点不假。

> 没有什么是可提前规划的，永恒的变革才是常态

这对企业的组织架构设计具有根本性的重大影响，它必须具备适配性、可预见性和敏捷性的特征。全世界都在讨论，如果传统企业无法迅速地实现数字化会招致什么后果。然而事实上，这和数字化本身毫无关系，关键在于人们是否能够拥有富有开创性的全新商业理念，从而促成数字化的实现。要做到这一点，我们就需要构建一种合适的组织架构。专业的数字化技术可以通过购买获得，而适配能力以及转型速度只能从内部着手加以开发。

鉴于本概念是和社会紧密相连的，这就对我们提出了两点要求：一是更新内部的组织架构，二是推动人际关系的改善。

人际关系有着强大的力量，人工智能只能发挥支撑作用，而绝不可能取而代之。一家企业的数字化程度越高，其内部人员就越需要获得更多的关注。在互不相识的匿名环境中，人们的心理压力会减少。网络上各种虚假造谣的东西越是胡乱作祟，人与人面对面的接触就越发显得可贵。眼神接触可以改善人们的行为举止。相对于我们通常所言的世界，数字化构成了一个平行宇宙，很多最初源起于此的激动人心的事物，如今也逐渐显得稀松平常，似乎自然而然退隐到了幕后。人们的生活质量持续提升，令人

欢欣鼓舞。与此同时，来自现实和虚拟两大世界的顶尖事物也互相交织，这种现象一时间蔚然成风，而这恰恰也是数字化服务供应商必须要做的，构建以人为本的数字经济就是最好的解决方案。

此外，引领风尚、走在前列的数字化服务供应商也深谙一个道理：只有顾客说了算，哪些产品和服务物有所值，哪些并不值当。早在多年前，史蒂夫·乔布斯就已经向很多企业道出了一句至理名言："我们必须以客户体验为出发点，继而回归聚焦于技术。"若想重振雄风，全速前进，企业就要完完全全地站在客户角度思考问题，不断摒弃任何不能直接服务于客户诉求的事物。对于经济体中那些富有超常智慧和卓越远见的天才型人物而言，"以客户为中心（Customer-Obsession）"㊀ 的理念（即所谓对客户需求的执着追求）已经深深地内植于心。

> 以人为本的数字经济联结了人和技术这两大世界的最强优势

真正的藩篱：传统的企业组织架构

面对科技、经济和社会领域发生的迅猛变化，企业不得不采取敏捷的应对措施。几乎随处都能听见企业发出这样的感慨："我们已然到了改变的关口，但这尚有待时日。"有些企业正稳步推进这项工作并取得可喜的进步，但也有不少企业还处于缓慢的热身状态。事实上，人们能够感受到行动力的匮乏。从表面上看，大家还在观望、拖延搪塞，但背地里因为惧怕得不偿失，人们都在打着加固防线的保守牌。当然了，要摆脱曾经奏效的常规路线而另起炉灶，这对于很多人来说并非易事，然而，这又势在必行。那么，对于身处管理岗位的实干家而言，何处才是可以助力他们"美化形象"的创新突破口？观望等待并非良策，希冀未来亦无法替代计划。毕竟，如今所谓的"缓一缓"很多时候都意味着"追悔莫及"。

在数字经济中，踌躇不前就会遭受现实严酷的惩罚。既然如此，为何

㊀ 本书中将出现诸多英语概念，这在日益全球化的经济体中是司空见惯的现象。（原著文字为德文，因此书中注释说明为何夹杂英文。此处保留原著注释，下同。——编者注）

轨道模型：
9步打造适应数字化未来的组织架构

企业仍然一而再，再而三地放缓脚步呢？究其原因，人们虽已表现出探索新大陆时的左右摇摆，却没有发自内心地去挖掘犹豫不决的真正根源。这才是真正的藩篱——阻碍前进的企业组织架构。恰恰是那些经常用着最新款智能手机又开着最新款公务用车的经理人㊀，死守着一个源于20世纪初的老化的企业组织架构僵滞不前。在很多人看来，这种架构已经如此固化，别的形式几乎不可能出现。

老旧的组织架构面向的是老旧的员工和客户，彼时的工作作风和习惯心态在当时是完全正确的，但我们不能沿用传统的方式管理崭新商业时代下的组织。在一个充斥着老旧思维的环境中，人们难以构想未来，一成不变的呆板流程也不可能孕育生机和活力，线性的组织架构亦无法承载呈指数型增长的发展，而中央集权控制也不能在复杂的体系中发挥作用。只要基本模型未改变，其他任何的变动都是隔靴搔痒，想要绕开组织架构的重建来实现数字化转型也是完全不可能的。遵循自上而下的直线型组织并非长久之计，网格化组织是一种充满生机的模式，若是反其道行之是没有出路的。

变革势必会引发一些不适，假如仅仅在喧嚣忙乱中聚焦于这些小毛病胡乱医治一气而不愿采取大刀阔斧的举措，这显然不足以让企业变得更加敏捷。其实，新的方法就在眼前，只不过在一个老旧的"企业体系"中，它们几乎没有用武之地，充其量只能治愈一些轻微的病症，更好的方式当然是直击病灶并站在更高层面关注整体架构，处理好这个问题才是管理层最终需要完成的任务。

也正因此，经济体中传统企业和新型顶尖企业的核心竞争点并不在于谁拥有更好的想法，而在于谁建立了更优的组织架构。事实上，一家企业

㊀ 为了增强可读性，我们在文中提及经理人、员工、客户、主管等对象时一律采用了男性的称谓方式，但事实上这也包含了女性。（德文名词有词性之分，为忠实于原著翻译，此处保留了原书注释的译文，下同。——编者注）

的组织架构越是臃肿迟钝，其就越难抵御其他企业的"弯道超车[一] 策略"。面对"下一代经济"，我们急需"下一代组织架构"，只有以此为前提，企业方有可能采取敏捷迅速又富有创意的新型行为方式。这就意味着，要想紧跟数字化时代步伐做到与时俱进，高度契合客户需求并直抵未来，就必须建立：

一种新的组织架构。

这项工作迫在眉睫，甚至可以说刻不容缓。在下一代经济中，建立一种高度灵活且以客户为中心的企业组织架构是我们必须直面的课题，这种组织架构具备诸多特点，除了数字化程度高和无时无刻不面临着变化外，它还强调协同合作与价值网的构建。本引言之前的图例向我们生动展示了这个基本模型，它也是首个系统地将客户置于核心位置的组织架构。

此外，这也是首个将日益重要的架桥者角色有意识地整合到体系中的组织架构。这是因为，转型往往意味着一种过渡（Transition），而这就需要一些能够在彼此间建立连接的人，他们将独立分隔的个体汇集起来，使多个客户项目同步协调，为企业铺平了进军新领域的道路。这其中也包括那些帮助整个企业"敏捷化"的协调者，他们既致力于协调人工智能和人脑智慧，使两者默契配合，又努力保障人机互动顺畅无碍。数字化这个概念不再局限于某个部门而是与一切息息相关，鉴于此，企业内部亟待建立技术架桥者这个角色。

新旧企业间必须重新配对建立起新型的合作伙伴关系。归根结底，企业内部需要一些人来扮演客户代言人的角色并为其发声。事实上，客户遇到的真正问题多数都需要跨职能部门来解决。多个部门各自为营，为了抢夺话语权和业绩归属，会引发一些沟通和表决方面的问题。理解的鸿沟成

我们需要架桥者

[一] "弯道超车"原本是赛车领域的一个术语，指参赛车手在拐弯处比在直线跑道上更易超越对手，这里比喻企业也是如此。——译者注

了冲突之源。在迈向未来的道路上,团结、参与和紧密合作才是更优的选择。

下一代经济:变革才是常态

何为下一代经济?这是一种人脑智慧和人工智能相结合的高速发展的经济。在此背景下,只有那些能够承载变革的组织架构才能幸存。想靠一些小伎俩令公司面貌焕然一新并不可行。若对采取开放心态与开明思想只是纸上谈兵,行动层面依然僵化不前,便是最致命的。事实上,没有人可以绕开新型的管理技术谈企业进步(见图1)。

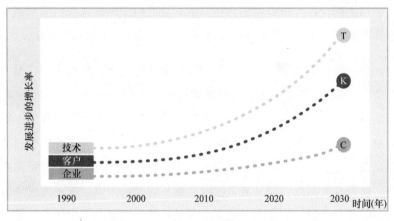

图1 企业、客户和技术的发展比较

传统的组织架构是线性运营的且致力于改善当下,而数字化技术的发展速度则快得多,不同于前者,它强调相互依存、同时工作和彼此联结,这就相应地要求人们以全新的速度进行思考并采取行动。线性运营好比做加法,而指数型发展则好比做乘法,这就意味着先是缓慢的,然后瞬间变得很快⊖。任何一种技术进步都会帮助人们更加迅速地迎来下一次进步。量子计算机的出现将进一步加快其进程,犹如拼命冲刺一般,将以前所未有

⊖ 此处引用了欧内斯特·海明威的作品《太阳照常升起》中对西班牙奔牛节的描述。

的规模实现各种技术飞跃。现在,几乎每年都会出现一个所谓的古腾堡时刻⊖,它指的是一种激进的想法,能够促使人类采取新的行动并进一步改变整个世界。

深受创新科技的吸引,客户们也很快各就各位,它们比市场上的多数供应商反应敏捷,迫不及待地尝试每一次创新和进步成果的大有人在。对于所有市场参与者而言,来自这些早期尝试者、先锋和开拓者的积极体验犹如一片土壤,快速催生了更多的要求。就这样,新兴事物成了我们日常生活中不可或缺的组成部分。等那些步履蹒跚的经典"老企业"步入下一代经济,技术早已进入下一轮革新了。

数字化技术呈指数型发展——速度极为迅猛

传统的经理人在做决定时往往以"久经考验"的知识体系为依据,然而数字化革命把人们倍加信任的游戏规则几乎彻底推翻。破解的密码不仅藏身于科技,还在于人。因为归根结底,事在人为,任何一种成功都是靠人实干出来的,要想在数字经济前行的浪潮中有所作为,就要建立一种具有高度适配性的组织架构和良好的关系文化。也正因此,不少因循守旧的老派企业由于自身架构无法适应下一代经济的新要求已然岌岌可危,因为缺乏对新市场的理解而将被淘汰出局。很多顶尖人才已经选择了离开,因为他们认为这些曾经的东家并不能够赢得未来,与此同时,才华横溢的新鲜血液又尚未注入。

为了避免这种窘境,当务之急是剔除那些自命不凡又老旧过时的管理队伍,要不然他们就会像口香糖一样牢牢地黏在鞋底。我们必须迅速打破这种僵硬的组织架构,摒弃迟缓的工作计划,淘汰毫无意义的工作流程,并立马引入一种敏捷的程序取而代之,跟上变革的步伐。或者我们还可以采取一种更好的做法:永远领先变革一步,这不仅需要建立起一种有利于

⊖ 古腾堡出生于德国,是西方活字印刷术的发明人,其发明引发媒体革命并迅速推动了西方科学和社会的发展。古腾堡时刻意指出现伟大技术变革的时刻。——译者注

推动持续变革的组织架构，还需要招募到热烈期盼革新的人才。适者生存，这才是不变的法则。如果遵循一成不变的计划，企业在规避最大风险的同时也将错过最佳的机会。与此同时，企业在狭隘的视野中也看不到其他的种种可能。总而言之，能胜出的永远都是新技术，它们令事物变得更迅速、更美好、更价廉、更质优。

客户第一：这是以客户为中心的要义所在

如今，要想占据行业领先地位，企业依靠的早已不再是做了什么，更重要的是客户如何看待企业——客户会如何向第三方做出陈述。客户才是企业中最重要的人物，然而老式的企业组织模型并未将其列入组织架构图，即便在新型的组织模型中也很难觅得客户的踪影，甚至那些天天摇旗呐喊"客户中心论"的公司也并未在自身的组织架构图中纳入客户这个元素。面对这样的情形，我们所谓的"以客户为中心"（Customer-centricity）又从何谈起？人人颂扬之，却无人执行。

传统的企业很难捕捉和及时满足各种利益相关者与消费者的需求，多数情况下只能气喘吁吁地亦步亦趋，其中不少企业就会在这场比赛中被淘汰出局。当传统的经理人还在着重盘算着竞争、季度目标、成本这些因素时，新兴企业的精英们早已深谙一个道理，一切工作的核心都是为了赢得客户的好感。

在这方面，我们需要补课的并非是某种精密的工程技能，而是要学会如何在问题发生之后找到一种合适的有针对性的解决方案。所有相关人员都要严格围绕客户需求，精密安排、协调一致，犹如编制管弦乐曲一般整合所有的产品、流程和技术，这些工作可不是简单地一股脑儿地扔给服务、销售和市场部门。客户的期望值与日俱增，所以企业里的每个人都要关注如何提升客户感受。更何况，如今的客户人手一部智能手机，这是他们的"全能王"，产品稍不合他们的心意，在手机上轻轻一滑它们就消失了。网络很容易降低客户的忠诚度，"一切为了客户"成了应当恪守的信条，这难道不寻常吗？不，当然不是了。

大多数企业的行为都是自私自利并受效率驱动的，无论如何，客户都应尽量遵循供应商预设的流程，接受烦琐的手续，谅解老旧的企业软件系统。这就意味着，企业为了减少过多的工作量，客户也要有所付出。有些企业真的很"擅长"让程序制造麻烦，占领他人时间，散播不良情绪。是可忍，孰不可忍！长久以来，客户掌握了至高无上的权力，他们行动起来形成虚拟的客户群，似乎能掌控供应商的生死，如今更能很快实现。

客户是企业中最为重要的人物

外部环境中的万事万物彼此联结成网，但传统组织架构却依然"封闭自锁"，遵循内部的汇报流程完成组织任务，与之相反，未来企业会遵循客户任务梳理自身结构。从客户视角看，所有的流程必须是跨职能开展的，而且彼此间都应实现顺畅对接。如果仅优化了流程但不根据客户需求做出适配和调整，那只能是一错再错。要做到真正以客户为导向，就要把所有可能令客户感到头疼的麻烦事推给供应商，以确保客户获取的都是正面和积极的体验。这小小的改变可会带来大不同，因为每个微小的与客户相关的不愉悦体验都可能招致毁灭性的打击。总而言之：

客户第一，其次是内部效率；
客户第一，其次是产品、解决方案和技术。

建立一种以客户为中心的组织架构势在必行。如今，客户需求驱动着企业。凡是惹恼客户或者让其无动于衷的事物都会立马失灵，这是一个残酷的事实。只有利于客户的，才会同样利于企业。此外，具有支付意愿的消费者、顶尖人才以及整个社会早已翘首期待着企业能够追求比获得市场领导地位和收益最大化更崇高的目标。客户群体也想知晓企业作为供应商究竟能向他们提供何种使用价值。这种使用价值也可说是企业存在的意义，这也就解释了英语中为何称其为"目标"（Purpose），很大程度上也正是这种价值彰显了一家企业的身份，促成其高质量发展并形成自身的竞争优势。

在理想情况下，这种目标应该成为一种宏大的变革目标（MTP）。这个目标富有意义、充满启发、颇具远见、果断英明、时刻变化着又魅力无穷，无论是客户还是顶尖人才都会被其深深吸引，它激发了人们内心强烈涌动的事业心，这将成为培育最佳业绩的温床、孕育真知灼见的热土。不具备上述目标的企业很快就会丧失"创新、高效、高收"这三大优势。第1章还会对此作详细阐述。

重新设计公司：开启变革征程

我们在合著的书籍 *Fit für die Next Economy*（《适应下一代经济》）中已经描绘了"重新设计公司"这个概念，正如书中所述，要想跟上滚滚向前的时代车轮，对公司的重新设计早已势在必行，于是我们向大家介绍了过渡期的概念，过渡期将引导企业从落后的金字塔式组织架构走向新的圆形组织架构。我们称其为一条转型之路，企业从以往的专注于效能建设转而致力于营造鲜活的创新文化，同时，这也是一条带领企业从竞争文化进入合作文化的变革之路。

其目标何在？我们旨在建立一种全新的组织架构，它不再严格遵循从上至下和由内到外的授权式等级制度，而是以去中心化和广泛的自组织性为特征，一切以客户利益为中心。

这方面是否存在万能的灵丹妙药？答案是没有。商业情境五花八门，与之相应地就要采取特定的方式方法。每家企业都要找到属于自己的道路，这就需要不断地试验和探索。如果说存在现成的蓝图，那肯定是和某个业务毫无关联的，要不然人都会竞相效仿，最后大家获得的成果也毫无二致。标准化的解决方案可以说是极端危险的，因为世界上没有任何两家企业是完全相同的，各种商业模式及客户构成都极具个性特征，而所处行业和市场也同样富有个体差异。企业规模是一个影响因素，各国国情和文化特点也值得关注，同时我们还要高度重视法律、权威机构、

最高管理层必须明确表态，承认变革的必要性

证券交易所章程、投资人及股东对一家企业造成的种种局限。

错误的做法是：直接外购一个现成的解决方案并将之生搬硬套到企业的组织架构上。以前那些一味遵循业务章程、依赖办事指南行事的经理人早已过时，兼容并包辅以责任担当、深度参与的精神应运而生，这就要求企业务必营造一个允许试错也充分容错的庇护所，从而孕育出一种企业独有的形式。毋庸置疑，向企业外部的专家、学者求助当然有利于启发自身，而先锋式人物的观点和理念也弥足珍贵，往往发人深思。但请注意，不假思索地效仿或者拿来就用犹如东施效颦，并不可取。

不过，任何情况下都要做到一点：根本性决策，也就是说，要下定决心启动这样的变革和转型。如果高层管理者没有明确释放出变革意愿的强烈信号，那么任何一种组织架构的转变非但无法取得预想的效果，甚至还会招致毁灭性的损害。另外，企业的最高层还身担重责，他必须千方百计地保护、支持和关注整个组织架构的改造工程。第9章还会对此作进一步阐述。

但是，组织架构的革新有可能一蹴而就吗？在极少数个例中当然也有可能实现，但通常情况下人们会达成一种共识，即转型变革的过程不能操之过急，千万要调控好废黜等级制度和实现自组织的节奏，既不能过于性急又不能过于强硬。想一口吃成胖子犹如同时拆除四周墙壁，这只会被落下来的屋顶砸伤脑袋。只有极少数人认为，企业有必要立马采取激进的方式，这部分人可能主要是想从贩卖认证和咨询授权中牟取经济利益吧。乌托邦式的理想固然美好，但切合实际的方式更值得选择。由此就引出了下面这个关键性问题：

权力等级制度和组织架构有必要存在，但其应当最小化到什么程度？
什么是自组织最大程度可能存在的形式？

畸形的转型项目永远都显得怪异，不要指望它能有所改观，与其徘徊在其中虚度光阴，我们更推荐大家借助一些垫脚石（里程碑）快速启动。

当然，事实上也没人愿意观望等待。本书在论述中提到的不少举措都采取了步步为营的过渡方式，而非瞬间实现翻天覆地的改变，因为人类好像天生就热衷于立竿见影，而易于实施的小步前行似乎更符合这种趋势。再说，成功故事的辉煌和荣耀很快就会流传，然后人们立马会渴求更多源源不断的成功。

一旦这样操作就会导致这样的局面：中央节点虽已被打破，但领导层仍旧存在，至少在做战略决策时依然如此。但凡试图动用暴力铲除等级制度的，都会创造一个真空环境，但这反过来又会滋生出一种新的权力等级制度。作为一个集体，企业为了确保最为重要的质量问题并避免弯路，需要建立一个规范性的秩序体系和充分的组织架构。任何一个初创企业如果想做大做强，必须考虑到这一点。

然而，没有人需要臃肿的官僚机构，多数时候，传统的管理阵型仅仅专注于与自身相关的事务和利益。

这种管理阵型成天探讨各种规划组织、内控组织、报告组织，简直要泛滥成灾了，然后企业就会沦陷到循环的协调怪圈中，迷失于自己编制的繁文缛节中。内部的官僚主义将损耗无限的精力，你会听到一片怨声：花一半时间就能完成工作了，另外绝大部分时间都被庞大的"组织架构"侵占了，其实那都是恼人的七零八碎的杂事。这是纯粹的资源浪费，仅仅耗费成本，却没有创造任何价值！

"花费大量精力去完成一件不应该做的工作，天底下再也没有比这更徒劳无益的事了。"管理学之父彼得·德鲁克（Peter Drucker）如此说道，而时事评论员沃尔夫·罗特（Wolf Lotter）补充说："老旧的组织架构源于官僚主义，也恰恰是为官僚主义而设的，这种组织架构抵制创新，它把革新和转变推到了边缘。"如今，任何一家企业要想维持原样、不做改变都将难以为继，建立"下一代组织架构"已然刻不容缓，正因此，我们开发了轨道模型。

引言
新时代需要一种新的组织模型

轨道型组织：针对数字化未来的企业模型

对于意欲启动组织重建的人而言，强烈的呼吁（"事到如今，我们必须要敏捷起来！"）起不到什么作用。其实企业缺少的是高瞻远瞩的视角，这就令变革陷入了险境。这个时候，我们提出的设想就登场了，它就如何建立一个既能服务当下和未来又能有利于方方面面的企业组织架构作了基本阐述，我们将其称为"轨道模型"（见图2）。

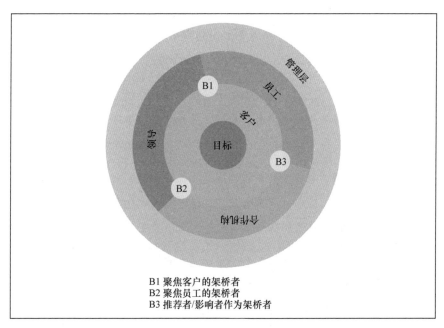

B1 聚焦客户的架桥者
B2 聚焦员工的架桥者
B3 推荐者/影响者作为架桥者

图2　舒勒/斯蒂芬创立的含有各大作用场的轨道模型（Orbit Modell©）

轨道型企业的魅力无穷，对于客户而言，这样的企业是梦寐以求的；对于员工而言，这样的企业是理想的港湾。此类企业的显著特点是以互利互助取代钩心斗角，时刻准备好迎接变革。在这样的企业里，高效务实的工作团队在致力于服务雇主的同时也全力以赴提升客户的满意度。最后，我们看到的是一个完美的组织架构，它和我们的数字化未来配合得天衣无缝：它能实现商业上的高盈利，同时又极具人性关怀。

13

作为组织架构领域的创新，轨道模型最具新意的部分表现为如下几点：

目标：一个强劲有力的目标位于组织架构的中心，对于客户和所有员工来说，这是一家企业存在的意义。它如同一枚果核，保障着企业在市场上的生存空间。

客户的位置：人们一再提及"以客户为中心"，这点在轨道模型中是显而易见的。客户紧紧包裹着处于中心位置的目标，因为后者强烈地吸引并支持着客户，而所有的员工、领导及各方合作机构又围绕着客户，平起平坐，视线相对，彼此之间保持着动态的交互。

员工的位置：他们不再位于整个等级制度的底端，而是和圆圈中的企业领导及合作机构的伙伴地位相当，并与后者共同致力于提升客户的满意度。员工以去中心化和跨职能部门的方式做出种种运营决策。

领导的位置：领导人员不再被隔离在客户之外，我们的模型不仅一目了然地呈现了贴近客户的概念，其在操作层面也切实可行。领导人员和企业的员工及合作伙伴在平起平坐的氛围中紧密合作，携手共进。

合作机构的位置：长久以来，传统企业在转型升级的变革中都会暴露出种种缺陷，这些问题倒逼企业采取一些措施，包括对接创新中心、自建创新实验室、成立数字化单元以及/或者和适配的初创企业开展合作。诸如此类的战略联盟成了传统企业的创新助手和成长驱动器。长江后浪推前浪，助力企业日益壮大，砥砺前行，直奔未来。

架桥者：外部世界中的一切都彼此联结、交织成网，企业内部也应如此。这就需要架桥者扮演好自身角色，这些人要连接各个学科和专业，主持协调"既此又彼"的相互关系。他们要负责消除内部和外界、上级与下级、人和"会思考机器"之间的鸿沟。此外，外部的拥护者和共建者也不可或缺，他们可以设法帮助企业赢得客户。

> **企业管理层的位置**：企业管理层（高管层）并非象征着金字塔的顶端，而是一家企业的基石，它关注的是如何保障企业必要的稳定性。高管层负责设定企业的转型战略，同时其自身也是企业联系公众的纽带和通往未来的架桥者。
>
> **内嵌的动力**：圆形是一个去中心化组织架构的典型特征。即便如此，要在这种形状的组织架构中注入动力，依然需要彼此联结。鉴于此，一个每时每刻、任何人在任何地点都可以对其方方面面进行更新的系统就应运而生了。

在一个充满活力的体系中，组织架构本身是持续更新的，未来也必将如此。变革已经成了一项"持久战"。没有什么东西是铁板钉钉、牢不可破的。在转型时代，我们开启了"试验模式"。进步之轮滚滚向前、不可停歇，正因此，"抵达终点"这个概念压根就不存在，至多只会在前行的道路上留有停顿喘息的短暂间隙。就此而言，一个组织架构及其员工应该拥有的最重要的品质包括：

- 数字化专业知识；
- 情商；
- 加速能力；
- 适应能力。

我们撰写此书旨在帮助和启发那些想要引领企业迈入未来的人，全书时常会出现看待问题的视角切换。尽管我们会对过去的模式提出质疑，但并不会全盘否认。老旧的模式中也有不少内容依然具有借鉴意义。我们将自己视为新鲜血液的注入者、架桥者和垫脚石（里程碑）的铺设者。我们希望帮助企业跨越新老企业之间不断扩大的鸿沟，并提取来自这两方面的精华。对于很多企业而言，建立一个充满生机和活力并有助于其维护好与客户、员工、合作机构及所处自然环境关系的组织架构至关重要，

> **一个轨道型的组织架构其本身也是持续更新的**

而我们的目标就是全心全意地为其出谋划策。在这一点上，我们也确信，几乎所有人都摩拳擦掌，准备就绪。事实上，我们眼前已经涌现出许多伟大人物，只要组织架构允许，他们就会施展出卓越的才华并取得丰硕的成果，也正因此，我们现在将结合实际，步步深入，向您展示抵达成功的秘籍。

下一章将详细论述开启变革征程势在必行的原因。该章节将详细阐明隐藏在轨道模型这一专业范畴背后的内容，也将告诉读者如何驾驭"企业"这艘航轮加速驶向未来。关于为了达成该目标应当如何设定"路线图"，在第9章中，您会找到我们的相关建议。本书列述了种种行动方案，希望您能从中有所习得，根据自身情况各取所需，并在实践中转化应用。在此基础上携手团队，正如乔布斯曾说的"奋力敲开宇宙中的一小片新天地"，您终将抵达成功的彼岸。在奋楫笃行的路上，我们愿竭诚为您提供帮助。

第 0 章 未来已来：下一代经济和下一代组织架构

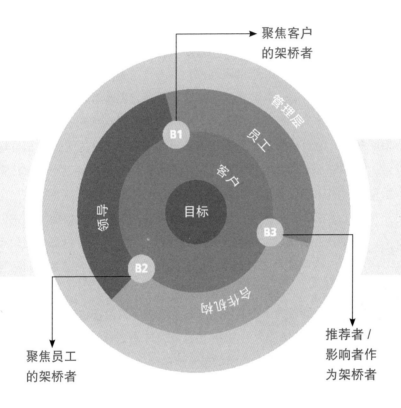

有关人工智能及其各大应用领域进化演变的研究和实践铺天盖地，其传播出来的信息令人惊叹。在接下来的数十年中，我们将目睹诸多技术的诞生，在其面前，我们目前为止所经历的一切都将黯然失色。我们虽然已在科幻电影中见识了不少新奇的事物，但压根不敢想象这些会成为现实，而技术革命将使之成为可能。这一切不用等数百年，未来的五年、十年或者二十年中就会发生。

这种变革发生之快，程度之剧烈，给不少人带来的第一感觉是害怕和惊恐。这也不难理解，有些人认为，这条发展之路最终将是穷途末路，它会成为一场世界末日般的灾难、一个昏暗阴沉的反乌托邦；另一部分人则持相反观点，他们认为这种发展将创造出一个富足丰裕又充满幸福喜乐的世界。所有关于人类、疾病、饥荒、能源需求、水资源匮乏和环境污染等一系列重大问题在科技这把利剑之下都将迎刃而解。那么这将造就一个人间天堂？还是招致世界末日？我们或许将面临一些技术方面的风险，但已确凿存在的社会危害更加不容回避。有些人正是以此为出发点考虑问题，才会觉得自己被隔离在发展这扇大门之外而远远落伍了。全世界所有地方都应平等均衡地享有走向繁荣富足的权力。古希腊先哲普鲁塔克早已论述过："贫富失衡是所有城邦致命的通病。"这就意味着，建立一个人本主义的数字经济才是我们肩负的最重要的使命。

目标是建立一个人本主义的数字经济

人们会对未来做出一些叙述性的假设，如果能以此为出发点回顾一下企业过往的种种行为，就会发现这些假设在一定程度上是非常有益的。举例而言，有关各方如果阅读毕马威（KPMG）和 Trend One⊖ 撰写的《重新思考价值创造》，就会发现其中描述了 2040 年可能发生的种种场景。无拘无束的天真烂漫自然不可取，但假如拜读历史学家斯蒂芬·平克的著作《人性中的善良天使》就会发现，在数千年的历史进程中，我们的内心已然变得日益平和安宁。在史前时代，差不多每两个人中就有一人死于非

⊖ 登录网页 http://hub.kpmg.de/ki-studie-2018 可免费下载《重新思考价值创造》。

命，而现在早已不是如此。人们完全有理由期待一个更加美好的未来，也完全可以相信善良和美德将成为社会长期恪守的规范和准则。到最后，人类终究要依靠爱的力量才得以延续，既然如此，我们是否必须将爱植入人工智能呢？数字经济领域的思想领袖、能力网站（Competence Site）的运营者——温弗里德·费尔泽（Winfrid Felser）认为："无论如何，如果仅仅天真地赞颂科技的无上光环而忽略以人为本、摒弃社会责任，将是极其危险的。"

以色列历史学家尤瓦尔·诺亚·哈拉瑞（Yuval Noah Harari）[一]认为，令人类陷入险境的不是人工智能本身，而是人类与生俱来的愚蠢。在这一点上，我们不应再听之任之，坐视不管。

有人沉湎于幻想一些恐怖的景象，这些即便存在也是遥不可及的，与其杞人忧天，不如更好地思考一下如何优化人机合作，从而进一步增强当下和未来的民生福祉。在很多领域，人工智能与人机合作都极具潜力，将为人类带来深刻而积极的影响。因此，在人和"会思考的机器"之间建立良好关系是一项重要的基本工作，这两者若能配合默契、高效合作，就会如同双人自行车般形成协同效应，胜过单独的人或机器。

这方面的核心问题如下：

- 人工智能在哪些方面能胜过人类？
- 人类在哪些方面能胜过人工智能？
- 借助人工智能，人类能提供哪些新型服务？
- 何种情况下，我们能把工作全然交付给人工智能？何种情况下，我们需要介入？
- 如何结合人类和人工智能两大领域的精华，确保实现完美的效果？

[一] 参见网页 http://www.turi2.de/aktuell/zitat-yuval-noah-harari-warnt-vor-falschen-verstaendnis-von-kuenstlicher-intelligenz/.

直觉、幻想、同理心、伦理、价值观念、道德规范，科技本身全然不知这些概念。科技能够也将会从人类身上学到很多，它能接纳我们的好与坏、善与恶、美与丑。谁研发了强大的科技，谁就吹响了善恶竞争的号角，一旦科技落入恶人之手，便将成为魔鬼的工具，这也意味着人工智能亟待建立伦理框架和安全保障。其实，我们每个人都可以在此方面有所作为并承担责任：作为企业所有者，能够做出决策；作为员工，可以选择在工作中以怎样的方式带动何人前进；作为投资人，可以确定谁能获得资金，其用途又是什么；作为客户，能决定支持哪些人，反对哪些人；作为普通公民，我们至少能做到，但凡有可能就大声表达自己的观点，或发起抗议活动。勇于担当、执着热心的人们能凝聚一股团结的力量，借助网络功能可激发广大群众的力量。正如谷歌公司已向我们展示的，员工齐心协力发挥作用，就能阻止企业走向歧途，而任何一个有杰出影响力的人士大声疾呼也将有助于世界变得更加美好。

0.1 天堂还是地狱？人工智能和人类智慧的融合

人类智慧（MI）变化之多令人惊叹，这也正是它的优势所在，属于其范畴的能力包括逻辑能力、语言能力、音乐能力、空间能力、体育能力和情绪智力。为了帮助自身适应未来，眼下我们还应加紧发展如下两大新的智能：

- **自适应智能**：这是一种面对不断更新并持续施压的周遭环境能够做出快速而灵活调整的能力。

- **数字智能**：这是一种无论科技如何渗透都能区分对错、明辨善恶的能力。

那么，我们能够通过学习获得上述两种智能吗？当然可以，方法就是持续不断地练习。年龄超过50岁就不用再学习了？才不是呢！人类的大脑是一个终生工作的工地，科学上将其称为神经可塑性。通过再三地重复，人脑就会形成一种从意识演变成潜意识的自动性，也就是滑入所谓的自动驾驶模式。这样一来，操纵整个航程就会更驾轻就熟、更敏捷灵活、更富有成效。何为人力所能及？自人类存在以来，我们就在不断扩大这个概念的边界。只有那些充满雄心抱负，愿意积极适应任何情况并做出相应调整的人才更容易得到命运的垂青。

另外，最早由人格心理学家雷蒙德·伯纳德·卡特尔（Raymond Bernard Cattell）提出的关于液态智力和晶态智力两者区分的理论也值得关注，其中液态智力包括快速理解能力、敏捷的行动力以及创造性提出问题解决方案的能力。液态智力会随着年龄的增长略有降低，与之相反，晶态智力则会随着年龄增长有所提高。属于晶态智力范畴的包括广博的知识、随着阅历增加得以丰富的直觉以及对于事物间千丝万缕联系的洞察力。企业既需要液态智力又需要晶态智力，两者必须互联互通，共同发挥作用。

那么人工智能呢？当我们关注效能、敏捷度、庞大的商品交货件数、堆积如山的信息、单纯的流程，以及应对一再重复、艰难费力、环境肮脏、不利于健康和具有危险性的工作时，人工智能就会凸显出其优势。

在几乎所有的知识性工作领域，人工智能都迅速显示出其巨大的优势，人类只能望其项背。人工智能可以高效利用海量的数据，瞬间对其做出分析处理并实现所有信息互联互通，因而其拥有极快的学习速度。人类需要花上数周、数月甚至数年才能完成的工作，人工智能最多仅需几个小时。

具备自学功能的软件程序不仅能凭借自身变得更加聪明，而且更富创造性。人们选择在其中部分软件程序中植入奖励计划，它们便开始在一些业务领域自动搜索，甚至还能开展一些自我教学。这些软件程序能够撰写故事、编制交响曲、创造独特的艺术品、阐释情感，似乎还能表达同情。若把这些程序集结成组，它们还能形成一种群体智能。人工智能能够做到自我编程和自我复制，这就意味着，它能独立自主地孕育新的智能。在这方面，它并不是效仿人类智慧，而是开辟了属于自己的道路，如今连这些程序的开发人员也不能完全理解这套运行机制——这着实令人焦虑不安。

不过，人类早先学会飞行，靠的也是掌握空气动力学的法则，而非简单复制鸟类拍打翅膀。

发展到如今，人工智能已能处理成千上万的事情，它们对于企业的日常工作而言极具价值，也能支持企业员工完成高质量的工作，还能优化流程、实现自动化交互、通过算法处理概率问题、做出预判。鉴于此，一旦面临复杂问题有待解决，运用算法总是更优的选择，比如，对于情境 A 或者 B，采用 500 个方案中的哪个才是最佳方案？与之相反，有的问题需要根据具体情境采取措施，而且即便掌握了大量数据也无法通过单纯计算加以解决的时候，我们就特别需要人类智慧了。

人工智能需要建立伦理框架和安全保障

不同于以往对历史数据进行加工处理的办法，人工智能借助实时数据展望未来，在这方面，它可谓预言大师。每次当人借助 Siri、Alexa 或 Cortana⊖ 说话时，其实就在训练人工智能。

如果采取谷歌、亚马逊等公司推荐的算法，我们就能令这种人工智能更加聪明。若能进一步与 IBM 开发的认知计算系统 Watson 整合，那么该系统就不仅能和自己学，还能做到从中学、一起学。如果说这种系统能比人类医生提前两年识别肺癌，并且精准率高出 50%，那么您更愿意相信谁呢？

随着变革的推进，某些工作岗位将日渐消失，这在过去已得到了反复证明。很多古老的职业退出历史舞台，我们也不再哀叹追念。有些工作将发生翻天覆地的变化，此外又有很多崭新的职业出现在人们眼前。人工智能作为人类的同事，我们必须对其加以编程、维护、训练，还要保护它免受侵袭。事实上，目前只有那些水平不高、资历不深的人在这方面做些打杂性质的辅助工作，这个局面将在未来发生扭转，获得高薪报酬的不仅有那群推动人工智能实现最优状态、发挥最佳功效的人，还有那些比软件更加博学多才的人。

⊖ Siri、Alexa 和 Cortana 都是人工智能领域中的智能虚拟语音助手。

第 0 章
未来已来：下一代经济和下一代组织架构

如果说人工智能是专家，那么人类则是通才。后者的优势在于具有幽默感、同理心、直觉本能、冲动性、精神灵性、操控感官、细腻感受、即兴创作的天赋、现场谈判的技巧、健全的心智，还有一种被人类学家莱昂内尔·泰格尔（Lionel Tiger）称为社交快乐（Sociopleasure）的因社交萌发的内心喜悦。那些擅长这些领域并持续精进的人将在数字时代引领风尚，由此诞生的一些新兴职业将主要和创新、适配、联结、试验、协调、合作、灵活化、个性化及情感化相关联。这不仅要求我们具备"变革力"，还有一点特别重要：

对人类自身以及最新科技的微妙第六感。

"当人工智能接手了人类的工作，人性就成了我们一项新的独特优势。"《商业周刊》主编米丽娅姆·梅克尔（Miriam Meckel）女士曾在自己的一篇专栏文章中这样描述。如此看来，人工智能不仅肩负着进步的使命，还应创造一种自由空间，以便身处企业中的人能聚焦真正的核心问题：针对客户的工作。

0.2 不可超越的巅峰：去中心化的智能和众人的智慧

麻省理工学院（MIT）集体智慧中心以及其他多家研究机构已经通过各项研究调查反复证实了一点：尽管团队中个体成员的智慧具有重要意义，但说到成果产出，群体智慧发挥的作用要大得多。在这里，我们更偏向于使用"众人的智慧"这个概念，可以将其理解为一种或多或少具有自组织特性的共同智慧，这种智慧能超越行政管理和官僚主义的藩篱激发创新。一旦足够聪明的人聚集一堂，任何问题都能迎刃而解。发挥众人的智慧也有利于开发某些前人从未涉足过也不可能仅凭一己之力就能产生的创意。

> 一旦足够聪明的人聚集一堂，任何问题都能迎刃而解

这方面还有第二个常见的术语——群体智能，我们并不使用这种说法，因为很遗憾，这世界上往往存在一些极为愚蠢无知、喧闹嘈杂、

误入歧途的群体。在这种情况下，针对权力、恐惧、强制威压、管控拥有的种种权威将会催生一种盲从，这是极端危险的。那些听从教条所言简单地遵循规则办事的人对什么都无所惧怕。决策垄断以及来自上级的源源不断的命令指示，加之知识匮乏、机会主义和从众心理，会使任何一个组织都变得"群体性愚昧"[冈特·迪克（Gunter Dueck）]，而这种效应只能令我们与未来背道而驰。

早在2004年，社会学家詹姆斯·索罗维基（James Surowiecki）就在其全球畅销书《群众的智慧》中借助诸多案例诠释了一点，通常来说，一个团队"要比其中最为聪明成员"更有智慧㊀。举例而言，只要这个团队是非匀质的，知识能得到认可并互相分享，那么随着加入该团队的个体数的增加，其整体创新能力也呈正增长。为何要说非匀质？因为匀质的团队中成员彼此相似，这样的团队易于达成一致，也倾向于墨守成规，几乎很难大胆创新。一个非匀质团队的优势恰恰在于多样性的观点表达、接纳不同思考方式的开放态度以及与之相关联的勇于尝试探索的精神。

一个非匀质的团队同时考虑两种性别、年轻人和年长者、思考者和行动者、富有经验的老手和毫无经验的新手、各式各样的学科项目、不同的阶层，某些情况下甚至还包括多种国籍人士的混合。

组织学方面的专家安妮塔·伍莉（Anita Woolley）女士曾指出，有三个特别的因素有助于提高团队的群体智商：一个团队里至少有两名女士、各个成员的行为富有同理心、地位对等的相互交流。与之相反，喋喋不休者和自我吹捧者都会降低团队的群体智商，自我膨胀和自高自大的人都不利于团队，无论男女都是一样。仅由男性组成的团队，特别是那些领导会将大把宝贵的时间花在装腔作势和争名夺位上的团队，会极大地降低生产力。仅由女性组成的团队往往都各持己见，难以达成共识。此外，发牢骚爱抱怨的人无疑将损耗组织的效能。

㊀ 引自詹姆斯·索罗维基《群众的智慧》一书。

只有满足以下几个条件,一个团队才能始终做出明智的决策:

- 每个参与者都能独立地形成自己的观点;
- 每个人都有渠道获取与决策相关的所有信息;
- 每个人都被允许表达自己的观念并得到他人的倾听;
- 个体能在不受权威约束的条件下认同某种合适的做法。

此外,团队还需要营造一种富有建设性且互相尊重的氛围。最后,这个团队的成员还要能在虚拟和现实两大世界中碰面,也就是说,人们越来越意识到一点,只有在彼此见面的情况下,人才能实现最佳的协同合作。为什么会这样呢?字面的言语可能会欺骗人,而手势和表情会透露内心真实的看法,这会引发我们的共鸣。一个善于捕捉的直觉雷达能够感受到这些信号并破译温和善意或凶恶不敬的意图,但只有当人们的身体彼此靠近的时候,所有的感官才能共同参与发挥作用,那些通过肢体语言释放的信号也才能得以破译。

框架条件如果得当,那么人们不仅可以提高获得巨大成功的期望,还有更大可能达成意想不到的效果,这也就是"众人的智慧"所带来的意外之喜。此外,身处共享经济中的社会化年轻一代早已领会了一点:把一切都据为己有,只会令人持续处于贫穷状态;乐于和众人分享,才能变得富有。这一条法则首先适用于知识,如果使其孤立,它就会人间蒸发。相反,如果给予其充分的自由空间并将其广泛地传播,那么它将创造出惊人的进步。

0.3 "书本智慧"和"街头智慧"的差异

在变革的进程中,旧经济体中拥有巨大潜质的书本智慧已被街头智慧取而代之。⊖ 拥有"书本智慧"的人能从理论层面理解事物间的关联并能对其做出精妙绝伦的分析。他们立足于知识和逻辑,埋头苦心研究,将这个不甚完

⊖ 畅销书作者斯科特·博克顿向大众普及了这两个概念。

美的世界描绘得精彩绝伦。这些人虽能熟练运用各种 Excel 工作表和仪表盘,却无视面前活生生的人。面对屏幕前不断闪烁的数字,最为普通的常识也会消失殆尽,柱状图、饼状图和形形色色的图表才是他们眼中的现实世界。大学里教授的是同一套管理标准指令,如果大家拿来套用,那么整个企业无疑将被淹没其中。没错,这是因为面对持续变化的经济体,绝大多数的商学院和企业经济学专业却依然只传授一些老掉牙的方法。

> "书本智慧"将越来越多地被"街头智慧"所取代

"我之所以读完大学是因为我感兴趣的所有招聘岗位都要求应聘者至少应为大学毕业生,但其实大学里学的知识,90% 我都用不上。"劳拉向我们这样倾诉。这是何等的浪费!还有比这更糟的,"你们向年轻人提出的要求实在太高了:大学毕业、成绩优秀、国外生活的经历、广博的知识面、创造性潜能。一旦被招募,我们既是首当其冲被'修理'的,又要遵循那些细如发丝的规章流程,而事实上这些不过是纸上谈兵。"斯文这样说,这就凸显了一代人进退两难的困境。

在规模较大的企业里,绝大多数部门领导从未和客户有过沟通交流,这就导致了很多决策仅仅停留在理论层面,甚至连负责市场营销的主管也几乎仅仅专注于"书本智慧",其客户只能透过各种图表认识这些企业。他们一味聚焦数据,翻来覆去加以琢磨,还称其为"客户洞察",至于真实生活中的情况是怎样,他们却从不调查研究。但凡召开博览会,他们会聘用各种时髦的女服务生吸人眼球,却不会主动冲入熙熙攘攘的客户群中攀谈交流,这简直是对时间莫大的浪费。要想成为追求"街头智慧"的人,就要走出门外,接触客户并真正近距离地体验他们的生活。在这种模式里,尿不湿产品的制造商就会要求其经理在一周内 24 小时不间断地穿戴成人纸尿裤,以获取亲身体验。

追求"街头智慧"的人不会在穿越丛林的途中单纯依赖一张地图。他们深知,一张纸根本起不到实际的作用。他们会从过往的种种经验中推导

第 0 章
未来已来：下一代经济和下一代组织架构

出问题的解决方案或者向其所在的社交网络咨询求助，这差不多就是所谓的"街头智慧"，而这些智慧并不藏身于韦厄（Wöhe）撰写的企业经济学"书籍"中。如今，依赖课本知识只能停滞不前，现实生活往往是另一副模样，但追求"街头智慧"的人却能清晰勾勒出现实的景象，他们非常忙碌、无拘无束、充满想象、久经考验，同时也对变化充满好奇，对处理复杂情境富有经验。这些恰恰是下一代经济所需要的品质。

> 如今，依赖课本知识只能停滞不前，现实生活往往是另一副模样

当然，书本知识也并非全然无用——题外话，至少您正在阅读本书，相信这是有所裨益的，但如果仅把抽象的知识当作可以抄袭的样板，不认真思考如何量体裁衣，如何将书中知识活学活用，就不太妙了。正如同一方药剂并不能治疗所有疾病，同一种管理技术也无法适用于所有的企业。

那些追求"书本智慧"的人也被称为足不出户的经济学家，他们把自己关在一个封闭的世界里闭门造车，再三地分析，如此循环往复，没有尽头，就这样耗费了宝贵的时间，这在分秒必争的人看来简直是奢侈。此外，这类"书本智慧"人士还以掌握专业知识自鸣得意却因此封闭自锁，殊不知这些在未来几乎不值一文。事实上，人们需要的专业知识瞬息万变。如今，人们再也无法自称已经完成教育培训。知识更新的速度之快令人咋舌，它比以往任何时候都更容易过时，这样一来，存储式的学习几乎丧失了意义，也正因此，学习的方式方法正在发生根本性的转变。从今往后，无论是在专业的深度还是广度方面，人们都有必要培育自学能力以及持续渴求知识的内在意愿，还要将两者联系起来。这么做的人也被称为"T形"人，因为 T 这个字母充分体现了他们的特征，即很好地融合了专家和通才的各项能力。

凡是不能通过内在驱动力持续不断提升自我素质的人，都会在未来世界中被淘汰，而这不会发生在那些追求"街头智慧"的人身上。一旦需要

获取某些信息来处理某个新课题，他们绝不会坐等授课，而会选择迅速地进行网上调研。其实网络中早就包含了所有重要的信息。如今，"查下网络吧！"已经成了人们的口头禅，这恰恰象征着一种新型的自主学习能力。谁能向因特网抛出最具智慧的问题，还能知道在哪里找到最佳答案，谁就能脱颖而出。根据 2017 年知识工作者调研显示，62% 的知识工作者负责对自己进行继续教育，59% 利用业余时间完成其专业领域的深入研究。⊖

0.4 颠覆或是自我颠覆，选择权在您的手上

"颠覆"的含义是：一个业已存在的商业模式、一项广为人知的科学技术、一种常见的服务项目或传统的分类模式被一种突然出现的崭新事物所取代。演化渐进式的创新是对现有事物做出改善和进一步的开发，而颠覆式的创新则全然不同，它指的是一种激进彻底的富有划时代意义的更换与替代。蒸汽船曾在世界海域取代帆船，这就是历史上关于这方面的一个案例。当时并无任何一家帆船制造商掌握这项革新式的技术。

与之相反，这些帆船制造商还试图通过安装更多的船帆来抗衡蒸汽船的新型动力。如今，富有开创性的颠覆往往首先来自数字经济中的行业新人。事实正是如此，单个固定的零售商不能构成线上贸易，一家银行不能完成基于网络的支付，仅凭音乐产业无法创造出 iTunes 软件。

因此，颠覆不是在人们熟知的领域以小步快跑的模式进行改进和完善，它开拓的是一片新大陆，它是跨越不确定性这道防火墙实现的飞跃，但在这种情境下，构筑防火墙无济于事，勇于颠覆反倒能帮助人们更好地融入其中。面对突然袭击，无人可谓安全。"这种事不会发生在我身上，我毕竟可是全球的市场领袖！"这样想就大错特错了，未来世界才不会在乎这些，数字变革席卷各处，无人能够置身事外。谁不采取行动，谁就会被创新抛弃。那么，这是不是意味着需要自我颠覆呢？答案是非常肯定的。要想保

⊖ 参见网页 https://www.hays.de/personaldienstleistung-aktuell/studie/wissensarbeit-im-wandel-2017

住自己的竞争优势和财务业绩,最好先人一步,与其等待他人采取行动,不如先自己颠覆自己。

柯达公司的员工史蒂文·J. 塞尚(Steven J.Sasson)先生早在1975年介绍一台由他发明的数码相机时就曾说过这样一句被载入史册的名言:"它很可爱,但不要告诉任何人。"技术的进步会迫使每个人持续不断地改造和重塑自己。在这方面,进行自我颠覆的商家将把极具针对性的产品带入市场,并以此发起竞争。苹果公司就是一个很好的例子,它一再鼓起勇气进行自我颠覆:iPhone手机的推出抢夺了大量iPod播放器的市场份额,iPad也是如此,它的推出以自相残杀的方式蚕食了Mac笔记本电脑的销售量。无论你是否相信,有朝一日,以如今形式存在的手机(或者也包括搜索引擎)都将荡然无存。在颠覆面前,就连颠覆本身也并不安全,未雨绸缪很有必要。因此,谷歌公司早就在其母公司Alphabet旗下借助开创性的未来科技进行了重构。与之相反,在老派的组织架构中,各个部门领导执掌大权,严密看管着自己的一亩三分地,因为各项规定、计划数字和目标完成奖励都与此挂钩,在这种情况下,自我颠覆只能遭受鱼雷击沉式的破坏。事实上,某些传统企业依然死守着那些曾令他们所向披靡的管理方式。但还是那句话,未来世界才不会在乎这些。

而且,由于颠覆性的事物往往在其崭露头角时显得微不足道、模糊不清,就连很多知名的供应商也常常低估了它们的价值。在实践中,这些颠覆从不按计划行事,人们既无法提前对其编制预算,也不能事先精确计算出它的每个细节。对于尚未存在的市场,人们至多只能满怀期待地做出预判,而不能对其加以分析。这对于企业中负责内部控制的管理人员而言简直就是噩梦,因为他希望获得准确的数字,或许他会坚持表示:"那我们至少应该询问下顾客吧,听听他们怎么说。"我们建议最好别这样做,原因在于,客户只能理解那些出现在其熟悉范畴的新型事物,此时需要的是一种联系彼此、融会贯通的能力,也就是说,如果仅仅沿用传统的市场调研方法对老客户群体进行测试,更多时候只能得出错误的预判。举例来说，微软前总裁史蒂夫·鲍尔默（Steve Ballmer）曾在2007年的一场访谈中针对首部iPhone手机傲慢表态："没有人会花500美元购买连一个键盘都没有的手机。"这是手机行业的激流猛进？诺基亚的一名高管曾言之凿凿："人们只是想用手机通话。"你们瞧，即便是那些绝对专业的人士都会在颠覆中错判方向，又怎能叫"普通人"做出精准预测呢？但凡这样说的，无非是怂恿人踌躇不前，谨小慎微地蜷缩在自己熟知的领域。我们自然不能用老旧的管理思维模式解读新的商业逻辑。

颠覆迫使每个人持续不断地改造和重塑自己

还有一个问题值得关注：为了实现既定的增长，大企业往往需要获得庞大数字的支撑：庞大的客户、丰厚的销售额和利润。哪里可能产生好看的数字，资源就流向哪里。在这样的环境里，没有人再去关注那些获胜希望渺茫的事物。没有一个市场营销人员会潜心钻研那些虚无缥缈的东西，也没有一个经理人会在以短期业绩作为评估指标的前提下拿自己的职业生涯开玩笑。那么，颠覆在这种情况下又将如何诞生呢？谁永远将关键指标放在首位苦苦追寻，谁总是对未达成计划指标予以公开惩罚，谁就必将成为创新和顾客导向的掘墓人。企业一旦这样做，不利影响将出现在方方面面，除去过往已经错失的机会，还将与各种获胜的潜能失之交臂，不乏遭受各种长期持续的损失。当务之急是两点：对于不久便将无利可图的技术，大范围终止对其投资；对于真正富有创新价值的商业模式，为其创造发展的自由空间。

然而，最近一段时间的经济历史依然显示出各大企业一如既往地选择保护现有的收入来源。正如我们经常从媒体报道中获知的，这种行为往往会招致毁灭性的后果，而此问题真正的根源却鲜为人所知——彻底过时的组织架构。对其进行颠覆性改造刻不容缓。事实上，不少富有开拓精神的企业早已着手此项工作，而与之相反，大多数老字号企业依然将自己桎梏在传统的金字塔体系中止步不前。

0.5 彻底过时：金字塔形组织架构

让我们首先仔细看看金字塔体系的基本设计。图 0-1 做出了生动的阐述。

- 企业领导人、董事及首席执行官（CEO）凭借权力及超高薪水的属性获得最突出的地位。
- 在其下方设有很多领导层级，其中较高层称为 C 层 [如首席营销官（CMO）、首席信息官（CIO）、首席财务官（CFO）等]，还有中间层和较低层。
- 广大员工承担了具体工作，构成了所谓的"底层"，所谓的小人物，"人力资本"、管理者的棋子，达成目标的工具。
- 整个组织架构就像"敬拜太阳"一般全力追求着利润最大化。

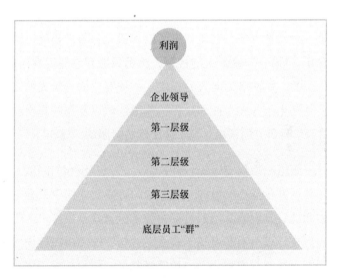

图 0-1　传统企业组织架构的金字塔模型

这种思维模式处处透露出男性英雄主义观念，只要稍往高处几步，就能"掌权做主"。此外，基于这种根深蒂固却又迂腐过时的理念，该体系的最高层中往往也缺乏女性领导人，这都是构建新型组织的障碍。

这种思维模式在视觉上表现为一种自上而下的组织架构。这似乎成了一种标准，在传统组织架构中随处可见它的身影，人们也似乎并无其他选择。其中最关键的信息是，谁的层级在谁之上，谁又隶属于谁。

在金字塔组织架构图中，人们根据不同职能或业务领域对自己划分了结构。其中，沟通交流遵循等级制度先从上而下进行，继而由下而上返回。这就意味着：上层负责思考，下层负责执行。员工遵照计划行事，而报酬首先落到领导人手里。"按章办事"是通用的法则，所有部门都是为了控制别的部门而存在的。

工作就在这样一个呈中央化阵型的组织中展开，人们乐于将其比作"筒仓"。横向联系仅存在于高层，底层人员之间并不存在这种关联。这在实际操作中就好比右手往往不知道左手在干些什么，而这恰恰是症结所在：封闭的"筒仓式"思维和市场与客户要求的灵活性格格不入，"筒仓式"的职能划分是一种异常现象，它体现了间隔和孤立，与之相反，网络则代表着对话与合作。"筒仓"遮蔽人的视野，仿佛只能穿越隧道看向远方一般，这是极其危险的，而网络则向人们提供了一种宽广的全景式的视角。真正的新事物总是诞生于各大专业的交界、边缘区域以及那些高度灵活的由工作小组开展跨学科研究的领域，绝不会出现在封闭的"筒仓"。

那么，一张组织架构图还能告诉我们什么呢？领导如同国王般高高在上，蹲坐在其下方各个小框里的是其温顺的追随者。图中只会记录并体现那些领导的职能，其中既看不到员工的位子，又找不出客户的影子。整个组织的聚焦点在于权力而非市场。顺便说一句，这类组织架构图从根源上可以追溯到军事体系，它强化了一种等级制度，僵硬刻板，统一服从。面对数字风暴，采取这种做法无异于在一片森林中进行单一种植，一旦飓风来临将毫无生机可言，而"混合种植的森林"将更加健康，也更适应环境。创造力将成为未来世界的关键性资源，而自上而下的组织架构会将其扼杀，因为它剥夺了员工的权力和行动自由，降低了人员的工作效率，人们发挥自身才干的能力也就随之削弱了。凡是预先下达命令叫人严格遵守执行的，无异于把他们培育成傀儡；凡是把下属推进"命令和顺从的牢笼"不准反抗的，无异于把他们驯养成懦夫。瞧，对这种组织架构做出的初步诊断已然令人瞠目结舌，我们可以通过图 0-2 进一步了解。

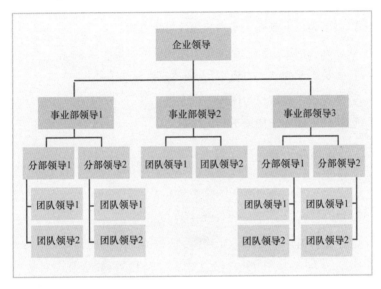

图 0-2　随处可见的一张传统组织架构图

0.6　老派：传统组织的运作方式

在本书中，我们会时不时地用一些形容词来描述古典的老派组织架构，如传统的、老式的、常规的、习惯的、碎片化的、专制独裁的、古老的、金字塔形的……这种组织架构根植于工业时代，诞生于线性发展的时代，那个时候的市场一览无余，清晰可辨。在较大规模的传统企业中，我们主要能发现以下特征（见图 0-3）：

- 等级严明的自上而下的组织结构；
- 受数字和财务业绩驱动；
- 聚焦于市场领导地位和收益最大化；
- 通过占有资产拥有较高的固定资本；

- 效率驱动的流程和大量的规章制度；
- 缺乏灵活性，抗风险能力差，容错率低；
- 与外界隔离，部门的利己主义，孤岛式的解决方案；
- 公司内部及在市场上的竞争行为；
- 以过去为出发点展望未来的线性思维方式；
- 在计划、预定指标、审批和内控领域的官僚主义；
- 广大员工成为"人力资本"，即达成目标的工具；
- 各种管理工具被视为模板执行应用；
- 创新的形式在于持续不断地改善。

图 0-3　老派企业中的一些关键概念

以这种方式进行组织，显然很难激发变革的活力。这种组织把主要任务放在体系维护及利用上。领导层进行各种管理与制度约束，主要希望借此从组织架构中获取最大利益，同时也保持现状。因此，财务部门在企业中拥有很强的话语权，其工作以财务赤字为导向，高度关注成本的高低。当然，进步之轮总是滚滚向前，而为此付出的代价自然不能由客户来承担，解决办法还是对行政管理机构施加压力并做出调整。这样做成本有多少？

又有多少附加值会因为采取强制性计划而付诸东流？答案是这笔金额高得可怕，而且会带来灾难性的后果。

横向思维？打破定式？创新突破？在这种组织架构里，这些都是难以企及的。尽管人们会提出种种要求，但事实上内心压根不希望这样做。

企业内部人士直观地感受到了这点，但在行动上却宁可原地踏步。在他们看来，特立独行的思考者会扰乱局面，固有定式的打破者会动摇体系，而创新则充满了不确定性。而且，一旦有人下定决心要做那个改革的"破冰者"，他就是在与老旧体系的受益者作对，由此，人们倾向于故步自封、不求变化也就很好理解了。我们经常会听到这样的声音："我们的员工并不想这么做！""我们的领导人并不愿意跟着干！""这种做法在我们这里是行不通的！"我们用了一连串的排比并辅以感叹号，就是想强调企业对此的抗拒。在这样一种屈服式思维的统领下，企业转型几乎没有胜算。

尼尔斯·普弗雷英（Niels Pfläging）是国际知名的组织学专家，他自称管理领域的"驱魔者"并说过这样一段话："企业缺乏改变和创新，也没有什么特别的起色。如果一会儿把这个问题归咎于员工，一会儿又把矛头指向领导人，显然是毫无意义的。在现实中，绝大多数企业的症结并不在于人事问题，而在于一个庞大而严重的系统性问题：它们以官僚主义、等级制度和外来控制为基础构建了组织架构模式。这样一来，整个组织丧失了自我责任心、企业家创新思维和团队精神也就不足为奇了。我们同样无法凭借指令和控制创造企业家精神。"

0.7 陈旧管理思维模式的各种影响

以严格的等级制度为显著特征的自上而下的组织架构会形成一种思维模式，也就是一种思维和行动的逻辑，它会促使人们采取完全与之吻合的行动：人们将变成乖乖听话的守门人，毫无主见地等候着指令。换言之，这种做法会令企业的员工渴求被领导。预先设定的道路不容置疑，这抑制了人们的想象力，也阻碍了人们从自己身上、从别的地方寻找更好的出路，这种做法是非常可怕的，因为我们面临的未来比以往任何时候更具不确定性，能够事先规划的视野越来越窄，而事物的可预见性几乎为零。目前，所有领域都涌现出一批先锋，他们勇于在前所未有的全新应用领域投入数字化技术。这些崭新的领域是否会降临、何时会降临，都无从知晓。唯一确定的是，一旦它们降临了，将会飞速扑来。

陈旧过时的思维模式会令企业员工渴求被领导

企业老板作为领导者就是无所不知、无所不能的吗？这种说法早已过时。放在以前，领导的指示往往是管用的，但如今当我们身处不可预知的环境，这很快不再起作用。此时更好的做法是创建一个充满活力的框架，它能积极吸纳融合多方，尤其是最杰出人士的知识及才干。一位经理向我们这样说道："以前我曾尝试给出好的答案，现在我则试着提出好的问题。"切中要害！人们就是这样激活去中心化组织中的分散性智能的。

历史上，在传统企业诞生时，其复杂程度还很低，就此而言，人们事先制订计划还是可行的。"来自上层"的决策与当时的时代精神相吻合，而自上而下的组织设计也是符合逻辑的产物。但由于在这种模式中，效能始终处于核心位置，人性关怀很快就被弃之不顾，这也就招致了一些附带的弊端，人们依照"控制范围大小"来衡量领导的重要性，只要结果没错，就算领导无方，大家也会容忍。私底下，人们会将其称为"来自地狱的老板"。

一大批中央集权、统一调控的管理模式就这样自然而然地进入了人们的视线，原因就是"所有人都这么做呀"，人们反正别无选择。整整好几代领导者就如此被社会化了："我们只对股东负责，对所有其他的诉求都没有兴趣。"在以股东价值为导向的时代，这样的观点实在不足为奇。然而很可惜，很多集团公司及其高层管理者的狂妄自大一直持续至今，而分析师片面基于资本绩效对公司进行评价又为这种模式和观点提供了有利的土壤。

第 0 章
未来已来：下一代经济和下一代组织架构

利润最大化成了最终目的。

在此类体系中，外部效应应运而生并成为人们实践中惯用的手段。所谓外部效应，是指将不可获取补偿的影响转嫁给企业外部并造成巨大的损失，而没有人需要为此担负责任。事实上，这样就是以牺牲第三方或公众，往往是那些最贫穷和弱势的群体的利益为代价赚取利润。童工问题、现代奴隶制、恶劣的生产条件、铺天盖地的塑料、疯狂滥用的农药、棕榈油闹剧、堆积如山的电子垃圾、有毒废物的大量倾倒、大规模的工厂化饲养、物种灭绝、肆意掠夺矿产资源、对大自然毫不节制的滥伐滥采，数以百万人死于人类对环境犯下的滔天罪行。面对利润、价格压力和内心的贪婪，人类尊严中的伦理道德、礼仪礼节、尊重敬畏逐渐丧失殆尽。而略微履行一些企业社会责任的行为主义当然不可能让企业免责，绝不可能。这算得上是一种现代版的赎罪券买卖㊀，但凡从事这种勾当的人，很快就会被人看穿。

> **外部效应意味着：以牺牲第三方利益为代价获取利润**

所谓的"理性经济人"，纯粹从理性角度出发做决策并完全沉溺在一己私利中，即便是这个概念早已老旧过时。这只不过是那些与世隔绝的经济学家们的一项可悲发明。事实上压根不存在这样的人，但这种先入为主的人物形象已印刻在众人的脑海中了。例如，以此为出发点可做出这样的推论，员工懒散迟缓，没有工作积极性，偏爱那些要求不高的工作，逃避责任，因此必须令其驯服顺从，必须驱使其开展工作。

这与1960年管理学教授道格拉斯·麦格雷戈（Douglas McGregor）在其著作《企业的人性面》中提出的广为人知的"X理论"相吻合。在那本书中，他还构建了另一种"Y理论"，其观点基于的假设是员工拥有责任心和事业心，这些员工将工作视为自我实现的可能途径并乐于积极奉献，做

㊀ 基督教士贩卖赎罪券是西欧中世纪时特有的现象。教皇宣称教徒购买这种券后可赦免"罪罚"，但实为教会搜刮钱财的工具。

出成绩。领导注重为员工提供肥沃的成长土壤，搭建良好的框架条件，这就为员工充分施展才能和潜力提供了可能。事实上，我们身边并不存在与生俱来的 X 理论者，是糟糕的领导催生了这样的人。皮克斯动画工作室是一家非常成功的公司，其负责人埃德·卡特莫尔（Ed Catmull）是这么说的："首先假设，我们的员工拥有天赋且愿意为企业做出贡献。我们承认，企业以无数种方式限制了这种才能的发挥，但这并非企业之本愿。不过，我们将努力寻找办法并清除这些障碍。"⊖

事实上，我们完全能用一种截然不同的方式对员工加以区分：一方面存在一些富有经验的员工，即所谓的专家，他们在自身所在领域业务精通；另一方面存在一些经验欠缺的员工。与之相应的，领导层仅应遵循下列准则做出政策上的区分：陪伴性政策或创造自由空间政策。对于富有经验的员工，我们必须给予充分的自由，以便其自己开发出解决方案；另一方面，对于经验尚不丰富的新人而言，重要的是多加关心照顾。领导层必须给他们留出时间，以助其吃一堑长一智，逐步成长为行业中的专家。正如阿尔伯特·爱因斯坦所说："所有真正伟大和鼓舞人心的事物都是由那些能在自由环境中工作的人所创造的。"

0.8 在新旧学派交替之间发生了什么

这就引出了以下问题：从老式企业到新式企业期间经历了根本性的变革，究竟是什么导致了这种剧变？互联网的形成和社交网络的出现，加之持续可得的移动接口，其共同作用导致了下列三种状况：

- 呈指数型增长的交互密度；
- 高度自发的活动；
- 伴随有自我激励倾向的病毒式传播效应。

上述状况构成了三和弦，其本身及交互影响导致了复杂性持续攀升，

⊖ 引自萨利姆·伊斯梅尔的著作《指数型组织》。

无人能对事态的整体发展做出预判。正如已故的组织心理学家彼得·克鲁斯（Peter Kruse）所言，蝴蝶效应永远藏身其中。

对人而言，这种发展意味着以下三种结果：

- 人们几乎能随时随地获得全世界的所有知识；
- 人们能体验到自我效能感并留下自我的痕迹；
- 人们能将自身组织到网络中并联合起来采取行动。

这将进一步引发权力从供应商移至消费者这一根本转变。决定旅行目的地的不再是供应商，什么有价值，消费者说了才算。也就是说，权力已被重新定义。打个比方，就好比如今的"鹿"手里是有猎枪的。我们面对着极为强势的客户，当然还有十分厉害的员工。

彼得·克鲁斯曾说："网络世界的生态系统将激发一种活力，如果企业自身不做改变，就完全难以应对。"可这意味着：必须做出改变的不是人类本身，而是组织体系。为了适应持续不断的变革浪潮，我们必须创建前后连贯一致的框架条件。或者，我们借用军事语言来说：借助旧式的武器是不可能打赢新型战争的。在昨日生产制造的世界中讲求的是控制和稳定，而在明日数字化的世界中，人们身处复杂多变的环境，快速、高适应性和持续创新才是制胜的法宝。

0.9 复杂：网络化系统的特征

复杂的系统在很大程度上是自操纵的。人类的大脑重量约为 1.5 千克，堪称大自然有史以来创造的最复杂的系统，我们以此为例加以说明，可以说大脑是自组织成功运作的最佳例证。没有哪个神经束会说这样的话："如果你们有什么建议，尽管提交上来，我来做决策，我们该如何让这些人运作起来。"相反地，我们的思维器官会在完全没有收到"上部"指令的情况下，在一种持续不断的自学习模式中迅速地适应不断变化的外部条件。为了做到这点，大脑会求助于由基因程序、过往经验、固有惯例以及普遍存在的心态等交织而成的信息,它们彼此间的联结不是线性的,而是借助了差不多20个网络节点。正因此,我们的大脑才能多线运作并发挥良好的作用。此外,大脑在决策前还会将大量混杂异构的感官印象纳入考虑,检测这些印象与当下事件的关联性,继而加以权衡。最终,循环往复的反馈回路将对决策的正确与否加以监控。

我们的大脑是有效运作自组织的一个典型范例

不经常使用的神经束就像森林中的羊肠小道一样容易荒芜。人们将其称为"不用则废"原则。如果以建造工程打比方,神经就在持续不断地经历着新建、改建以及之后的重新拆除。如果一切停滞且未达成任何目标,我们的大脑还会启动一种自清洁模式。为了创造空间,没用的突触连接将被完全清除,这就会形成神经的重新连接。人们的定居生活便是一个例子,在这种情况下,野外生存及纵情狩猎的能力已丧失殆尽。悲观主义者也必定警告过人们,定居生活可能引发集体式饥荒,不过事实已经证明:定居生活方才使得人类文明以及大规模的协同合作成为可能。考古学家们这样说道:"石器时代走向结束,不是因为人们用尽了石头,而是因为他们应用了新的技术。"

即使作为数字化之母的互联网也没有自己的老板。在网络上,人们互相联结、成群结队,一会涌向某个方向,一会又转往另一个方向,他们总是在寻求新鲜的、与众不同的、更好的事物。在这种模式下,交织成网的除了数据还有各种知识。这是如何运作的呢?在网页中,这是一个通过数量惊人的节点,即各种平台、门户和社交网络持续运作的自控制过程。

随着复杂性的增加,自组织结构将比僵化的体系更加有用。在网络中并无上下级之分。由于网络组织是去中心化的,其具备了速度快、适应性强、稳健性和灵活性高的特点。它们成了创造力的孵化器,能够也愿意贡献大量新点子的智慧头脑在此汇聚。然而,创造性如同一株敏感娇弱的植物,需要合适的生长环境,其中就离不开自主性和互相分享。也就是说,创新动能以及由此引发的颠覆性变革急需人们为其创造一种网络友好型组

第0章
未来已来：下一代经济和下一代组织架构

织以及无惧无畏的空间。正因此，那些蓬勃发展的年轻公司特别重视营造一种令人感觉舒适温馨的氛围，具体表现为人与人之间的真实接触、融洽的周边环境、密集的沟通和良好的整体氛围。只有感到舒适，人们才能在工作中获得佳绩。

> **畏惧是创造性和创新动能的致命杀手**

整个公司都要创造一种"肩负创新责任的尝试空间"，相较于由上而下的指令，人们更加鼓励积极主动的自发式行为。要在这方面有所进展，就有必要营造自由氛围，建立彼此的信任、缩短决策的路径、建立最高的灵活机制和协作网络。于是，我们需要一些能够发挥节点作用的架桥者，他们犹如敏锐的扳道工负责实现最佳的联结。这样一来，我们就能充分调动优秀的顾问贡献出集体智慧，这些顾问其实就在我们身边，他们是企业的员工和社会中互相联结的客户。金字塔式结构并不适用于此，因为其结构是从上而下单向运行的，这会阻碍和影响旁人的想法，而这些想法原本很有可能是实现目标的更优路径。

说到这里，我们要考虑一个重要的方面：自组织不失为一种选择。这与我们现在常说的员工"赋权"并无关系。授权来自上方，从这个意义上讲，赋权只不过是老旧体系的一种温和变种而未对其做出根本性的改变。与之相反，"赋能"（即主动使之变成可能）则以提升自主权为根本目的。

自组织当然并不意味着完全撒手不管，听凭一切按照"随便怎样"的原则自行运作。为了确保万事万物不至于陷入混乱无序，一个基本的框架体系依然必不可少。毋庸置疑，在有些情况下，我们需要建立起严格的时刻表，比如飞机航班以及消防救援，但总体来说，我们不应对各种秩序体系设置过多的条条框框，这会降低系统适应变化的速度，也会大大削弱其发展的进程。

在各种形式的自组织中，维基百科（Wikipedia）是令人印象最深刻的案例之一。它设有一套明确的规则，用以防止野蛮的网络散播，保障网络社区免受虚假新闻的侵袭。不太为人所知的是，新百科（Nupedia）是维基百科的前身，却遭遇了滑铁卢。原因何在？起初，只有经过认证的专家才被允许撰写百科全书条目。此外，新百科还定义了一个包括指派、双重评估、中间检查和最终检查在内的七环节流程。历时18个月、耗费25万美元之后，新百科仅仅完成了12篇文章的撰写，另有150篇尚处于草案阶段。㊀ 到了2001年年初，吉米·威尔斯（Jimmy Wales）和拉里·桑格（Larry Sanger）调转枪头，启用了一种开放的程序，自那时起，只要遵守为数不多的规则，每个人都能撰写和编辑百科条目，就此开启了一段自我颠覆者富有光辉的胜利征程。截至2017年年底，维基百科作为随时随地可以查询的线上百科全书，以共计4700万篇文章和295种阅读语言，在全球最多访问网站的排名中，继谷歌、优酷、脸书和百度之后位列第五。

0.10 新派：年轻公司的组织架构

新派组织创造了一种能够跟上快速变革的文化，为了使之成为可能，他们也构建了一系列必要的框架条件。在本书中，我们有时也将其称为网络组织或敏捷、创新的新兴企业。其在网络时代的背景下应运而生，自然而然，它们中的很多企业都活跃在数字经济领域并从事相关业务。此类企业的运作方式如下：

- 它们热爱自己的客户（及其数据）；
- 它们痛恨导致浪费的官僚主义；
- 它们在行为上开放、随机应变、灵活而迅捷；
- 它们采取敏捷且具有协作精神的工作方式；
- 它们在运作中以最小化的组织架构减少等级制度；
- 其员工尽可能以自组织的方式开展工作；
- 其核心员工队伍由外聘人员（自由职业者）予以补充；
- 借助价值网络进行营销推广；

㊀ 参见埃里克·布林约尔松（Eric Brynjolfsson）和安德鲁·麦卡菲（Andrew McAfee）撰写的书籍《机器、平台、人群》，由库尔姆巴赫的普拉森出版社在2017年出版。

- 占有较少的资产,更多通过融资租赁和共享降低成本;
- 它们从一开始就以数字化的方式思考商业模式;
- 它们力争以最低的成本获得更多的可伸缩性。

创新型年轻企业的组织架构有很强的开放性和互联性,企业内部的流程保持着很高的灵活性,运作非常流畅。工作场所大多十分简约又极其实用,这都为协同合作及互联互通奠定了基础。严格的规范制度在新兴企业中并无立足之地,相较于大型公司,这些条条框框更容易导致毫无意义的消耗和效率低下。尽管如此,我们依然需要构建一种最小化的组织架构并对基本流程进行标准化处理,这能提供支持及安全保障。

"以客户为导向"要求原型设计以客户而非设计部门为出发点。其实,能在充分理解客户之后再进行产品研发是一项明智之举,也正因此,新兴企业围绕客户项目,同时沿着客户绩效形成的过程组建跨学科团队:研发者、设计者、生产者、销售人员、客服人员以及别的任何重要人员都要共同努力,这样整个企业就能上下同心,运作自如。传统意义上的领导人员已经不复存在,因为权力会扼杀创造力并减慢决策流程,它会催生一种应声附和、绝不反抗的现象并干扰业务工作的正常开展。

0.11 新心态:新兴企业的文化

敏捷的新兴企业会积极地将客户纳入研发过程。这将在很大程度上帮助企业更好地理解客户,从而提供完美满足客户需求的产品和服务。凡是不能服务于客户的东西就是浪费,凡是在客户看来毫无用处的东西将被立马淘汰。不仅如此,新兴企业的成功往往也离不开软件、数据、算法、前沿科技、社区、平台及网络效应。首先,它们会处理那些可以凭借数字化思维得以解决的问题。

新兴企业不会刻意地捍卫市场,也不会把传统的商业模式放在眼里。它们没有把自己桎梏在过时的结构和陈旧的心态中,既不需要介意等级禁忌，又不需要关注政治游戏。它们可以尽情尝试，但凡成功初露端倪，就能开足马力前进；如果计划未能成功，又能迅速放弃掉头。这类企业恪守的格言是：宁可尝试和犯错，也不命令和驯服，还有一句：鼓足勇气争取回旋余地，而非遵照计划操纵控制。在此场景中，我们用下面这句话解释更为清晰：

> **多多开始，廉价尝试，及早失败，快速学习。**

创新型年轻企业的文化以持续不断地更新发展为基础。为了确保持续改善，确保不错过任何一次互联互通的机会，人们对所有事物不断进行着检测。这在数字化的世界里瞬息万变（所以我们也不能保证，当您读到本书时，书中提到的那些企业还依然存活于市场）。

新兴企业内主要以自组织方式组建团队开展工作。人们面对面接触的质量很高，他们很能理解归属感、凝聚力、友好联盟、密切合作及团结心的重要意义。领导人往往具备谦逊品质和坚强意志力，他们深知，糟糕的领导是导致高潜力人才离开企业的主要原因。他们也致力于营建一种良好氛围，人们乐于指导答疑，提出建设性反馈意见并有强烈的学习意愿。试错才能帮助我们不断进步，如有必要，我们应当迅速调整并重新定位。

0.12 新的商业模式：游戏规则改变者的创新

一旦突然冒出一个行业颠覆者，我们可以看到各种反应出奇一致：先是一笑置之，再是嘲笑讥讽，进而窃窃私语和诋毁扼杀，然后是大声疾呼、怒火中烧，再就是制造丑闻或者是抱怨呻吟和悲叹哀号。"瞧，我们的客户现在真的在买那些新兴企业的产品呢！这可是我们未曾料到的，我们也得快点想出新点子。"但为时已晚，即便是采用赠送现金礼物的方式也难以追回那些流失的客户了。

新大陆早已被那些雄心勃勃的数字化"原住民"占领并深耕细作了，

第 0 章
未来已来：下一代经济和下一代组织架构

他们并不会奋起反抗老一代人，这或许是该群体和"68后"那批转型一代最大的区别。他们在风平浪静中创造了全新的事物。有趣的是，他们根本没有以打压旧经济体并使其没落为目标，而只是单纯地聚焦于客户，相较于那些滞后的老式企业，他们会向市场精准投放那些令客户更愉悦，使用起来更简便、更优质也更迅捷的服务。对他们而言，任何尚未解决的客户问题都有可能成为一个成功的起点。

"这种做法在我们这儿可行不通！"我们在传统领域常能听到这样的声音。自我颠覆者可不会这样想，而且他们也全然无视这种观点。他们不会踏入一个业已存在的市场，而会创造一个全新的市场。适应数字化、超级敏捷、对诸多不同领域抱有兴趣、拥有全球化思维、不断追寻好的创意，那些企业界的千禧一代（约在1985年后出生者）能够极为迅速地识别上述种种潜能，能够快速鉴定市场差异并以一种全新的方式提出解决方案。他们是理解未来的人，本身就是转型的专家，还自称游戏规则的改变者。事实上，他们完全与传统模式脱钩，早已创造出一个仅向部分旧经济体开放的平行世界。

他们甚至压根不想让老旧技术重焕活力，而是直接跨越了过去，也全然不顾传统的行业法规。惯有的做法遭到了彻底的质疑，他们并不是在原有基础上进一步研发，而是无忧无虑、大胆无畏，以数字化为基础创造崭新事物。这个过程孕育了创新，而这种创新正以前所未有的广度改变着世界。凭借着对利基市场的敏锐嗅觉，他们抓住了数字化进程中涌现的每一个机会。他们在开发商业模式的过程中不需要建立任何工厂，这令那些传统企业不寒而栗。我们只需想想，社交聊天工具 WhatsApp 起初仅仅凭借一小撮员工就彻底碾压了诸多大型通信公司的短信业务。供应商可能会觉得这种竞争太不公平，但事实就是如此残酷，只要是客户认为有用的事物就会迅速铺开并流行起来。

> 如今，拥有笔记本电脑和无线网络（Wi-Fi）就足以实现突破性的发展

如今，任何个体但凡拥有些技术，懂一些编程知识都能研发新事物并在世界范围内发布，放在早先，这是只有巨型企业才有可能做到的事。如今，只需笔记本电脑和无线网络（Wi-Fi）就能办到了。充满智慧的新兴企业会采用大胆创新之举，相较之下，老派的充斥着官僚主义作风的企业家尽管拥有扎实的知识，但由于其明哲保身、安全至上的心态，没完没了的专家循环讨论，迟缓拖沓的决策流程，企业几乎没有机会得以胜出。

0.13 传统企业能向新兴企业学习什么

过去，著名的管理咨询公司被视为高层管理者的干部培训基地，如今，越来越多的人青睐那些在新兴数字化企业中担任领导岗位的人才。因为拥有了这些人才，企业就能获得数字化的思维和敏捷迅速的行动，那些被年轻企业亲切称为"成年人"的老牌企业可以从初创型企业中学到很多（见图 0-4）。

图 0-4 新派企业内采取的关键方法

您能从年轻精英身上学到什么?

- **灵活回旋**:这是趁在为时已晚之前操控航向做出可能的转变。一旦最初规划的行动方式被证明不再适合市场,就会立刻被抛弃。然而,回旋不代表完全退出,这意味着至少要对最初商业模式的某一方面做出针对性改变。举例而言,凯文·斯特罗姆(Kevin Systrom)是图片分享社交应用 Instagram 的联合创始人,当他意识到其客户之所以热衷 Instagram 的前身 Burbn,主要是因为喜欢使用其照片发布功能时,他立即重新调整了自己的初创型企业,就此为 Instagram 的发展奠定了成功的基石。与之形成鲜明反差的是,在老派企业中,对于正在执行的项目以及/或者年度计划,人们即便早已预见到不可行,也会坚持不作调整。在这些企业中,维持原样成了一种准则,就算行动最终失败,人们也无法指责谁。

- **避免浪费**:由于时间、金钱和员工等资源持续处于紧缺状态,于是在反应敏捷的新兴企业中,避免浪费就成了一项基本原则。在这些企业中,传统组织架构中冗余的报告、不得不开的会议以及整体上自我营造的官僚主义都成了绝对的禁忌。总体来说,员工会经常和自由职业者合作共事。在高负荷工作期,这类企业会聘用"按需到岗"的员工,固定成本被尽量维持在最低水平。人们为获取资源的使用权买单,而并不关注买下资产的所有权。系统性地分享知识帮助人们富有成效地协同合作。以网络作为组织平台实现"物物"共享不仅能够节约金钱,还能保护环境。如果所有人都分享自己的精神和物质财富,大家都能获取更多的资源。这样一来,企业家精神也就和社会责任融为一体。

- **迭代式学习**:商业想法本身以及隶属于此的各种产品及解决方案都是被人逐步开发出来的。此外,在持续循环的学习过程中,客户的意见被不断采纳,人们以迭代的方式不断优化各种想法,从而尽早剔除无人需要的产品,如此一来,只有人们真正愿意为之买单的产品才会被投入市场。在观念及创意形成的过程中,人们充分利用了"群体智慧"

这一准则。也就是说，最佳创意往往来自外部。通过"测试—学习—改善—测试—学习—改善"得到的循环反馈使得我们有可能在第一时间对前进线路做出调整。为了达成这一目的，人们会将可以使用的、具备最基本功能的产品（最小可行性产品）快速投放市场并借助客户在真实应用场景下的使用体验对其进行连续测试，从而尽早淘汰不必要的多余物品，进而在持续的流程中优化人们所需要的东西。大家也将此称为"永久测试"，这也产生了极好的附带效应：借助更新，企业能与其客户保持长期密切的联系。

- **站在客户的角度换位思考**："走到门外的马路上，在使用产品的过程中观察客户并和（潜在）客户沟通"，这是最基本的理念。打个比方，如果你将年轻人视作目标群体开发了一款应用（App），那就应该走进一家咖啡馆，请几个年轻人喝杯饮料，在他们操作这款App的过程中仔细观察并倾听他们就此发表的种种意见。传统企业的做法与之截然不同，他们会以闭门造车的方式研发一个所谓完美的解决方案，继而将其投放市场，然后凭借大量耗时耗力的客户满意度调查进行回顾式验证。然而，代表性的声音很重要吗？如果十名测试者一致认为某项产品特征令人完全无法忍受或根本没有必要，那么这就已经很有说服力了。

- **缩放效应**：缩放意味着某个基本模型能相对容易地通过乘以系数X而被放大多倍。在这方面，数字化的解决方案拥有一个至关重要的优势：缩放几乎不会产生成本。复制某种物理产品或通过建立分支倍增商店数量，这可能造成极为庞大的开销。与之相反，复制某个应用程序或增加数十万计的网页门户使用者几乎没有成本。或者我们可以这么说：对于一名车主而言，常见的车间参观既费力又昂贵，而安装一款新型的软件则能在虚拟环境下运行，不仅能演示比如特斯拉这款汽车，还能同时跟踪所有品牌汽车的更新信息。从这个角度来讲，企业创立者首先会千方百计地追求较高的缩放效应，这就引发资本市场对其产生浓厚的兴趣。在经历初建期这个困难阶段之后，它们有可能迎来超大幅度的价值增长。

传统企业，无论其规模大小和所在的行业，都能实践上述五种方法，当然其前提是"老派"愿意向"新派"学习并成功地转变自身的观念。知识由年轻人传递给老年人，这从人类学角度看还是全新的现象。目前，现实情况往往是相反的，这种障碍已经根深蒂固地刻在我们的基因里，也正因此，我们将要逾越的是一座真正的高山。

得知很多初创型企业未能生存下来，那些老派企业的经理人感到幸灾乐祸。2017 年德国的相关数据如下：11.4% 的企业在不到两年的时间内走向破产，不过也有 18.3% 的企业已经生存了超过 20 年。⊖ 自 2000 年来，美国 500 强公司名录中已有一半销声匿迹，⊜ 其主要原因在于：独断专行、陈旧落后、缺乏适应能力。

新兴的年轻市场参与者早已矗立于经济体的巅峰，老旧的经济体愈发被时代所抛弃。

此外，如果采取老旧的做法，只有为产品投放市场支付了高额的研发及广告费用后，失败的商业模式或者产品才会走向终结。与之相反，新兴企业的失败来得快，发生得早，也不会引发惊天动地的后果，而它们能迅速从失败中汲取教训重建一个更好的企业。鉴于失败乃成功之母，不少投资人会偏爱那些曾经历过失败的企业创始人。

0.14　双元性：如何展现两全其美的艺术

没有一个词能比双元性更好地描绘我们当下经历的生活。这个词汇最初的含义是能够自如使用左右手的能力，从哲学角度看，这是一种自相矛盾。而组织架构中的双元性描述的是企业能够同时保持高效和灵活的能力，这意味着，企业运作不再遵循"非此即彼"的竞争性思维，而采用"两全其美"的协作性思维整合"两大世界的精华"。

⊖ 来源：销售经济月表，2018 年 3 月。
⊜ 参见网页 http://blog.wiwo.de/look-at-it/2016/08/24/digitale-transformation-40-prozent-der-fortune-500-firmen-verschwinden-in-naechster-dekade/。

双元性也包含另一层含义，人们一方面对业已存在的事物加以开发利用，另一方面又对未知领域的全新事物进行探索，而双元性也意味着两者的相互作用。进一步看，这还关乎同时在两大世界灵活游走的能力：短期和长期、客观数据和先天直觉、控制与自主、传统和颠覆、长者和青年、男性心理和女性心理、人类智慧和人工智能，这存在于所有对等关系之中。恰恰在这方面，被我们长期忽略的架桥者将发挥有益的作用，他们将以卓越的技巧掌握那些高难度动作。

爱沙尼亚是一个创新的典范国度，在那里，人们将有能力联结两大不同世界的个体称为"小鲱鱼"，也就是"桥梁"。这自始至终都是一种很高的赞美。

这类人掌握了双方有所差异甚至可能截然不同的观点，继而创造了一种相互理解。亚历克斯（Alex）的一位爱沙尼亚女性朋友艾琳娜（Elina）正好体现了这点，她首先是一名专业的公关专家，在爱沙尼亚政府内部拥有良好的关系，与此同时也与社会保持着紧密的联系，时常组织筹办一些心灵层面的茶道仪式和妇女工坊。自1991年起，爱沙尼亚较早地转型走向数字化并创造了大量令人印象深刻的成功故事。一定程度上，人们将双元性融入了教育培训体系。模拟信号和数字信号浑然一体。艾琳娜这样说道："就像知道如何种植马铃薯一般，每个爱沙尼亚公民都会熟练地操作全领域覆盖的数字化公民交互界面。"

就此而言，双轨制是一种可行的同时也是加速推进式的转型途径。事实上，不少企业身处两难境地：如果它们打破现有的商业模式，那么原本创造出来用于履行各项义务的利润就要大打折扣。不仅如此，许多地方还因为出台的证券交易所条例、劳资协议及有效的法律法规而受到诸多限制。这样一来，在传统的组织架构中，突破创新的事物往往面临着极其糟糕的生存环境。摆脱困境的出路在于：人们要创建并对接一些创新研发中心，并/或联合某些匹配的初创型公司开展合作（有关内容我们将在第7章中详述）。颠覆行为总是起步于某个细分的利基市场或某个组织的边缘区域，而且小型的单元往往能更好利用那些最初仅在小型市场上出现的成长机会。

早在 1997 年，哈佛商学院教授克莱顿·克里斯坦森（Clayton M. Christensen）就在其开创性著作《创新者的窘境》中指出，要实现颠覆性的创新，传统的组织要学会将其外包给小型的分支单位，并遵循与现在截然不同的管理逻辑。举世闻名的变革管理专家约翰·P. 科特（John Paul Kotter）在《哈佛商业评论》上发表了一篇备受关注的文章，他在其中提出了一种临时性的平行组织并将其称为"双元系统"。⊖ 这就意味着，在传统组织架构以外还形成了一种额外的网络组织，这种组织不受官方等级制度的压制，有助于推动快速且有利可图的创新。

不同于彼得·德鲁克（Peter Drucker）曾经提出的一个类似的旧概念，这种组织并非与现行结构分隔而孤立存在，而是成为其补充。

商业模式的双元性恰恰体现在工作方式和领导行为中，两大世界的精髓其实也意味着：人们首先坚持不懈地摒弃那些陈旧的产品、方法和思维模式，继而努力寻求一条传统的"支撑腿"和一条敏捷的"虚立腿"。人们将当下能够创造利润的东西转为资本并在远离企业中心的地方大张旗鼓地尝试某些全新的事物。就此而言，企业一方面要确保其核心业务的盈利能力，只要创新板块尚未足以支撑企业生存，其现行业务就要为创新活动提供资金支持；另一方面，企业也要注重培育年轻企业家的素质及开拓精神，即富有创意、迅捷灵敏、乐于面对风险。组织架构方面也是如此：不同单元仍或多或少地采用着传统的方式进行运作，另有一些单元则已经完全以自组织的方式开展工作了。

> 分隔"核心业务"与"未来业务"可能意义非凡

自组织的单元可以自我协调，不受制于官方的等级制度，借助敏捷的方法实现自治，也只有这样，它们才能快速地开展创新研究并将其投放市场。要做到这一点，我们急需新的流程、

⊖ 参见网页 https://hbr.org/2012/11/accelerate。

规范和技能，对此我们将在第 4、第 5 和第 6 章中详述。在我们看来，值得推荐的做法是首先将一小部分业务领域调整为自组织模式，而现有组织中余下部分将很快注意到：在运作过程中，自组织板块的反应要灵敏得多，不仅如此，那里的工作充满了欢声笑语，生产效率也高得多。双元性也就成了我们过渡到下一代经济的桥头堡和跨越到下一代组织架构的中间步骤。这方面有什么艺术可言吗？答案就是互相协作，犹如公司总部和分支机构一般，传统单元与自组织单元应默契配合。也就是说，我们要以双手都要灵活的"亦此亦彼"的方式找到平衡点，彼此同步，互相促进，而不是挡道和设障。

经过实践验证的组织结构依然在各处具有相当的适用性，尤其是在**可预见的市场条件**下，在**稳定的环境**中处理**结构清晰的任务**。不过，市场表现越活跃，我们就越需要建立更多的自组织，以便有可能快速适应环境的变化。当然，即便是实行自治的单元也有必要建立一种最低限度的组织结构及秩序体系、例行流程和规范规则。另外无论如何，所有企业都应避免倒退回到一个由独裁统治、命令和顺从组成的老旧体系。

0.15 开启变革：转型之路

即便您在当下的市场表现非常成功，也应迅速开启变革的进程，目标是由内而外地重塑自身。半吊子的东修西补是远远不够的，首先要关注企业的基本结构，它需要顶层覆盖，需要重新调整，也需要透明可见。这是因为仅当人们眼前出现了一幅生动的画面时，才能在头脑中产生想法，进而进行操作，在这方面，我们的轨道模型将很有用处。

可视化的重要性日益凸显出来，一方面它令事物变得透明可见，另一方面也帮助人们更好地理解各种行为现象之间的相互关联。在这方面，每家企业的情况都不一样，因而也就要相应地寻找到适合自己的航海图，并随业务发展状况对其做出合理调整。在指数型变革的时代，瞬息万变是永恒的，人们无法期待一个永恒不变的结论。任何一种企业形式以及所有的商业模式都不过是暂时存在。合适的组织架构不是放在货架上的现成商品，它必须在大家的共同努力下得以起草制定、检测检验、适配调整、不断完善，在紧急情况下，也有可能被重新弃置。

一旦启动变革，我们就需要一些整装待命的人员，他们至少要在公司的某些分支领域试验一些新的组织形式。现在还远未达到每个人都已准备好毫无保留、勇敢创新的程度。这个时候，我们尤其需要崭新的领导理念、工作环境及方法。

此外，我们还需要建立一种跨学科和跨层级的新型合作——辅以一种容错和免于制裁的学习文化。不少管理工具尚是工业时代的产物，我们必须将其完全摒弃或用切实有效的行动办法取而代之。我们将在本书中逐一论述上述内容。此外，试验阶段尤为重要，在这方面，我们首先要改变那些长期习惯于依照指令行事的领导人员及员工，逐步引导其采取独立自主的工作方式。只有反复实践练习，我们才能掌握技能。

启动变革在实际操作层面可能出现的四种情境

① **您是一家已在市场中经营很长时间的中小型企业**：太棒了！中小型企业能快速实践我们在本书中描述的很多做法。您不妨做一个根本性的决策！打破老旧的组织模型以及蕴含其中的落后思维模式，用崭新的思维和行动开启新的征程。不过，请注意不要简单地效仿，一定要创造富有自身特色的东西。在与自身情况匹配的前提下，您可以吸收本书及别处的建议并付诸实践。

② **您是一家大型公司或一个集团**：不妨以组织架构的边缘为出发点，尝试某些全新的东西！可以先在非核心区域设置第一批单元，它们不仅努力追寻颠覆性的创新，也遵循全新的组织规则运作。首先试着绘制一张经典的组织架构图？不，您可千万不能这么做。不过，人们依然想要明确地知道，自己处在哪里，又该向谁汇报，但持续不断地汇报并

不利于向客户提供最佳的产品。要想取得进步,就必须建立一个不设等级制度的工作体系,在这个圈子里,没有上下之分。此外,您也可以从本书及别处吸收适合自身情况的建议并付诸实践。

③ **您是一个传统组织中的领导或员工并且不认为所在企业会发生大的变革**:千万不要等待!变化会在任何一个勇敢者身上发生,先从本人做起。如果本人没有勇气踏出变革的第一步,也就无法消除他人对于新事物的恐惧。您不妨从较低的门槛起步,借助本书及其他有益的信息寻找速效方案,即在没有阻力也无须付出高昂成本便能实践的情况下快速获得成功。然后把成功的喜讯传遍公司的每个角落,很快您就会找到不少愿意并肩作战的同事,他们会摒弃以往的做法,愿意像您一样按照新的方式行事。

④ **您是一家新兴企业,想要发展壮大并且/或者与传统的组织合作**:请务必在一开始就做对!您不仅要采用一个具有缩放性的商业模式,还要选择一个合适的组织架构。您能从这里和其他地方找到相关的建议,本书还能帮助您理解传统组织之所以如此运作的原因。此外,要做哪些事情才能真正达成富有成效的合作,您在阅读本书之后也将形成更好的认识。

现在,让我们仔细探讨一番,隐藏在轨道模型作用场背后的究竟是什么?之后的每章开篇都会重现轨道模型图,现在先让我们对这些作用场有个概括性的认识:

- 目标作用场
- 客户作用场
- 聚焦客户的架桥者的作用场
- 员工的作用场
- 聚焦员工的架桥者的作用场
- 领导的作用场

- 合作机构的作用场
- 推荐者/影响者作为架桥者的作用场
- 管理层的作用场

无论是当下还是未来，上述九大作用场涵盖了组织架构发展的所有重要方面。"目标"是一家企业存在的意义，我们以此开篇并展开探讨吧！

第1章 目标作用场

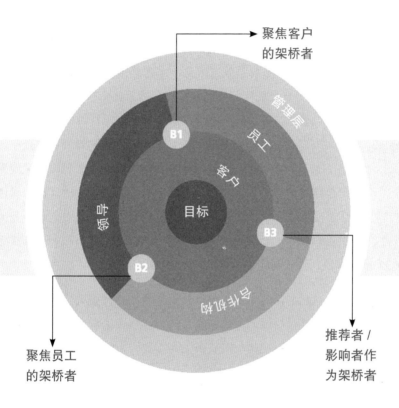

"我们不必依赖那些在道德和伦理上滞后的、缺乏灵活性又不人道的组织。我们可以建立拥有高尚内核的组织，它欣赏任何一种创新，它甚至在确定其必要性之前就自发进行变革，它'直触核心'并且丝毫没有官僚主义作风。"全球最受尊敬的管理思想家之一、美国经济学家加里·哈梅尔（Gary Hamel）曾这样说。㊀ 我们也高度认同这一表述。

和经济一样，人类的价值观也在经历变革。大家越来越迫切地想知道，一项产品或服务背后是一家怎样的企业，它致力于推动什么，它是如何与自己的客户和员工打交道的，它又坚持哪种道德立场。他们力求在追求利润和可持续发展之间获得平衡。凡是致力于提升整个地球福祉和改善民生的企业，大家都将乐于推动其获得成功。这类企业能够轻而易举地赢得资产雄厚的客户以及顶尖的人才，还会得到社会的支持和媒体的赞许。它们也有能力斩获一批备受鼓舞的追随者，进而成为企业事务的布道者。德国的媒体哲学家诺伯特·博尔茨（Norbert Bolz）表示："如果想要在21世纪赚钱，就必须克服困难树立良好形象"。㊁

企业必须让大家看到其为改善世界所做的贡献

在未来，一家企业的主要任务自然是为帮助客户提升生活品质、在职业和商务领域获得成功做出贡献。而且，如何让大家看到并认可企业为改善世界做出贡献的意愿，这一点显得尤为重要。实践企业家精神要从以下几个问题着手：

- 我们的经济对社会和环境造成了哪些影响？
- 我们提出的解决方案能为改善未来生活做出何种贡献？
- 我们如何为自己的员工营造一个充满温馨感的港湾？
- 我们如何将自身打造成一个客户青睐的个体？

㊀ 引自：加里·哈梅尔著作《何为关键》。
㊁ 引自：贸易未来研究2036，与趋势办公室合作的QVC贸易，可网上查阅：http://trendbuero.com/wp-content/uploads/2016/10/QVC_Zukunftsstudie-Handel-2036.pdf。

这事关使用价值、拥有欲望、共同参与的意愿以及嵌入这个日益科技化世界的意义。一个企业的使用价值和存在的意义,即为何有这样一家企业,这一概念被称为"目标"(Purpose)。这个目标明确了一家企业的身份并保障了它的未来。英裔美国作家西蒙·斯涅克(Simon Sinek)在他的"黄金圈"概念中将其称为"从为什么开始"。⊖ 我们首先需要定义"为何"开展各项活动,这是我们在考虑"怎么做"和"是什么"之前首先要探讨的话题。

关于目标,我们建议从以下三个层面着手考察:

- 针对整个组织的目标(企业目标);
- 针对客户的品牌/产品目标(品牌目标);
- 针对员工的目标(员工目标)。

上述三大层面紧密相连,互相作用,其新颖之处在于看待问题的视角,我们将就此展开详细论述。

1.1 宗旨和目标之间的差异

要想着手改造组织架构,必须首先理解企业存在的意义和目标。这和我们之前所说的企业宗旨,即常被称为"愿景"或"任务描述"的概念并无太大关联。也就是说,一家企业的目标是面向外部的,而传统的企业宗旨则是对内设置的。后者往往听上去相似,几乎能互换通用,有些空洞,就好像是用同一个标准的"企业宗旨生成器"制造出来的。这类宗旨并不为客户、市场和全世界赢得独特利益摇旗呐喊,而仅仅宣扬自己光辉的梦想。这样的口号在我们身边比比皆是:"我们凭借一流产品成为市场领袖",或者"我们以知名品牌荣膺全球领袖称号",再或者"我们是行业的技术领跑者"。

铺天盖地的企业宗旨以及与之关联的各种宣言听上去不仅让人感觉以自我为中心,还完全没有彰显企业的独到之处。这些表述只不过是老生常

⊖ 更多相关信息请参见西蒙·斯涅克的著作:《总是先问:为什么》。

谈（"我们以客户为中心"）、理所当然的废话（"我们值得信赖"）以及空洞的言辞（"我们从员工身上汲取力量"），它们根本无法内化。若是向员工问起所在企业的宗旨，得到的只能是迷茫的眼神。

如果运气好点可能会听到这样的回答："有点印象吧，我们好像什么时候做过，对了，我想在网站上应该有。"但那些挂在网上或写入装帧精美的宣传册里的词句不过是面向公众的华丽辞藻，企业内部并无人会信以为真。

究其原因，不得不遗憾地说，在全体员工眼里，那些上级往往并未遵循所谓的企业宗旨和价值观行事，倒可以说是名副其实的"辞别送过"。如果缺乏正直的品性，大肆张贴价值海报就成了一种纯粹的玩世不恭。此外，如果一旦将企业目标和统治权力及利润最大化结合，就极有可能引人误入歧途。这方面的知名案例不胜枚举。

凡为他人的一己私利埋头苦干的，就会感觉自己是这个体系的"走狗"。相反，如果设立一个引人关注的企业目标，就会产生很强的吸引力，在这种情况下，您并不需要费尽苦心地追寻最具才华的员工、最有意思的合作伙伴、最具品质的供应商、最为顺畅的投资者以及最有价值的客户，**他们都会主动找上门来**。到最后，优秀的人就像磁铁般彼此吸引走到一起，自然也能获得出色的利润业绩，所以说利润本身从来都不是目标。企业的目标在于解决人们的某个紧要问题，从而在某个小切口拯救世界，进而达成某些真正伟大的成就。凡是存在最大问题的地方，也就相应潜伏着最大的市场。

让这个世界变得更加美好、更有道德、更富人性？部分经理人会对此嗤之以鼻，然而显而易见，改变惯有的经营模式已然势在必行。商业利润和道德伦理，这两者并非互相排斥，而是相辅相成的。可持续发展的企业能改造自身成为能够担当起造福公众的责任的有机组织。我们将看到一种新的趋势，企业的社会参与度与日俱增；这也会抛出一个严肃的问题："我们该如何与自身及这个世界相处。"来自奥地利的未来研究院负责人哈里·盖特勒

（Harry Gatterer）表示："未来重要的是，一家企业或一个经济体信奉何种精神价值，又为人类生活质量及保护环境做出了多大的贡献"。㊀

其实，我们很多人心中都有一种利他的渴望，就是去做好事并成为伟大整体的一部分。我们的大脑甚至会通过释放快乐荷尔蒙给予这种行为明确的奖励。研究人员将这种感觉称为"助人者的快感"，当我们表现出亲社会行为时，会感到心里暖洋洋的，幸福感也会显著增强，往往最后自己也会从中获益。

优秀的人士就像磁铁般彼此吸引

举例而言，前段时间，户外运动用品生产商巴塔哥尼亚（Patagonia）就在广告上打出"不要买夹克"的标语。每一件夹克的生产都消耗能源并污染环境，也就是说，每个消费者在购买前都应好好想想是否真的需要一件新夹克。而这并没有影响产品的销售，因为这种倡议引发了公众强烈的正面反馈并在很大程度上赢得了公众的同理心。这并不是在公共关系上"插科打诨"，而是表达企业可持续发展理念的一种方式，也为进一步采取更多行动奠定了基石。就这样，巴塔哥尼亚公司于2017年年底穿越整个欧洲举办了"修补旧衣巡演"。他们途中随身携带着工业用缝纫机，整个团队为大家免费修补各种户外旧衣（甚至也包括别的品牌）的撕口、破洞及其他破损。该公司的首席执行官罗斯·马卡里奥（Rose Marcario）如此解释："我们通过保养和修补衣物延长其使用寿命，这样就能减少购买新的产品，也就可以避免因生产这些东西而造成的二氧化碳、垃圾及污水的排放。"

另一个有趣的例子是Matternet，它是2011年从硅谷奇点大学的一个项目中诞生的初创型公司，创始人的宏伟目标是：构建一个覆盖全国的无人机网络，以便将诸如药品和食物等小型货物运输到普通物流难以抵达的地区。全球大约有10亿人口还没有和全年通车的道路接通，尤其在非洲，不少人还饱受基础设施落后之苦。于是这家企业的创始人就有了奇思妙想：

㊀ 引自：经理人研讨会，2018年6月第243期。

非洲之前曾跳过铜线电话阶段直接进入移动电话时期,为什么不能把这个点子用到货物运输领域?兴建道路花费高昂,我们不如跳过这个步骤直接开启无人机运输模式。这个故事被商业杂志 *brand eins* 津津乐道。㊀ 如今,Matternet 无人机不仅能在荒野地区提供紧急配送服务,还能在都市丛林里投递。

意图解决人类的问题——这是一个富有吸引力的目标

下面这个重要问题连企业家也要扪心自问:我们想交给孩子们一个怎样的世界?一个利于子孙万代生存的未来是什么样子的?任何个体,只要不仅致力于解决日常生活中的问题,还同样注重解决全人类的问题,真正完善和丰富整个世界,就能引发客户的兴趣,激发雇主的吸引力并获得媒体的关注。逃往火星是人类未来的出路吗?未来学家卡尔·海因茨·兰德(Kahl-Heinz Land)认为,更好的办法应当是大家共同努力,令我们现在的家园更加宜居,而数字化技术也许就是我们最后的良机。

1.2 处于组织核心位置的目标

目标是一家企业存在的意义和目的,它的使命、蕴藏在商业模式背后的底层逻辑、核心本质,也是一切行动的座右铭。它很好地阐明了三点:"企业为何存在,企业想把什么带给世界,企业员工一同工作致力于什么"。对个人而言,能成为这类活动的一分子并为此做出一些有价值的贡献,是引以为傲的事。此外,目标也提供了一个焦点,它含蓄地定义了企业意图代表的立场,以及哪些行动方案是企业不予考虑的。

一个目标主要包括以下要素:

- 它是一些真正富有重大意义的东西;
- 它会形成磁铁般的吸引力;
- 它令雇主富有魅力;

㊀ 参见网页 https://www.brandeins.de/archiv/2014/beobachten/herr-der-flieger/。

- 它对市场释放强有力的信息；
- 它激发人们全情投入；
- 它能同时调动人们的大脑和内心；
- 它触发并赋予人们想象力；
- 它推动社会进步。

举例而言，谷歌并不会自命清高地视自己为全球最大搜索引擎供应商，而是"全球信息的组织者"；亚马逊也不会自称"电商购买门户的头号老大"，而是致力于获得"最高的全球客户满意度"；特斯拉旨在"推动向可持续能源转变的进程"；TED 并不自视为知名的会议服务商，而是努力"向世界推广富有价值的理念"；XING 则致力于"向专业人士提供成长的可能"。从上述种种表述中，我们可以清楚地认识到：重要的并非供应商是谁，它做的是什么，而在于为什么这样做以及由此给世界带来的影响。此外，以上所有论述都有着"伟大"而"宽广"的思维，它们为企业的扩张发展和（全球）的成长创造了空间。

通过回答下列问题，您能更加清晰地定义自身的企业目标：

- 我们企业最初存在的理由是（或曾是）什么？
- 我们特别擅长什么，又热爱做什么？
- 我们具有何种坚定的信仰？
- 我们能为世界解决哪些问题？
- 我们能为客户创造哪些价值？
- 我们可以凭借怎样的主旨赢得顶尖人才？
- 什么能够给我们的未来发展提供空间？

一旦确定目标，它就可以成为企业所有业务决策的过滤器，它向管理层及所有相关者传达了下列信息：

- 哪些框架条件是合适的、哪些框架条件不合适；
- 哪类行为应当予以推动、哪些行为不应推动；

- 哪类员工是人们愿意拥有的、哪类员工不是；
- 哪种合作伙伴能起到充实的作用、哪种合作伙伴不能；
- 哪种客户是人们愿意服务的对象、哪种客户不是。

只要目标正确，就能找到合适的人，他们深受目标鼓舞，颇有雄心壮志，全力以赴用生命回答"为什么"这个问题。有些人坚信自己就是参与伟大事业的一分子，另有些人仅仅自视为助人实现浮名浮利的帮手，相较之下，前者的行为方式大不一样。首先，凡是自组织已然成形运作的地方，一个阐述意义和目标的极其透明的陈述就显得格外重要。一旦能够明确定义处于组织核心位置的"为什么"，它就犹如一颗启明星为人们指明了必要的方向，人们也能围绕各项企业事务做出正确的决策。当然这也意味着，每个员工都知晓自身所在企业的目标，也能清楚地将其表述出来。

笔者在周游世界并发表演讲时，常会惊讶地发现，好多员工压根不知道自己所在的企业为什么而存在。事实上，几乎任何一家成功的企业都会在成立之初设定一个目标，一个存在的意义和使命："难道我们就不能这样做吗？""如果这样做不就会好得多吗？"很多时候，这些初始问题就是企业诞生的萌芽。在雄心壮志和满怀热忱的鼓舞下，企业初创时期的员工以奉献精神和坚定信念投入后续的工作。然而，随着规模日益增长，企业自身发生了转变，它们脱离了最初的动机，成了凡事围绕自己转的自私自利的公司，继而丧失了活力，也丢掉了灵魂，客户沦落为一个过场，深受鼓舞的员工摇身变为机械操作的工人。正因此，不忘初心并使最初的目标永葆青春是极其有益的，这样企业才能帮助自己适应未来。

1.3 从客户视角看企业目标

这种"目标思维"也可被挪用到客户管理中，此时我们可以抛出这样的问题："我们针对客户提供服务的最初意义和目标是什么？其'原因何在'？"最关键的是，看待问题时要从供应商视角切换至需求者视角。

这样一来，聚焦点就不再纯粹是人们用来自我衡量的产品销售业绩，也不再是人们想极力避免的竞争。我们更加关注的是，如何尽可能为优质的客户提供个性化的服务，而供应商提供的服务又能进一步形成所谓"客户体验"这样的经验和经历。这样一来，最初的产品就成了提供给客户的一种服务，而客户关系的特性则成了真正的商业模式。

可以理解，我们似乎也就不再需要产品经理，产品经理应该只管产品。而说到创新，他们采取的是"小碎步前进"的做法：这里加些 PS（一款美图软件）修饰，那里做多些设计，另一个地方来点新的性能特征，包装还要大一些，标签还要亮丽些，为向竞争者示威喊着"廉价甩卖"的口号将产品投放市场。他们着力拓展品牌并想延伸产品线，也就是说，他们会扩展或细分产品门类，但绝不会完全颠覆原有产品，因为这样一来也就等同于铲除了自己，取而代之的是他们会发明一些根本没人需要的东西。就日常消费品行业而言，失败率高达 80%，但我们并非只能被动接受这样的事实，而可以采取行动加以制止。

我们之前就曾提到过克莱顿·克里斯坦森（Clayton M. Christensen），在此背景下，由其研发的"需要完成的工作"策略显得很有趣。根据该策略，重点并不在于某个产品的性能特征，而在于其更深层次的意义，我们不妨自问："客户委托生产这款产品，是为了完成何种'工作'，即何种任务？" ⊖ 其探讨的不再是表面和浅显的缘由，而是深藏于幕后的真正动机。

客户关系的特性成了新的商业模式

举个例子，客户在购买家具时其实隐晦地表达了一个诉求："帮帮我吧，今天把我的公寓重新装修一番。"宜家（IKEA）就此给出了最好的回应。人们将这些品牌称为"目标品牌"，它们阐明了自己能够完成的任务以及如何实现差异化。当面临一项必须完成的任务时，这些品牌就会立马浮现在人们的脑海中。

⊖ 所有相关内容参见 Clayton M. Christensen 的著作《优于偶然》。

我们在这方面要探究的是：就一个解决方案而言，其背后深层次的诉求，其更高层面的意义以及其能承担的角色是什么？这意味着，我们要脱离产品而关注目标。打个比方，没有人会对某款香水的化学成分感兴趣，但我们想让所有东西都好闻；或者客户并不是想买吸尘器，而只是想达到清洁的效果。如果一切都是雷同的，那么吸尘器就能被复制，起到决定性因素的只是价格。然而，说到清洁效果，仿佛又打开了一片丰富多彩的新天地，对于企业而言，这能演变成一种新的存在意义。类似的情况还出现在物流品牌UPS，它已经从一个联合包裹速递服务商转变为一个联合问题解决者，即从物流服务的供应商转为全方位的服务合作伙伴。或者，我们还能以维特拉（Vitra）为例，该品牌已从一个纯粹的办公家具制造商发展为现代办公环境的设计助手。

我们必须脱离产品，面向目标

当人们需要完成一项任务时，总会从生活中寻找某种与之吻合的理念，目的是推动发展，让我们变得更加成功并拥有更美好的未来。何时？越快越好。什么方法？尽可能不费吹灰之力，最好能以最低廉的价格获取最佳的效果。在这方面，除了功能上的特性外，社会和情感层面的影响也发挥着巨大的作用。我们往往不仅想做有利于自身的事情，还想产生利他的效果，以便时时展现关爱、冷静、生活方式及其他方面的态度。人类是一群自我推销者和舞台艺术家，而社交媒体恰恰为其提供了最好的工具。

凡能透过客户的眼睛看到并认清阻碍进步或导致失败的种种原因，也就能率先捕捉到进军创新领域的第一线索。不过我们早就认识到，对客户而言，纯粹的可行的技术，并非每样都有意义。

有趣的并不是新技术本身，而是我们能借助新技术达成什么。尽管不少新的产品性能凝聚了工程师的心血，包含了设计者的艺术创造，却和用户毫不相关。我们有必要理解供应一项产品背后的真正任务。评价新的解决方案成功与否，并不能单看其具备的各项特征，而要首先关注其提供了何种体验以及/或者何种成功的可能。

就此看来，脸书公司截至目前获得的巨大成功源自深深扎根人们内心深处的对于彼此联结的渴望。此外，社交媒体给人们提供了一个短暂休息的时段，让大家感到放松，了解实时资讯，也带来了一些欢乐，而每个点赞就好比被他人认同地在肩膀上拍了一下，这会叫人上瘾，进而希望获取更多的点赞。就算是亚马逊的 Alexa 也不只是个简单的遵循呼叫执行命令的语音盒，它承担了某种社交功能并赋予用户一种无所不能的感觉。72 岁的阿尔弗雷德（Alfred）微笑着和我们说："它可是这世上唯一不会反驳我的女士。"

1.4 紧密跟踪客户目标

在我们的轨道模型中，被企业置于核心位置的并非是任何关乎自身利益的重要信息，而是其行为的目标和客户的利益。它们并不试图通过自身的产品，而希望凭借个性化特征、服务以及/或者以情动人的独特卖点（eUSP）赢得竞争优势。

除了实际层面的效用，目标品牌也能提供情感、社会以及/或者道德方面的附加值，还能赐予客户享受生命中美好事物的时间。目标品牌想凭借这一切产生一种令人无法抗拒的吸引力。在理想状况下，它们会邀请客户参与其中，共同决策、共同设计、共同生产。这种做法不仅能够降低创业风险，还能在竞争环境中构筑保护自身的进入壁垒。

从理论上讲，这种说法听起来很合乎逻辑，似乎每个人都会对此点头称道，但在实际操作中，供应商往往会采取根深蒂固的传统做法，甚至压根没有注意到，自己在现实中有多么轻视客户。不过，很多人根本不在乎这个。客户是如何被漠视被欺压的，我们不妨举例说明。2018 年年初，安妮（Anne）经历了这样的事。她在隔了较长一段时间后再次联系自己的银行顾问时，却听到了令人惊讶的消息——该银行的部门已经解散了。什么？难道不该有人提前告知客户这个消息吗！那现在怎么办呢？对方的回复是："我们进行了架构调整，新的董事会决议表示，像您这样的客户现在由纽伦堡负责。"什么情况？客户可是生活在慕尼黑！显而易见，这样的事不会让客户感到满意。

下面来讲另一个例子，这是发生在2017年的关于一件行李箱的故事。这只箱子在汉莎航空的一架班机中被错载了，直到过了好几天才到达安妮手中，而行李箱已然严重受损，尽管这已经令人十分恼火，但我们还是理解这样的事有可能会发生。作为遭遇了双重损失的客户，除了得到明确的道歉以外，还期待着航空公司接下来的处理办法。送来行李的人虽然态度友好，但却对"怎么办"一无所知，于是再打电话沟通，呼叫中心的接听者想要给予直接的帮助，却无法做到，因为要受理这样的诉求必须先填写表格而不能直接发送电子邮件。到网站上搜索这张表格很是费力，在之后长达四周的时间里都渺无音讯，最后终于收到一封无须回复的邮件，告知客户这件事该怎么办。之后的沟通则在来来回回的书信拉锯战中不断延续，令人精疲力竭。

千万别这样。那我们该如何做？如今的客户期待获得什么？一切不理想的客户体验的背后是什么？标准何在？又有什么能叫人为之一振，大呼精彩？类似于在焦点小组座谈中常用的做法，依赖传统的客户调查已经难以为继。众所周知，在接受公开采访的时候，人们总喜欢表现出机会主义行为，同时他们也会受到整个小组的环境影响。这两个因素都有可能歪曲调查结果。此外，不少人甚至根本不清楚自己的真实动机是什么。就此而言，实施观察要比开展问询富有成效。出于这个目的，通用电气（General Electric，GE）医疗保健业务板块的一群营销人员、工程师和设计师携带相机进入了手术室，他们想从中学着更好地理解麻醉师、外科医生和手术室护士之间的协同合作。在这个过程中，拍摄者也注意到一些令人不快的事，但因为大家已经习以为常并且日复一日地这么做着，所以大家没有特别关注。基于上述观察，人们又随之开发了一系列高度优化的解决方案。

读卡器的生产商不妨借鉴这种做法。在这个行业，几乎没有一家企业好好想过，有些人的手指又老又粗，光是输入一个 PIN 码往往就让他们觉得要了命。这就说明：只有真正沉浸到客户的全方位生活中并细致入微地剖析其种种行为，才能找到完美的解决方案。这是因为归根结底，任何一个解决方案都要关注如何与个体的生活及工作相适配的问题。要想提供完美的服务，要想消除所有令客户感到不快的体验，任何一个细节都值得我们仔细观察。在市场营销中，人们以此为目的特别开发了模板式的客户旅程（Customer-Journeys）。对此我们将在第 2 章中详细阐述。

> 只有沉浸到客户的全方位生活中，才能找到完美的解决方案

1.5 情感对客户目标的启迪

大家都知道，我们在做任何决策时都会受到情感因素的影响，也正因此，了解一些行为心理学及大脑研究的知识是我们的基本功课。有了情感因素的作用，某个品牌可能会摇身变为"我的"品牌，随便哪个廉价制造商也可能成为人们口中的"挚爱品牌"（凯文·罗伯茨）。谁能给予客户一种被全方位照顾的温馨感，即帮助他们及时解决问题，提供迅速而便捷的服务，谁就能在客户心中拔得头筹并在他们购物时获得优先地位。往往无缝衔接的良好客户体验能够培育一批忠实而热忱的粉丝。现代社会中的客户早已无法忍受购买过程中种种冗余而烦琐的工作流程，买东西就是要便捷，就是要让人感到开心。消费者对自己选择的供应商、产品或品牌萌发自豪感则是一个额外的加分项。但凡客户以这种方式"爱上"某个供应商及其产品，就会产生高度认同，也感觉自身与之密不可分，他们会对竞争视而不见、充耳不闻，也会保护他的供应商免受攻击，甚至向周围所有人热情推荐。

相反，如果做得不好，那整个事情都会陷入恶性循环。有研究认为这是一种消极倾向，这会给积极正面的事物也蒙上一层浓厚的阴影。各项研究表明，单是一个令人不快的词汇就能令人心情沮丧，这就意味着，您要

不断说些振奋人心和鼓舞士气的话。您不妨现在马上好好检查一下,自己在口头和书面上是如何进行沟通的:不要说废话,不要说恶毒的话,表达不仅要简洁,也要尽可能积极正面!那是因为我们的大脑希望获取一种良好的感觉,这更能引导其做出肯定的判断。

事实令人思考,而情绪触发行动,后者能够评估各种信息并加速决策进程。可以说,情绪和决策两者是密不可分的。在这方面,情绪往往能跑赢理性,大脑在此时会释放出一种令人亢奋和愉悦的信使物质,而这会增强人们的执行力。这发生得越早,我们就越能获得正面积极的体验。脑袋这个总司令是这样运作的:一旦需要做出决策,极为庞大的神经元就开始飞速寻找各种存储在大脑皮质中的过往经验以及带有加分项或减分项标志的记忆,在这之后,我们的"思维头脑"才算是被接通,并开始权衡各种利弊。这是一个复杂的过程,最终人们会得出一个是或否的决定,而图1-1则向我们呈现了简化后的这个流程。

图1-1 从受到刺激直至做出决策——我们大脑内发生了什么

此外还有一点很重要:一旦有了产品以及/或者品牌的目标和明晰的广告标语,在获取市场满意和认可之前,企业先要与员工一起努力执行。广告标语所承诺的东西对我们的日常生活意味着什么呢?比如看到"每天进步一点点"的承诺,客户会有何种期待?在对客户做出承诺的情况下,我们该做什么?又不该做什么?而说到客户和品牌之间的"接触","关键时刻"中两者的互动往往是通过员工发生的。企业的员工代表了品牌并赋予其真实的面孔,而由此传递给客户的印象或令人失望,或受人认可,或振奋人心。在客户看来,如果企业员工循规蹈矩,照章办事,显然不可能让他们感到惊艳,也不可能获得他们由衷的赞叹。

1.6 从员工视角看企业目标

下面讲一个小故事,或许这是个坊间的传说,但却足以向大家展示——一个富有意义的目标可能激发出多么令人振奋的力量。1962 年,时任总统的约翰·肯尼迪(John F. Kennedy)访问美国宇航局(NASA)时遇到了一位拿着扫帚的清洁工。肯尼迪好奇地问那名清洁工具体负责什么,他得到的回答是:"我帮助 NASA 把人们带上月球,再把他们平安地带回地球。"

> 如果员工循规蹈矩,照章办事,就不可能有惊艳时刻

没错,人们非常渴望找到自身工作的意义。作为独一无二的个体,我们每个人与生俱来都有着强烈的创造欲望,为的是过上一种富有意义的生活,而不是成为被动附庸在企业这架驱动装置上的小齿轮。我们人类内心希望做出贡献,害怕过死气沉沉、毫无意义的生活,也正是这种愿望才让我们变得生机勃勃。如果我们能以一种在自身能力范围内可行的方式深入地挖掘和发展自己,就会汲取一种满足感。

当有能力的员工可以完成细微具体的任务时,工作的意义以及与之相伴的幸福感就随之而生,在这个过程中,他们也体验到了自身的重要性。而且,为了带着创造性和专注力,全心全意且独立自主地完成各项工作,员工们就要持续不断地接收新任务,最好是非同寻常的或是难度较大的工作。在这方面,他们或多或少地需要一些富有意义的目标,也需要获得关于自身工作质量的反馈。就这样,人们就能熟悉无人涉足过的新领域并最终了解和掌握未知的事物。这就给人创造了一种安全感,以便掌控某种情形,而这又能给予人一种良好的感觉。这还能带来另外一个优势:对于亲自参与的事情,人们总会全心全意地奉献力量,坚定不移地朝前推进。这

就是所谓的"我的孩子效应"。

如果没有富有意义的挑战，我们就不能证明自己，无法引以为豪，也不可能获得他人的关注与认可。如果能在某件事上获得成功，我们的动力就会大幅提升，在这方面，我们的大脑设有两个激励中心：一个负责事前期待中的喜悦，另一个负责事后完成的快乐。事前的快乐（第一个激励中心）表现为欲望和诉求的形式，它赋予人们动机，想要真正去达成某个值得追求的目标，而事后的快乐（第二个激励中心）则是在成功完成某项行动之后给予人们欢欣鼓舞的感觉。伴随着每一次学习成果的出现，大脑会释放出一种被称为"令人陶醉的快乐荷尔蒙"的多巴胺，这种物质能令突触摇摆，令神经元舞动，但对于那些理所当然的事情，我们就不会感受到特别的快乐。

> 人们希望被人所需并在此过程中体验到自身的重要性

此外，当我们让人看到自己是团队中有价值的一员时，当我们为有价值的事情奋斗时，当我们永远追求做得更好时，演化和进步也会奖励我们。这种奖励很能让人上瘾：这是一种超越自我的伟大成就感，对那些脑力劳动者来说尤其如此。思想火花和创造力都会得到多巴胺的奖励，而这又能激活大脑，它会渴望去做更多的事情，会构建数百万计的高性能神经元，会编织出一张更加强大的学习内容网。俗话说得好："挑战激发灵感"，相反地，即便是最杰出的天才，如果缺乏挑战也会日渐枯萎。

凡是希望由员工实现伟大成就的企业，最好给他们提供此类刺激。这些企业会对员工提出很多要求，并推动其实现自我超越。但是充满威胁的场景、丧失灵魂的工作以及持续不断的挫败感都会大量减少多巴胺的分泌，从而夺走人们的雄心壮志。在这样的环境中，最先流失的就是那些优秀的、宝贵的、有才华的员工，因为这些优秀的员工要去追寻更大的意义、更多的自由以及工作上的快乐。这是因为，只有那些自由的人才能充分地施展自己，如果自己感到受到碾压或遭排挤扮演着跑龙套的角色，就会相应产生一种麻木不仁的无力感。软弱无能、被人牵着鼻子走、毫无权力可言，这让人们变得极其渺小。与之相反，如果能在真正意义上赋予人们"回旋的空间"，大家就能生机盎然并开始独立自主地采取行动。从员工层面看待企业的目标，最为重要的问题是：

一名员工存在的意义是什么，其职能或岗位又为何而存在？

德国博世公司的负责人乌韦·拉施克（Uwe Raschke）在接受 changeX 的采访时表示："任何一个人都想清楚地知道，自己能为改善世界做出什么贡献？这虽然听上去有些夸夸其谈，但最终我们会注意到，很多员工关心的并非是能否将业绩提升一个百分点或是确保增长率达到 7 个百分点而不是 6 个百分点。事实上，很多员工感兴趣的只有一点——我在日常工作中能为改善世界以及人类的生活条件做出什么贡献？"

理智可谓是热忱的一个宁静而审慎的"姐妹"。热忱披着一层色彩，它是来自外部的，追求最大化，给人一种欢欣鼓舞的感觉。相较之下，理智则代表了一种自主而淡定的内在状态。理智既没有追求最大化的压力，又不包含竞争的因素。理智本身就已足够，并且能让人感到自由。

尤其是千禧一代⊖，他们更加渴望获得理智。他们希望感受到自我价值而非充当第三方的傀儡。他们想要留下自己的足迹并作为一分子参与某些意义深远的事情。因此，大家竞相成为优质股和明日之星，而要在这场角逐中取胜，光靠金钱是不够的，我们还要仰仗理智。与此同时，这种基本观念也像肥料一样浇灌着整个劳动力市场，令其更富有生机。人们越来越希望，日常从事的一切工作都能成为令自己生活更加绚烂多姿的一部分，而且能在极大程度上让自己感到满足和欣慰。

⊖ 更多有关千禧一代的信息，参见笔者的另一本著作：《适应下一代经济》，或者也可参见视频"访问西蒙·斯涅克"。

第 2 章 客户作用场

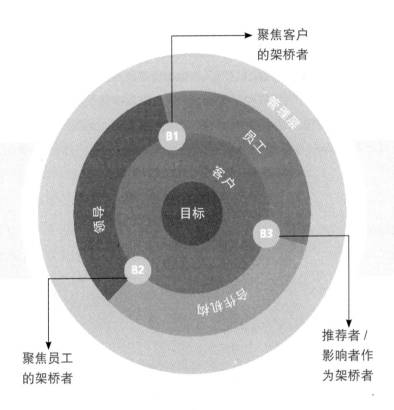

消费者的搜索行为及决策过程早已发生翻天覆地的变化，其程度远远超过了企业愿意承认的范围。如今，客户主宰了一切市场支配力。媒体消费经由移动设备直接转向了网络。很多供应商早已无法跟上日益数字化的消费者的脚步，消费者的习惯不断改变着，他们的要求和期望与日俱增，他们衡量优劣的标尺早已不是竞争者，而是专业领域中跨行业的最佳标杆。再者，人们似乎已经拥有一切，几乎不再需要原始装备。

身份象征失去了原有的魅力，非物质财富的重要性日益凸显，尤其是在那些乐于面对各种选择的年轻一代看来，体验要比占有更加重要，与众人分享事物也就成了新的大势所趋。相对于必需品，消费者偏向购买那些与自身高度关联的新兴产品。

均匀喷洒式的营销策略和施加压力式的销售模式已经难以奏效，原先的"发送方主导接收方的原则"已经发生逆转。如今，需要沉下心来认真倾听的是企业。这是因为，交流沟通的主动权掌握在消费者手里，他们不断扩展并形成了日益壮大的网络，只要点赞或狂踩，就能掌控一个品牌的生死。品牌如果表现欠佳，立马就会被钉在耻辱柱上；如果缺乏创新，就会被市场清局。在此背景下，数字化就意味着：更优质、更快捷、更廉价、更友好——而且越快实现这些目标越好。

此外，客户时刻准备好一跃而起，发起挑战。新产品将接受持续地测试，更替和变换成为一种常态，要想赢得新客户就要付出巨大努力。"僵硬"的业绩和独断专行都将惨遭滑铁卢。在如今的社会，标准和中庸已经难以捕获人心，产品的价格完全透明，人们可以随意对比，凡是不能激发消费者内心欲望和渴求的，就会在销售中败北。要想从高价值客户手中获得钞票这张表示认可的"选票"，企业需要付出的不是可以交换的产品，而是顶级的性能、智能的解决方案、数字化的服务以及对人际关系的个性化经营。

> 如今，企业必须认真倾听客户的声音，而非相反

销售正日益转向网络，传统的中间商正在消失，平台经济正在取而代之。在越来越多的行业，客户正被引导进行线上购买、线上订货以及线上结算，这可以借助自有网站以及/或可靠的第三方外部门户网站完成，而后者可谓企业在网络空间中的前哨。在交换客户数据方面，我们早已建立起一种无偿提供的文化。借助智能算法，我们可以从数据中得出一个组合式的供应方案，而这个方案是根据个性化特征及具体情景为每个人量身定制的。

人们的时间越来越有限，因而消费者不会考虑那些窃取和浪费自身时间的供应商。复杂烦琐的东西呢？淘汰。会给人们招致麻烦的东西呢？不要。但凡事情进展不顺，消费者很快就会失去耐心。也正因此，随叫随到式的协助显得日益重要，而数字化的支持最受人欢迎。各大供应商最好能主动应对，确保一开始就不要产生问题。在这方面，人们可以利用实时数据对可见的未来做出预测，这种方法的一大应用领域在于采取预见性的维护措施，即在问题出现之前便对故障加以修复，而这又具有超高关联性。

2.1 超高关联性：如何创造神奇的吸引力

在数字经济中，公司的一个核心目标是实现超高关联性。仅当客户觉得某些企业、产品和品牌不容错过时，超高关联性才会令企业受益。这类企业向客户提供了一种难以抗拒的产品功效，客户"不远千里"赶来购买，就是希望成为一名自豪的使用者或拥有者。就算有点不便，就算有点古怪，客户也能轻易原谅，因为他是这个品牌的忠诚粉丝，还会像传教士一样将这些信息散布到世界各地。人们就想与某个"唯一"的供货商合作，也只想购买某个"唯一"的产品，其他的东西概不考虑。也正是因为如此，超高关联性特别令人向往。

超高关联性的最佳衡量指标是：当想到某些重要的富有意义的东西时，人们的脑海中会浮现出的品牌名称。这些品牌就在其自身所在行业同时恰恰也在其希望赢取的目标群体中创造了一种超高关联性。消费者不能或根本不愿放弃这些品牌，它们其实创建了一种识别面，这能非常有效地帮助这些品牌超越别的竞争者，它们会远远领先于普通的品牌，像是被施加了某种神奇的魔法。要想做到这一点，靠的不仅是卓越的产品性能特征、顶级的运营流程、来自第三方的美誉，还要靠精心设计。这里所谓的设计绝非仅指招人喜欢的视觉外观，还包括了某种具有颠覆性的令人震惊的内容。就后者而言，能多益（Nutella）是个很好的例子，这个品牌就与很多人高度相关，消费者就是想要买 Nutella，而非某些便宜的仿制品或者山寨品。

很多具有超高关联性的品牌，诸如特斯拉、星巴克、耐克或者红牛，它们都启迪了时代精神。有些品牌仅仅针对某个特定的目标群体而设，也因此只被圈内人士所熟知，另有一些品牌则人尽皆知，也因此常常被人津津乐道和广泛推荐。此类品牌呈现两极化的特征，人们提及它们要不就是表达一致的赞同，要不就是提出强烈的抗议。人们可以爱它或者恨它，但绝不会默默走过。这种超高关联性的印象会进一步传播，为人所共享。就算存在不足之处，它依然赢得了人们的赞美和钦佩。

举例来说，我们也可以通过网络效应实现超高关联性，其含义是：越是人多的地方，人们越想去那里；越是无人问津的地方，人们就越想避而远之。这样一来就有可能形成平台垄断。为什么会这样呢？平台中的每个活跃分子，无论是供应商还是客户，都能提升所有平台参与者的利益。亚马逊、脸书以及谷歌就是这方面最具代表性的案例。这些企业很好地将消费者和生产者结合在一起。谁掌握了平台经济时代的规律，谁就能很快处于上风。直至 2011 年才在慕尼黑成立的一家名叫 Flixbus 的企业已经做出了最好的例证，它凭借绿色长途公共汽车（隶属于分包商）、极其丰富的数字技术以及当下的网络效应征服了整个世界。

> 对于具有超高关联性的品牌，人们可以爱它或者恨它，唯独不会默默走过

相反，若是遵循老旧的标准，就很难实现超高关联性。当然了，我们必须从根本上确保质量，也要令其符合相关法律的规定，但要知道，任何一种标准化都会生成一种

"同构",这意味着:一切都会越来越趋同。但要说到可比性,价格成了唯一的区别特征。事实上,独特性,即独一无二的特征才应该是更具吸引力的。那些什么都做、谁都服务的企业,就会陷入平凡,而"普通平凡"恰恰是"理想追求"的拦路虎。那些与众不同的、引人入胜的、特征显著的东西拥有更好的前景,即具备所谓超高关联性的潜力。

超高关联性能够并将起到哪些作用?

- **激发拥有欲**。这方面的核心问题是:我们所做的,尤其是做的方式、方法,是否能够打动、惊艳和激励人们,让其内心感到无比渴求,希望无论如何也要使用或者占有?

- **巩固声誉**。这方面的核心问题是:我们所做的,尤其是做的方式、方法,是否能提升自身的公众形象,留下一些印记并促成发展——与此同时也令我们的世界变得更美好一些?

- **培育客户忠诚度**。这方面的核心问题是:我们所做的,尤其是做的方式、方法,是否能触动客户成为回头客并越买越多,同时不会过分在意价格的因素?

- **形成口碑营销**。这方面的核心问题是:我们所做的,尤其是做的方式、方法,是否能产生一种口口相传的效果,令客户转变成一种能向他人施加影响的群体,从而在市场中自发形成一种超高关联性。

2.2 超高关联性在 B2C 领域和 B2B 领域都能奏效

就超高关联性进行成功投资的企业首先要做下列三件事:

1)您要了解客户在购买和使用过程中任何一个环节的需求,并尽可能开发个性化的解决方案。

2)一切破坏客户信任度的,或使客户在购买和使用过程中感到费时费力的很不愉悦的因素，您都要坚决消除。

3）您在行动时要富有远见，要敏捷灵活，投资数字化支撑的运作流程并在遵守法律的前提下以最认真、最谨慎的态度处理客户数据。

触点管理（Touch-Management）能帮助我们实现超高关联性，除此之外，服务设计也能起到同样的效果。服务设计探讨的并非是行业内普遍存在的、极其容易实现的08/15附加服务，这已然稀松平常。伴随新方法的涌现，在服务设计中，人们对客户提供了量身定制的服务，我们就以一个B2B领域的例子加以说明：

屡获殊荣的德国Lindig Fördertechnik有限公司是一家来自艾森巴赫（Eisenbach）的提供叉车、仓储技术及工作台的服务商，它的座右铭是"这也可能成为你们的问题"。客户接触点经理亚历山大·卡摩尔（Alexander Kammerer）报告说："在一个案例中，我们的一名客户在某处大型建筑工地上急需获得一些燃料，对方并不希望采取油罐车连续运输的方式，这在一定程度上也是不可行的。起初我们的想法是搭建一个油罐区作为加料系统，但供方市场情况显示，所有移动装备都存在处理不当的问题：装备有时会被偷窃，或被灌入染料残渣及水残留物。此外，由于通道对每个人都开放，加油的人群也无法得到有效管控。于是，我们决定构建一个带有数据测量系统的移动油箱装置，这在市场上是绝无仅有的。这样一来，我们从自身来说就能主动向客户提供很多信息，包括进料高度、用户识别码以及被盗情况下出现的地点变化。结果是这样的：凭借我们'量身定制'而且现在也是'数字化'的装备，客户在三个方面受益良多。首先，装备不再有停机时间，这就节省了一笔费用；其次，客户能持续不断地获取清洁燃料，这相较于预定油罐车节省了不少时间；最后，客户还有证据证明燃料是从分包商那里购买的。三个月后，装备资产就已完成分期偿还，现已进入盈利模式。客户觉得我们提供了出色的服务，这种个性化的解决方案堪称完美。客户团队和研发团队通力合作，以一个传统产品为出发点，塑造了一个富有创新的工具，从而为客户提供了预测性的服务。我们充分利用了公司给予的自由空间，敏捷地将构建新体系的设想付诸实践并在真实客户身上进行了测试。这是完全符合我们品牌定位的一个成功案例。"

这也说明了一件事：和 Lindig 公司一样，供应商一方面需要深入理解客户的真正需求，远不满足于循规蹈矩和按章办事，以内在的欲望去激励和鼓舞客户；另一方面也有必要创建恰当的内部框架条件，从而确保敏捷度和灵活性。我们要尽可能持久地保障公司的超高关联性。一家企业之所以优秀，并不是因为它曾创造过"畅销产品"，而在于其具备一种能够较早识别出"畅销产品"各项潜力的能力，在于其能够打造一个将其贯彻到现有品牌中的卓越团队。

2.3 关键点：客户真正想要的是什么

早先，企业会将自己的客户按目标群体简单分门别类，辅以某些标准规范。但人们早已认识到，这种做法是行不通的。这是因为每个人都不尽相同，其购买行为也就千差万别。性别、年龄、收入水平和生活境况这些因素都会起到决定性的作用，就连个人的性格特征、情感体系、思维方式和价值观都会由此产生影响，甚至是个体每日波动的心情指数也会与之相关。另外，我们还要关注数字亲和力、时间紧迫性以及由此形成的购买流程，诸如接触点（Touchpoint）、客户旅程（Customer-Journey）、客户体验（Customer-Experience）以及买家画像（Buyer-Persona）等概念也随之来到镁光灯下，成了人们关注的焦点。

不过，首先还是谈谈几个基本方面。客户本质上到底希望从供应商处获取什么？我们归纳如下：

- 流程越简单越好；
- 获取通道尽可能便捷友好；
- 给我最优的解决方案；
- 尽可能快地提供解决方案；
- 及时给我提供帮助；

- 整个过程都给我一种良好的感觉。

在 B2C 针对个体消费者的领域，这就意味着："做吧，让我感觉更好就行！"，而在 B2B 针对企业客户的领域，这就意味着："做吧，让我变得更成功就行！"

在追求可持续发展的客户关系管理中，我们应当发展的战略性前进方向如下：

- 客户利益重于内部私利；
- 宣传营销重于自我推销；
- 品质内涵重于公司广告；
- 维护老客户重于寻求新客户；
- 个性化服务重于标准化处理。

上面每条都对比了两个因素，我们在此强调"重于"是想表明：在有些情况下，前后两者可能都很重要，但无论如何，相对于后者，前者都应得到优先考虑。为何如此？我们又该如何做到上述几点？现在就让我们探究一番。

2.4 客户至上：站在客户角度思考和行动

我们早已强调过，要想成就未来，就要围绕客户需求做文章，即客户至上（Customer-Obession）。"站在客户角度思考"也就成了职责所在。这就要求我们做出 180° 的大转弯：摒弃从内而外的视角，转而采取由外而内的视角。

在此过程中，企业不再遵循以自我为中心的营销策略，即"要想取得进一步的成功，我们要向市场及客户提供什么？何时提供？如何提供？在哪里提供？"这种老旧的推式沟通（Push Communication）着重关注的是自我推销和自我表扬，其核心问题如下：

旧问题:"我们想要交流什么?"

与之相反,新的市场营销策略会提出另外一个问题:"当下和未来的客户希望/需要/渴望什么?我们如何才能帮助客户提升生活品质,助其分别在职业和商务领域获得成功?"这种全新的拉式沟通(Pull Communication)着重关注的是如何提供有用的信息和问题的解决方案,其核心问题如下:

新问题:"客户想要知道什么?"

当被我们问到的时候,绝大多数经理都认为自己在"以客户为导向"方面做得不错,但企业的自我内观和旁人的外部审视这两者之间存在巨大的鸿沟。IT服务提供商凯捷咨询(Capgemini)开展的一项全球调查显示,80%的企业管理人员认为自身品牌能够识别客户的需求和愿望,但事实上仅有15%的消费者认同上述说法。"以客户为导向"究竟意味着什么,对这个概念的曲解反倒成了一种常态。

丝毫没有实践"以客户为导向"的三个负面案例

案例一: 我们定点访问了一家食品零售商店。在那里,货架上摆放的货并不是广告宣传单上客户最期待的产品,而是那些能帮商店赚取最多广告成本补贴的产品。与之相对,一家优质的线上商店经常会审视自己的客户友好度。潜在消费者所看到的产品具备个性化特征,使用指南也很直观。这是因为能够转变消费者心意的不是劳心费力的搜索,而是舒适快捷地找到最合适的对象。

案例二: 我们无意中听到了一段B2B行业的销售对话。绝大多数表达都是以"我们是—我们做—我们能够"这样的陈述开头的。"不过,客户难道不应该首先认识我们的产品系列吗?"当事者和我们这样解释。不,并非必须如此!客户可能有一种缺陷、一个问题、一处痛点,我们必须尽快领会并尽可能精准到位地加以排除。也就是说:首先认清客户问题,进而提供解决方案。毫无疑问,这样一来就能最终胜出并遥遥领先。"顾客至上"(Customer first)也要求我们在销售领域转变观点。

案例三:我们审视了一场常见的公司年会。先会关注一些数字:图表中显示出上一年度业绩和下一年度计划的有关数据,不过从第三行起就完全读不懂了。算了!谁又会在乎读者导向呢?然后,伴随着配乐开始了新产品展示,继而就开始内部评审推选出优胜者。这完全就是一场自我炫耀式的展销会,和客户没有半点关系。当然了,人们会沾沾自喜地认为,这些都已经囊括在内了,而他们急着想要庆祝自己的成功。不过,这归根结底还是要感谢他们的客户。

"以客户为导向"其实很简单,只要在网页上用"您的联系人"取代"我们的团队",用"为您准备"取代"关于我们";在宣传海报上用"租入"取代"租出",用"买进"取代"卖出"即可。同时,在会议室中为客户保留一张空椅子,座上客要为客户发声,并要求参会者好好思考下客户的利益。如此一来,自私自利的观念就能从企业中消失。

首先是客户,其次是内部效率!这种观念转变在亚马逊(Amazon)得到了一以贯之的体现,正是因为秉持了这点,亚马逊并非以收到的订单数量为衡量指标,而是以精准送出并"及时"抵达客户手中的订单数量为衡量指标。这样一来,关键指标就从财务业绩导向转向了客户利益导向,人们要从两方面加以衡量,不仅关注能从客户良好行为中赢得什么,还要重视会在客户不友好的行为中失去什么。杰夫·威尔克(Jeff Wilke)是亚马逊的首席执行官,也是仅次于杰夫·贝索斯(Jeff Bezos)的企业二把手。他在某次对话《经济周刊》(Wirtschaftswoche)的访谈中这样说道:"我去过很多国家,每到一处最先了解的就是当地客户满意度的情况,之后才会检查那些销售数据。"他还进一步补充:"我们将自己视为创造者,是希望能为客户创造一个更加美好世界的角色。"对于"从客户角度思考的原则",他是这样解读的:"如果我们确信能在某个领域为客户提供某种额外价值,首先就要撰写一份内部新闻报道，然后开始从后往前倒推式地执行项目。"如果有什么行为是对客户不利的，那就不予实践。

2.5 今日及未来客户的购买流程

无论是在 B2B 还是在 B2C 领域，要想仅凭沟通获取潜在客户已经越来越难了，如今购买者所历经的购买流程已然大不相同。目前几乎所有的前期研究都在网上进行，高达 95% 的初步购买决定都在网上完成，73% 的相关流量都在第三方平台发生。在此过程中，具备购买意愿的消费者在做出决定前平均要浏览 10 个网页的内容。在各大专家论坛中，人们会倾听用户的讨论。在社交网络上，人们会查询各种参考资料。在评级门户网站上，人们可以数数星级指数。总而言之，对于计划要做某事的人，他会寻找各种产品测试和比价结果，而从恰好做过同样事情的过来人身上也能找到值得借鉴的经验。"谁已经买过这个产品？""你们在……方面有什么经验？""这些东西可信吗？"为了确保自身安全，大家会征求他人的意见。

长期以来，第三方因其客观中立而能帮助人们节省时间并预防决策失误，在购买流程中发挥着关键性作用。如果十之八九的客户都建议不要尝试某物，那么即便投入数以万计的广告费可能也无济于事。值得信赖的劝告能确保某个市场参与者的品质，因而堪称最真诚的沟通形式，就此看来，首选的方式就是推荐式营销，即赢取客户的拥护。如今，企业若想要在新业务中赚取丰厚利润，就必须仰仗各式各样的口碑营销（Word of Mouth）。积极的口碑营销可以说是良好客户关系的结果，也日益成为触发某个购买流程的起点。

如今，积极的口碑和推荐堪称关键因素

任何企业，凡是因为产品名不符实、服务不到位或者销售方式无法令人接受而业绩惨淡的，都会迅速轰然倒塌。这就意味着企业一旦形象不佳就会错失绝大多数的潜在业务，而它们甚至都完全觉察不到。由此看来，企业有必要做好两部分工作，一是就其客户关系的质量做出全新的思考，二是有针对性地劝阻那些有兴趣的消费者，如果产品或服务的某项性能与他们的期待不符,索性他们就不要购买,这样也就不会引发负面的评价。这是一种很前卫的观点。

这似乎只适用于新业务以及首次购买?不是这样的。即便是老客户也会不断地获取信息,如果企业形象受损,那么他们早先无条件的忠诚也会不复存在。倘若客户早已经认准了一个供应商,那么只要没出什么问题,他们多数都会保持对其忠贞不贰。常言道:"你有什么,自己知道"。曾经,使市场透明是很困难的,由此做出错误决策的风险也很高,而如今的情况已大不相同。数字化的客户只有在能获得更优质的产品及服务的前提下才会继续保持忠诚。借助 Aboalarm⊖ 公司提供的服务,如今人们能在瞬间写出各种解约通知。

那么企业该做些什么呢?非常简单。精准定位充满购买欲望的消费者,恰好在其寻求某种产品的时候,又恰好在去寻找产品的地方,向其提供最适合的产品的有关信息。您可以直接在自家产品上留下信息,以便潜在买主(再次购买)的不时之需,一定制作精良。充满智慧、品质上乘的内容有助于提升在搜索引擎上出现的可能性,这就能帮助企业以高质量的方式接触客户,引导他们产生好奇,唤醒他们内心的渴求并触发他们的购买欲望。在这方面,由市场营销推动发起的自动化流程是必不可少的,而购买则通过线上商店或借助具备资质的销售人员成交。

即便如此,签订购买协议也只是一小步,之后才算是真正拉开了序幕。从即刻起,我们要细致入微地给予现有客户全方位的照顾,这可不仅是为了获得后续持久的销售业绩。客户也热切期待有人能和他们谈谈购买经历,倾诉内心的郁闷或分享快乐。从我们专业领域出发理解,这是指购买体验是欢欣愉悦、差强人意还是令人失望。放在过去,这样的交流会在现实世界中展开,能听到反馈声音的人为数不多,而且不少交流内容会被人迅

⊖ Aboalarm 是德国一家专门提供线上撰写解约通知的公司,其 App 方便人们随时随地完成此类文书。

第 2 章
客户作用场

速遗忘。今日的情况则全然不同了。我们生活在一个崭新的推荐时代,身边处处燃烧着数字篝火,这是对传统推荐模式的有益补充。

如今,能让某个人感到压抑不快或痴迷陶醉的,全世界都会知道。这样一来就形成了一个圈子。某个失望沮丧或兴高采烈的客户的"真情实感"会在网上散播开来。对于正在网上搜索信息的人而言,在与供应商建立首次连接之前,这些信息仿佛成了他们自己的真实体验。谷歌将其称为"零时真相"(Zero Moments of Truth,简称 ZMOT)。所以要把生意做得更好,靠的不是花言巧语的广告和大幅降价的政策,关键在于那些热忱的客户,他们可是富有激情的传播者,可以开启未来客户的体验之旅。谁能关心和维护现有的客户群体,并使其成为自身积极的拥护者,谁就能轻而易举地赢取新客户。

> 签订购买协议并非全部——人们需要全方位的关怀!

图 2-1 显示了客户的购买流程,其中 WoM(Word of Mouth)代表口碑营销,一种口口相传的宣传、体验反馈、评估评价、建议参考和推荐介绍;售前(Pre-Sales)代表购买行为之前的一切活动,忠诚度(Loyalty)则代表购买行为之后的所有活动;箭头的深浅代表各种口碑营销活动的强度。

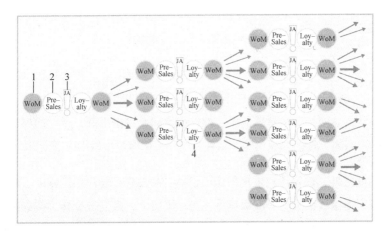

图 2-1 一名客户的购买流程

1—口碑营销 2—售前 3—购买 4—忠诚度

2.6 洼地战略能神奇地吸引客户

在推播式营销（Outbound-Marketing）中，供应商主动向客户进行推销，出于数据保护的考虑，实施这种模式愈发困难，此外，若销售代表未经许可就屡次打扰或投放铺天盖地的广告，潜在客户更是会对此表达强烈抗议。现在要想生成潜在消费群体的数据，不妨考虑使用集客式营销（Inbound-Marketing）以及一种崭新的商机管理模式，其运作遵循的是拉动而非推动原则。

集客式营销的基础是让潜在购买者找到自己。商机管理方面的专家诺伯特·舒斯特尔（Nobert Schuster）描述这种战略为："集客式营销的方法是充分利用互联网向潜在客户发送各种有趣的内容，旨在将其引导到自己的网页或登录页面，进而留住他们。"他将这种方法比作在大草原上挖出一片洼地，这样人们就能捕获照片上的动物了。⊖

也就是说，我们不再借助横幅吓唬和自吹自擂地烦扰客户，如今对于这些，人人都避之不及。为了让那些潜在客户找到自己，我们要构建一片"内容洼地"，将高品质的且对客户有用的内容投放在自己的线上站点以及外部平台，同时也发布在各种社交网络，这样一来，大家可以下载或向供应商索取这些内容并与众人分享，而这些产品也就收获了第三方的关注。

> 与其依靠自我尖叫烦扰客户，不如制造内容洼地吸引客户

此时，企业以客户顾问的身份出现，其赢取客户的手段不是咆哮，而是一种不可抗拒的魅力。"吸铁石而非麦克风"人们也可如此形容。企业虽然露面了，但仅以发起人身份出现，展示的内容应当激发客户兴趣、传播知识、建立信任并引领目标客户接触供应商及其产品。

除此之外，内容还应发挥的作用包括：激发现有客户的忠诚度、占据主题世界、提供谈话素材、赢取竞争优势。事实上，人们很少会去搜寻某个具

⊖ 洼地战略®是诺伯特·舒斯特尔（Nobert Schuster）的一个注册文字商标。

体产品，他们上网更多地是想获取信息或解决某个迫切的问题。于是，在供应商根本无从知晓的情况下，搜索者开始了一项调查，他们会在搜索引擎中输入某些特定的问题或关键词，进而通过呈现的内容找到合适的答案。

我们的内容，在理想状态下是以叙事风格呈现的，包括专业文章、电子书籍、检查清单、使用报告、信息图表、网络研讨会、讲解视频等。此外，您还能呈现不少外部内容，诸如采访、嘉宾稿件、研究结果、民意调查以及最新的行业新闻等。凭借这一增值战略，您的产品将成为所在行业的竞争力焦点，这不仅能帮助提高产品的搜索引擎排名，还能带来更多流量，即增加网页的"潜在消费者流量"。相对于劣质内容（Thin Content），搜索引擎会偏爱那些优质内容，因而您将凭借高品质内容出现在搜索结果匹配列表的顶部。而且，如果在您网页上找到有用的东西而驻足逗留的人，也会选择立即购买，或者开始第一次接触。

就这样，意欲购买的消费者被有用的内容所吸引，他们想索取这些内容并通过双向选择确认（Double-Opt-in）的方式签发一份数据保护的明确许可，要求对方向其发送更多相关信息。借助营销自动化，人们策划的内容展示了其惊人的影响力。在一系列预定义的多阶段流程中，为了"催熟"有兴趣购买的消费者，人们首先对其"培育滋养"（"种草"），这就意味着，向其提供个性化和情境化的有效信息，引导其最终签订购买协议。潜在客户每次都会精准表明自己感兴趣的事物，由此在一定程度上也提升了自己的要求。如果销售部门也参与处理有关潜在客户的线索，就要判定信息成熟到什么程度时方可被托盘而出，接下来又该采取什么做法。

也就是说，如果过早交付有关线索，那么潜在客户可能会表示"我先看看再说"，从而影响交易的成功率，而相反如果交付太晚，潜在客户高涨的兴趣可能又会消失殆尽。对这些潜在商机的线索分门别类将有助于企业恰当地设定优先级，销售团队无须拨打一个个陌生人电话，而只需有针对性地处理那些有望在现实中达成交易的"热门"潜在客户，也正因此，这种做法效率更高，也更积极主动。在参考文献 [78] 中列出 *Marketing-Auto-*

mation für Bestandskunden(《对现有客户的营销自动化》)一书，书中对该方法的整体原则有详细陈述。

这种操作方法既适用于新的潜在客户群，又适用于既有客户，后者在每次回购之前几乎都会再次成为潜在客户。通过不断提供新鲜的内容，企业就能实现订单的持续增长，也能成功吸引目前尚不活跃的客户。此外，制作精良的内容能得以迅速传播，这会不断招来新客户驻足观赏并购买。借助付费版实现的内容分布（Content-Distribution）也能起到补充作用，影响者和专业的推荐者将推动内容更深入地渗透市场。对此，我们将在第8章中进行深入探讨。

2.7 企业中的双阶层社会

有时候，企业也会对客户做出奇怪的事，在很多行业确实存在着双阶层社会现象。作为老主顾，你只能眼睁睁地看着新顾客享有成堆的优惠政策，包括低价折扣、试用价格、免费小样以及各种其他优惠，这一切都是为了让他们做出首次购买的决定。与之相反，老主顾得到的是价格高昂的软件许可权、敲竹杠式的手机资费、超贵的订阅费和保费，即便这些费用在新业务中会便宜很多，老主顾还是要用高额的原价支付。这就意味着那些在达成交易之前不断耗钱的新客户获得了补贴，而那些帮助企业挣得盆满钵满的老主顾却被怠慢。

面临日益饱和的市场，企业不得不关注两点：一是顾客的回购，二是顾客向他人推荐产品的意愿。不过一直以来，抢夺顾客和低价抛售似乎仍是最受欢迎的做法，各大供应商热衷于采用诱饵式的产品吸引顾客，在此过程中，经理人仿佛只看到从中赢得的东西，对于因此丧失的东西却视而不见，也就是说，当你向前奋力开拓时，后方已然拥有的顾客却掉头离开了。这是因为老主顾也学乖了：只有"背信弃义"才能尝到甜头。结论是：供应商亲自教会顾客成为"一哭二闹三上吊"的人群，成为擅长讨价还价的"游牧人群"。而且，很多产品都被廉价抛售，简直形成一个恶性循环，因为总有人卖得更加便宜。聚焦价格会造成一种螺旋式下跌，在此过程中，高忠诚度的老主顾会被低忠诚度的新顾客所取代。与之相反，要想实现螺旋式上升的良性循环，就要懂得通过赋予情感、体验和意义珍惜现有的老主顾。

> **现实中的惯例：新顾客获得奖励，老主顾被怠慢**

我们不妨做进一步分析：双阶层社会不仅普遍针对客户，在销售领域也处处可见。被誉为猎人（=Hunter）的销售人员是业务英雄，是被谄媚讨好的对象，能受到最好的训练，得到丰盛的报酬，还有高额的奖金；与之相反，被叫作农民（=Farmer）的服侍客户的专员则被坐在后台办公室（=后屋）的人不断发出指令却颗粒无收。这样做的目的无非是把现有的老主顾变成"现金牛"（Cashcow），很多企业的老主顾一直是被这样称呼的，而且之后也被这样对待了。

整整数代经理人都在大学读书的时候听过基于客户的支付意愿"敲骨吸髓"的做法，而且他们还以为如今还能奏效。早先的客户虽然小声咕哝，心有牢骚，但还是默默忍受着，可如今这都已是过去式了。"别这样！""不要对我这样！"现在的客户会大声表达不满。如今，每个人都不再是任人摆布的傻瓜。结果是企业受到越来越多的投诉，相应也就需要耗费更多的处理时间。售后服务人员的挫败感与日俱增，情绪也每况愈下，于是出现了第一次病假，更多的事情被搁置不前。客户将怨气发泄到网络上，各种不满被公之于众，销售暴跌。

但人们并未找准弊端的根源对症下药，而开始收紧成本。销售方面可不能节省半分，绝对要奋力耕耘，努力到底！而说到客户支持和维护，似乎倒有些文章可做，反正价格已经高得可怕。在这方面，部分经理人已被完全蒙蔽。不久前有位经理和我们这样说："每次客户给我们打电话，就意味着成本的增加。"他甚至从未想过，每一通电话都有可能成为商机，或可帮助企业创造额外的销售业绩。

还有更糟糕的，在B2B领域，企业有时并非派遣自己的员工来维护现有的老主顾，而会将这项工作外包给某些售后服务公司。在 B2C 的大宗业务中，由外部呼叫中心提供客户服务，那里的业务水准很低，支付的薪水不高，人员流动性大，解决问题的能力较弱，也没有多少时间开展对话，顶层还设有一个永无止境的延时等待循环。当然，尚未成为新客户的潜在消费者则会受到完全不同的优厚待遇，企业为其专设一条独立的热线，一旦拨打就会有人立即接听。不过一旦你真成了客户，那就沦为"二等公民"了。

客户不再是任人摆布的傻瓜

当下正值加速变革的转型期，各大供应商应当竭尽全力并千方百计地挽留住所有客户。为此，企业应加大在客户忠诚度培养期的投资力度。48% 的现有客户认为，由于自己是优质客户，理应在忠诚度培养期获得特殊对待。⊖ 但最近有关品牌信任（Brand Trust）的一项调查显示，76% 的营销预算仍然流向了售前阶段。该研究报告的作者克里斯托夫·哈克（Christoph Hack）指出，很遗憾，出现该结果是因为很多公司都将短期的增长目标作为第一考量。⊖

要按照规划实现持续增长，首先靠的是那些反复回购并已成为企业粉丝及拥护者的客户。结论是：您要构思一些令人难以忘怀的时刻，而且要让其如实发生。不妨通过组织一些仅限老主顾参与的活动来彰显其独到之处。举例，美国在线零售商美捷步（Zappos）的客户俨然成为这家公司的粉丝，他们能在某个仅为粉丝保留的专区获得特别优惠。在美捷步（Zappos），人们将客户与企业的关系称为一种"互相喜欢"的关系，即企业可以成为自己粉丝的粉丝。

2.8 从进攻式销售转向协助式销售

人们往往在意"成为有些特别的人"，因此最大限度地推进个性化，以此取代平庸的解决方案和批量生产的产品。大家早已习惯接受那些为自己量

⊖ 来源：埃森哲战略咨询（Accenture Strategy）。参见 https://www.accenture.com/t20171122T194051Z_w_/us-en/_acnmedia/PDF-66/Accenture-Global_DD_GCPR-Hyper-Relevance_POV.pdf.

⊖ 来源：《机会很多，命中太少》，刊于杂志《视野》（Horizont），2015 年第 29 期。

身定制的产品,这些产品背后有很多技术的支撑,包括相关的数据、人工智能及精益求精的反复测试,它们能精准匹配消费者的需求。在过去,大家手中的唱片毫无二致,而如今,人人都有仅属于自己的播放列表。标准化的分类已经江河日下,产品越富有个性化,其销售前景就越好。批量生产模式已成为过去:量身定制成为新的成功模式,我们想让周遭的一切都能显示出其身份。在这方面,自我设计(Selbstgestalten)和自我创造("我自己做的!")扮演着重要的角色。当然了,人们偶尔还是需要借助他人之力的。

举个例子,几乎人人都能在网页上预先 DIY 自己想要的产品,这很好玩,还能带给人初始的成功体验,当事者也乐于和他人分享这种感受,但当涉及某些复杂细节的时候,人们就希望能求助于专业人士,而此时协助式销售就开始发挥极为重要的作用。这项工作将由呼叫中心完成,因为预先掌握信息的消费者抛出的求助问题往往更加棘手,提出的诉求也更加复杂,而呼叫中心的工作人员都受过十分严格的训练,对事物的理解也极其深入全面。

未来的销售将在数字空间里和通过电话机进行,约有三分之一的外勤工作人员将在不久的将来消失。[1] 伴随着数字化,我们感受到越来越明显的去物质化,很多活动都被转移到服务领域。人们购买的不再是产品,而是一种使用的过程,也正因此,搭建一个至善至美的服务架构是必不可少的。在这方面,客户希望获取最先进的技术,但同时也想在需要的时候得到他人的专业建议。

无论客户的问题是什么,都应得到及时解决,而且最好是实时解决,而非来回折腾。专业术语将其称为"首次呼叫解决率"(First Contact Resolution)。除了传统的热线电话以外,客户还能通过数字实时聊天、视频咨询以及同步浏览等模式进行沟通,此外还有聊天机器人这种人工智能支持的语言程序,这就要求后台的所有东西都能在毫无断点的情况下顺畅连接。

---

[1] 参见《数字时代,销售业设定新标准》,刊于《卓越销售》,2018 年第 4 期。

我们即将迎来诸多技术飞跃，其中有一项叫作"零屏幕时代"（Zero-Screen-Era）。去除实体终端设备，摒弃数不胜数的App，转而走向语音控制将是大势所趋。Siri和Alexa这类智能语音助手只不过才刚刚拉开序幕，训练有素的聊天机器人很快就能超越那些训练欠佳的服务人员。它们对人类有着深入的了解，能够精准识别人们的情绪，理解人们所处的境况，了解人们内心的愿望。人格设计师教会它们表露同理心、毕恭毕敬地做出回应，并且在任何情况下都说话得体，不失分寸。此外，根据2b Ahead智库的一项趋势研究显示，聊天机器人各有所长，我们将被各式各样的机器人包围，涉及健康、教育、关系管理、购物、金融等诸多领域。[一] 由此，个人隐私也获得了全新的定义。

> **任何客户问题都应在被提出的一开始就得到解决**

在不久的未来，机器人之间的沟通将成为一个核心话题。各种数字助理和虚拟代表将以我们的名义仔细浏览网页，它们努力获取信息，给我们提出建议，与供应商机器人谈判磋商，帮我们购买产品并远离各种麻烦。从趋势上看，在人与人之间展开的传统的销售和服务对话正在向人工智能间的交互转变。语音机器人基于自学算法最终将交出具有说服力的答案，我们对此深信不疑，在这种情况下，很多时候我们都不再需要和客户取得直接联系，一旦我们需要直接联系，那定是非同寻常。"您现在正和一个活生生的人对话"，这可以而且必将成为一项品质特征，也就是说，如果以聊天机器人完全取代员工，那么企业也将面临失去客户的风险。即便是在未来，"人"这个组成元素依然具有不可小觑的重要意义。

2.9 接触点：创造"真实时刻"

但凡某个（潜在）客户与某家企业及其员工、产品、解决方案、服务、平台和品牌产生了相互影响和相互作用，所有产生影响和作用的地方都会形成接触点。您不妨评估一下身边到底有多少接触点。通常情况下，由于

[一] 从2b Ahead的"对话客户2025"中可免费下载该趋势调查。

经理人往往只会全面了解自己所掌管的领域，因而实际的接触点数量要比他们想象中还多。举个例子，保时捷（Porsche）公司已经识别鉴定了300多个接触点，潜在或实际的客户借此与生产者、经销商及品牌建立联系。无论是线上还是线下，诸如此类的"真实时刻"[詹·卡尔森（Jan Carlzon）]验证了供应商应允的种种承诺是否灵验。

在德语中，人们喜欢将接触点称为"Kontaktpunkt"，这是一个听起来非常冷静、客观和理性的概念，而另一个单词触摸点"Berührungspunkt"则能更好地表达构建客户关系的方式，这种方式不仅应当令人感到可靠，还应鼓舞人心，在情绪和感性层面令人动容。我们可以用"期望＋神秘X"这样的关键词来形容，只有在平淡无奇的事物中加入一些特别的元素，在纯粹的功能中增添些许亮丽"星尘"——那些令人惊讶、感动、陶醉和出乎意料的东西，才能唤醒人们内心强烈的拥有欲。

卓越的企业会在整个客户旅程的所有接触点向客户提供最佳体验，每个细节都至关重要。这就好比一个管弦乐队，即便整个作品中只有少数章节出现了鼓点，但假如踩错了点，完美的听觉享受也会被彻底破坏。换句话说，某个单独的管理不善的接触点，也就是最为薄弱的接触点可能会导致你失去客户。相反，对于一个热情高涨、激情澎湃的客户，即便是出现薄弱接触点也无法打消他的积极性，这就是所谓的"玫瑰色眼镜效应"（主观上对某事抱有乐观的态度）——人们会原谅其错误，还会宽容地忽略各种小缺点。

正因此，不仅是直接接触客户的联系人，所有仅与客户发生间接关系的员工，包括会计、采购或者物流人员都要学会以客户为中心思考和行动。在很多情况下，员工才是症结所在。

员工的行为对备受鼓舞和饱受挫败这两种客户体验的影响最为强烈，其对激励客户的影响概率为60%，而在令客户感到沮丧、失望方面，其影响概率达到了惊人的 70%。⊖ 对客户理解不足、缺乏灵活性以及糟糕的跨部门流程协调都是导致发生这一问题的重要原因。

由内而外的视角往往以自身偏好为出发点，会错误理解客户需求，与之相反，在接触点管理中，人们思考的重心是如何在整个购买流程中持续改善客户体验（Customer-Experience）和使用者体验（User-Experience），即客户的线下和线上体验。在这方面，人们会做一系列调查，了解客户想要什么、实际上得到了哪些服务、对这些服务的反应又是怎样的……此外，为了使自己在竞争中保持领先的优势，人们还探讨了如何超越客户期望的问题。

大量的问卷调查令人不胜其烦

为了获取由外而内的视角，我们会着眼于客户并对其进行询问，这就需要用到一些智能的方法。在客户看来，大规模的问卷调查非常烦人，而且速度太慢。还有部分供应商在每次互动之后都会"伏击"被调查对象，那些绿、黄、红三色笑脸图案及大同小异的反馈其实并不合适，人们虽然可以借此创造企业内部的比较价值，却无法调查出原因。

为了从客户角度出发衡量某个接触点的重要性及客户在该接触点（重复）购买和推荐他人购买的意愿，进而从中推导出具体的行动需求，对于精挑细选出来的客户，我们最好提出如下问题：

- 在 0—10 的标尺上表明程度：×××对您有多重要？（注明具体的接触点）
- 在 0—10 的标尺上表明程度：您会（重复）购买 ××× 吗？
- 在 0—10 的标尺上表明程度：您会把 ××× 推荐给他人吗？

这项工作可通过口头询问或借助软件工具完成，既可选择性地偶尔开

⊖ https://www.esch-brand.com/wp-content/uploads/2018/04/Echte-Begeisterung-schaffen-l-MARKENARTIKEL-l-12-2017.pdf.

展，又可定期经常开展。开始时，根据具体情况及企业规模可招募 30～50 名或 100 名相关人员作为询问对象。为了获得关键性的定性研究结果，您还需要选择性地抛出一些额外的问题：

- 您刚才给出那个评分的主要原因是什么？
- 您觉得什么做得特别好？
- 在您看来还缺少什么？
- 什么让您感到特别困扰？
- 在您看来，特别好的购物体验应该是怎样的？
- 要想让您打高分，我们必须要做什么？
- 哪些方面还有待改善，即便只是进步一点点？

有了这些问题，您很快就能接近那些最重要的客户动机，它们能抛砖引玉，带您找到以客户为中心的改进建议。

倘若能从客户视角观察购买流程，我们很快就能明白，流程中还缺少哪些接触点，哪些接触点与之高度相关，哪些又是完全无关的。人们主观想象中那些无关紧要的接触点事实上可能恰恰是导致客户流失的潜在弱点，我们必须尽快找出并彻底消除这类接触点，另外，我们还须加强和增进"爱点"（Lovepoint）建设并跟踪记录各种效应的相互关联。

脱离公司的立场，人们就能针对各类客户青睐的接触点排好优先顺序。这样我们还能为现有或潜在客户群体发现新的重要销售场所及关系维护点，并对其采取恰当的措施激活。手头现有的接触点得以优化，并且陈旧过时或无利可图的交互行为得以取消，最终，我们能更好地衡量和判断哪些接触点上的哪些资源是有意义的。

一个以客户为中心的接触点管理甚至还能帮我们节省一大笔钱。举例，我们发现某家保险公司手头共有 120 本客户手册，而中间经纪人在日常工作中仅仅用到其中 18 本。㊀ 接触点管理中常常会出现这种令人满意的可喜结果。

2.10 EPOMS：接触点的分类

类似于某个客户的购买流程，我们不妨对各种接触点（在消费者业务中也被称为体验店）适当予以分类，为此，安妮（Anne）设计了一套以各首字母缩写组合而成的 EPOMS 方案。

- E = 工作挣取的接触点（Earned Touchpoint），这是企业通过努力工作挣得的接触点（评价、新闻报道、测试结果、参考文献等）。
- P = 付费获取的接触点（Paid Touchpoint），这是企业花钱购买的接触点（公告牌、推荐位、条幅、广告语、电视和电台广告、海报、传单等）。
- O = 自身拥有的接触点（Owned Touchpoint），这是企业自身拥有的接触点（网站、公司博客、客户杂志、网上商店、公司楼宇、零售商店等）。
- M = 管理运营的接触点（Managed Touchpoint），这是借助第三方平台管理的接触点（某视频平台的频道、零售货架空间、外部呼叫中心、展台等）。
- S = 共同分享的接触点（Shared Touchpoint），这是某位用户与他人分享的接触点[第三方在网上的发声、供应商内容、用户生成的内容（UGC）等]。

付费获取的接触点（P）和自身拥有的接触点（O）比较"容易"控制，但管理运营的接触点（M）就不那么容易控制了，这是因为门户或平台运营商制定了规则，他们可以随时更改且无须事先通知，这会在一夜之间抹杀掉过去做的很多工作。此外，你看到的一个实实在在的平台有可能瞬间从眼前消失，也正因此，企业要确保将各项核心活动及交流沟通中的关键点牢牢掌握在自己的手中。

㊀ 来源：埃施著，*The Brand Consultants: Customer Touchpoint Management*（《品牌顾问：客户接触点管理》），2015 年 11 月。

由于传统的供应商广告往往会被忽视或在各种工具的挤压下受到封锁，工作挣取的接触点（E）和共同分享的接触点（S）显得尤为重要。长久以来，凡就企业及其提供的服务展开的交流，客户一直起着主宰作用，这些交流会在众多社媒体上发生，而且主要集中在那些公众无法看到的地方，于是供应商只能在黑暗中摸索前行，根本无法实现"控制"。事实上真正有效的方法只有一种：只有出色的工作才能使交流中所谈论的、所评述的、所传播的任何内容成真。只有从客户口中说出"真是了不起"时，才是真的了不起。没有人会报道习以为常的事，我们也绝不赞成让企业仅仅达到平均水准，登峰造极和博得好感才起着决定性作用。

记住一条万能法则：越是情绪化，传播力就越强。每一次购物都伴随着无数的情感体验，也就是说，客户做出决定时内心可能是非常纠结的。为了腾出空间，人们往往得用一把火"烧掉"某些老旧的东西，而新的事物一方面蕴含着各种希望、愿景和梦想，另一方面也潜藏着畏惧和压力。正如经济心理学家、诺贝尔奖得主丹尼尔·卡尼曼（Daniel Kahneman）所发现的，对遭受损失的厌恶（即人们希望避免遭受损失的倾向）的程度是期待赢得额外收获的两倍。㊀ 正因此，对于客户避之不及的东西，我们要保持极其敏锐的嗅觉。

> 只有从客户口中说出"真是了不起"时，才是真的了不起

还有一个具有正面影响的细节值得关注——中间时段的"生命体征"，在所有需要我们等候一段时间的地方，它能帮助我们忍受等待的煎熬，传递安全感，激发期待的喜悦。这是因为在交易已经达成但商品尚未发货之前，客户是带着盲目的信任度过这段时间的，也正是出于这个考虑，我们认为那些快递包裹服务所用的追踪程序，或者实时定位某辆的士的 App 实在是太棒了。戴姆勒（Daimler）公司用数字技术满足人们的期待：在一个特别的网站上，用户可以实时追踪专为自己个性化组装的新款梦幻轿车的整个生产过程。

㊀ 参见丹尼尔·卡尼曼著作：《思考，快与慢》。

接触点复杂多样，全面掌握这个概念需要方方面面的知识，这里受篇幅所限就不再展开论述。就该话题，您能在笔者的两本著作 Touchpoints（《接触点》）及 Touch.Point.Sieg（《接触、点、胜利》）中找到所有相关重要信息。

2.11 买家角色：新的目标群体概念

买家角色是某个客户群体的虚拟的原型代表，它将该客户群体的各种预期特征、行为方式、偏好取向融于一体，取代了传统的目标群体组合概念（往往仅考虑年龄、性别、收入、住址和社会阶层），这样便塑造出一个有血有肉的活生生的人物形象，使人们很容易感同身受。

为何这样做呢？一个人如何行动、购买什么东西都取决于他的动机。以汽车为例，有的人对其性能更感兴趣，有的人更着迷于驾驶体验，有的人则对其彰显的声誉和名望更感兴趣。因此，起到决定性作用的主要是心理学因素，而非社会学因素。为此，我们需要同理心。通过角色形象这种方式可以帮助那些只与客户间接打交道的员工看到隐藏于订单编号或文件索引编号之后的人，而在仅仅使用算法进行处理的地方，数据包会发挥作用。此外，买家角色在交流过程中是如何表达的，人们就怎样表达，学会了设身处地，因此能真正地理解某个对象。最终，我们就能避免从自身及个人喜好出发做决策的风险。

> 发挥决定性作用的并非社会学因素，而是心理学因素

在消费者业务中，某个角色的"典型特征"通常涵盖六大方面。为确保简明扼要，您无须考虑过多细节。

B2C 领域买家角色的典型特征

- **姓名和头像照片**：被观察的目标或客户群体，其典型代表是什么模样？他或她叫什么名字？不妨考虑下，选择头像时是否最好采用一张制作精良的画像，因为真人的照片往往源于图片库，在塑造某个角色

时显得过于狭隘。

- **背景信息**：这里讲的是年龄、性别、住址、职业、家庭状况、收入情况、爱好和其他兴趣，如有必要还包括文化环境和社会活动范围。

- **陈述**：引用那些具有典型性的对该客户类型的描述文字，或者不妨列出所有能够反映该客户类型的价值观、立场、观点和态度的关键词，将其和某些典型品牌对号入座，这样一来，该客户类型就能自行陈述。

- **期望/目标**：该角色通过购买某个产品或使用某项服务想要达成什么目标？他想解决什么问题？想要借此获得什么好处？可能担心和惧怕什么？什么会说服他们并令其深受鼓舞？

- **购买流程**：该角色是如何决策和购买的？他经历了哪些客户旅程？偏爱哪种类型的信息？喜欢什么？厌恶什么？谁会对他产生影响？其数字行为是怎样的？他经常光顾哪些媒体？最重要的接触点有哪些？

- **理想解决方案**：在这样一个角色看来，理想的产品或服务解决方案是怎样的？

这就好比人们是刑事侦查局拥有第六感的探员一样，在一个工坊里创建着角色形象，除了能产生实际的效用以外，这样做也带来了很多欢乐。最重要的是，那些整天都和客户打交道的员工应该参与其中。此外，为了创建一个精准的角色形象，我们还要充分利用研究考察、基本常识以及社交网络中各种线索的价值。

来自销售、客服以及投诉管理部的各位同事能够提供富有价值的建设性信息，而市场营销的研究数据以及最新的调研报告则有助于梳理出某个特定群体的典型特征。除此之外，也可以询问该客户群体中的一小部分代表，以便明确该群体在态度、需求、要求以及行为方式上的独特之处。

开始时，精心构建 3～5 个极具典型性的买家角色就足够了。在理想情况下，最好能将这些角色的"典型特征"钉在办公室墙上或人形纸板上，以便让人感觉到似乎能和真实的人交流。此外，还可制作实体或数字形式的套卡，帮助大家形成共识，确保所有人在处理客户项目时、优化接触点时、开发新概念时、眼前都能出现完全相同的目标人群形象。大家可以询问彼此某个角色是如何看待某个事物的，他自己在客户旅程中又有何感受。最终，人们或可就角色的问题提出一些意见。不过可能得换一种表达方式，我们不说："您犯了一个错误！"，而会说："乌斯奇（起的角色名字）原本是希望……"

除此之外，您还应该注意下面这点：正如现实中人会随着时间发生改变，我们所创建的角色也必须随变化做出调整。总而言之，相较于那些一如既往遵循"老一套"方式对待客户的企业，我们能够借助买家角色的创建获取许多优势。

2.12 忘掉 ABC 结构：B2B 领域的买家角色

即便在 B2B 领域，买家角色也会发挥作用，毕竟还是某些人从另一些人手里买东西，企业本身并不能询价、罗列供应商名单或提交订单，任何流程链的终端总有一个活生生的人，而这个人拥有渴求、希望和梦想。任何一个有待解决的问题都会给人带来不好的感觉。任何一种解决方案都要给人带来方便，也就是说"确认购买"的决定从来都不仅基于客观原因，同时也受到情感因素的影响。此外，决策者头脑中也不仅考虑公司的利益，还要追求自己的目标。实现这一切，单凭某个数据库中存储的信息是远远不够的。我们要借助角色形象，使职能背后的人物能从幕后走到台前。

> 流程链的终端总有一个活生生的人

不妨先观察一下 B2B 企业中普遍存在的 ABC 客户结构。

总体来说，给企业创造最高销售额的客户被归为 A 类客户，创造中等销售额的客户被归为 B 类客户，创造较低销售额的客户被归为 C 类客户。对于这三类客户，销售部门分别制定并执行不同的客户关怀标准。这就带来了一个关键性的问题：销售额到底是不是一个正确的衡量指标？显然并非如此。最糟的情况是，人们有可能费尽心力却维护了给其招致巨大损失的客户。

在 B2B 领域，除了"硬"性因素外，"软"性因素也扮演着重要的角色，这是因为客户除了金钱层面的价值，也具备精神层面的价值。正因此，衡量与客户的关系质量与衡量客户的可营利性是同等重要的。在这方面有下列几大标准可供参考：

- 购买历史：客户买了多少东西，实现了多少销售额？
- 购买频率：客户多久购买一次，最近一次下单是在什么时候？
- 边际贡献：总体来说，客户在多大程度上有利可图？
- 形象因素：我们能用这个客户来美化自己吗？
- 推荐价值：这名客户是不是一个富有价值的推荐者？
- 未来视角：客户是否属于某个迅速发展的成长行业？
- 价格敏感性：客户是否常常会讨价还价，分毫必争？
- 廉价因素：客户是否仅购买那些利润率较低的便宜货？
- 付款心态：客户是否准时支付且无任何异议？
- 商业信誉：客户未来的偿付能力如何？
- 客户关怀成本：该客户的要求有多严苛？
- 同理心因素：客户是否令人愉快并受到欢迎？
- 投诉行为：客户是否会频频投诉？

企业拥有上述甚至更多的相关标准，由此可以生成一个评价矩阵。一旦完成这项工作，我们就能观察到那些和企业利益相关的客户。事实上，无论在新业务还是在后续业务中，通常都有一个完整的决策机构（一个购买中心）在发挥作用，而且并非所有的参与者都必然坐在谈判桌前，但谁能同时在内容上和样式上做出调整，谁就在竞争中拥有了优势。

一个购买中心平均包含 5～7 人，其中除了存储在每个人身上的数据以外，还有非常个性化的态度、需求以及功能上典型的要求和行为方式。在这方面，买家角色对于制定基本方案非常有用。人们往往会分别赋予这些角色一些特别的名字，其发音就能体现角色具备的典型功能：信息技术（IT）部门的角色叫 Ingo，生产（Produktion）部门的角色叫 Peter，采购（Einkauf）部门的角色叫 Egon，市场营销（Marketing）部门的角色叫 Monika，服务（Service）部门的角色叫 Sabine，还有名为 Gerhard 的企业负责人（Geschäftsführer），他是秘密的决策者，他从不与销售人员打照面，却会给自己的粉丝签发许可，寄送祝福，或者连这些都不做。那么，他到底是一个怎样的人物呢？他没有领英（LinkedIn）或 XING 的个人资料，也很少出现在媒体上，而构建角色形象可以帮助我们对其形成更清晰的认识。

B2B 领域买家角色的典型特征

- **姓名和头像照片**：被观察的职业群体，其典型代表是什么模样？他或她叫什么名字？其职业头衔是什么？他或她在哪个行业工作？公司规模有多大？

- **背景信息**：这里讲的是年龄、性别、居住及工作地址、教育背景和职业履历、家庭状况、收入情况、爱好和其他兴趣。

- **陈述**：引用那些对该客户类型具有典型性的描述文字，或者不妨列出所有能够反映该客户类型的价值观、立场、观点和态度的关键词。

- **企业中的职位**：该角色担任何种职位？肩负哪些项目或领导职责？如存在组织架构，他位于何处？他追逐的职业目标是什么？致力于推动什么？什么会令他的事业一蹶不振？他又会对企业产生什么影响？

- **期望/目标**：该角色对业务伙伴有何要求？他之所以购买某种产品或决定选用某个供应商的目的是什么？他想解决什么问题？想要获得什么好处？哪些情感可能发挥作用？该角色可能惧怕和担忧什么？什么对其具有特别的说服力？

- **购买流程**：该角色是如何做出决策的？他经历了哪些客户旅程？他通过哪些媒体获取信息？需要哪些购物动力？谁会对他造成影响？线下、线上和移动模式对他而言有何重要意义？对他而言最重要的接触点有哪些？哪些事实和论据对他而言必不可少？

- **理想解决方案**：在这样一个角色看来，理想的产品或服务解决方案是怎样的？对其起到引领作用的职业及个人爱好有哪些？该角色又在哪些情绪及动机体系内做出各项决策？

通过这样一种形象化的剖析以及在此过程中对客户更加深入地研究，我们可以形成全新的见解。这里举个某家软件公司的例子，一直以来，这家公司都自视为技术领先的解决方案供应商并能进行相应的产品研发，它在市场营销领域有两大特点，一是打价格战，二是持续不断地与竞争对手明争暗抢。然而，该公司推出的任何一项新功能都会在短时间被其竞争对手复制模仿，获取的任何一份资质认证都会被其竞争对手超越。客户几乎无法跟上那些令人眼花缭乱的新版本和新功能，觉得这反而成了一种负担。在多数情况下，客户压根没有升级版本方面的需求。

召开角色研讨会之后，供应商就会认识到：对于我们的客户来说，能够基于实际需求使软件投入使用，要比每六个月就推出一个新功能重要得多，结果会出现一个180°大转弯。之前我们宣称："我们提供最好的技术，是所在细分市场的先行者。"如今的口号则是："我们帮助客户搭建合适的解决方案并根据客户的要求进行优化，从而帮助客户能以一个成功的商业模式运营。"这样一来，企业自然就能维持现有客户的高忠诚度，通过他人推荐赢得许多新客户并不断增加营收。

2.13 消费者业务中的客户旅程

不仅是前往异国他乡的旅行会带来体验，公司自身的交流和服务环境也为客户提供了一种丰富的旅程体验。在这方面，每次接触都会在人们的头脑和心灵中留下一些痕迹，网络上往往也会留下蛛丝马迹。和在真实生活中一样，人们热衷于向别人讲述自己的旅程故事。正是通过这种方式，客户搜集了种种资料，汇集了种种用户体验，将其浓缩成一副全景图并得出结论：从长远看，这个供应商适合我或者不适合我。

客户的意见总是主观的、笼统的，有时是不公平的，甚至还是错误的，但无论是被问及还是未被问及，他传达的是自己的一种观点，这不仅事关某个解决方案的性能特征，最终还关系到一点——客户出于哪些原因感到失望沮丧、差强人意或是欢欣愉悦。这种纯属于客户自身的看法将决定他是否回购、购买更多并向他人推荐。

也正因此，客户旅程非常有助于将人们的视角从产品转向客户利益，并站在客户立场观察整个购买流程。这种做法起源于电子商务，人们描述了用户从浏览页面直至点击购买的完整路径，但在真实世界里，客户的做法迥然不同：在现实中，他们越来越巧妙地将虚拟世界与现实世界结合起来。

比如，在最终点击购买按钮之前，客户可能会和自己最要好的朋友讨论一番，而关于购买与否的决定性因素并非产品的特价促销活动，而是那位朋友的几句美言。

一名客户自然也不能仅以数字化的形式存在，即便他面对的是一个纯粹的线上供应商，他也会将各种虚拟与真实世界的接触点结合起来，而供应商也必将做同样的事，因为线上需要线下。线上床垫邮购公司卡斯珀（Casper）在其推出的 Casper 午休之旅（Nap-Tour）中也充分考虑到了这点，它派出装满卧铺的卡车进行巡演，途中凡有兴趣者都能试躺体验并享受休憩的片刻。这样一来，该初创公司就塑造了一个可以切实感受品牌的接触点并在虚拟和真实世界之间搭建了一座桥梁。

当然了，客户旅程并非以购买行为的结束而告终，事实上这是营造客户关系的起点。只有做出首次购买决策后，才能触发后续的使用或消费体验，并由此引发回购和推荐行为。购买者几乎不会采纳供应商事先设想的渠道，在运作层面，这些渠道往往相互孤立，甚至还常常内部竞争。事实上为客户量身打造、同步协调且完全网络化的"移动—线下—线上—客户旅程"以及贯穿其中的积极正面的过程才是所有企业真正的核心和关键所在。

> 线上需要线下，因为客户不是仅存在于数字世界

然而遗憾的是，很多企业提供的客户体验之旅并未考虑客户的真实处境。这些企业从自身视角出发，只会看到那些可被管理和可被衡量的东西。在这方面，埃施（Esch）品牌咨询公司进行的一项数字品牌领导力研究发现，只有34%的受访公司通过各种模拟和数字渠道全面统筹把握了客户旅程，另有23%的受访者只关注那些模拟接触点，还有19%的受访者只看到那些数字接触点，最后24%的人压根不理解客户旅程的概念。[⊖] 然而，如果企业没有或者并未完全考虑客户旅程，就会举步维艰，依赖具有欺骗性的虚假评估，得出错误的结论，做出徒劳无益的投资并最终危及企业的未来发展。

为了让整个企业都清晰地认识到客户旅程的重要性，最好能动员高层管理人员亲自体验客户旅程。瑞士联邦铁路（SBB）公司就是这样做的：100名高管扮演了乘客的角色并完成了十种不同类型的旅行，比如乘客没有车票或乘客携带大件行李的旅行，之后以日记的形式记录自己的种种体验和经历。这能帮助他们更深入更敏锐地理解客户的真实需求，从而采取一

⊖ https://www.esch-brand.com/publikationen/studien/studie-zu-digital-brand-leadership/.

些改善措施。⊖

2.14 客户旅程的7步走

高层管理人员应该亲身体验客户旅程

在真实生活中，各式各样的客户旅程不胜枚举，每个客户在每一次购物中的体验都有所不同，我们应该针对最重要的客户群体或买家角色设置一系列客户旅程作为典型范例，目标是：更好地理解一名客户实际购物的时间、地点、方式及原因，以便做出相应的安排。可以按照如下7个步骤工作：

- 步骤1：请您明确想要针对何种客户类型调研何种场景。例如，某家庭购置一辆新汽车。为确保清晰地认识这些"客户"，您最好以买家角色的形式定义他们。

- 步骤2：请分阶段排列各种可能出现的客户活动，这能帮助您了解事情的概况，并尽可能全面地掌握所有此类接触点，上游接触点（比如访问汽车经销店）可以进一步细分出很多下游接触点。

- 步骤3：按照发生的时间先后顺序描述客户活动，并以图形化方式呈现。首先从客户视角出发，借助插图说明流程（类似于一个旅行报告），记录各个接触点实际发生的事情。这个时候，观察客户要比询问客户更有帮助。

- 步骤4：除了客观事实以外，客户在与各接触点发生的活动中产生何种感受也至关重要。当接受问询时，他们会按"令人失望""差强人意""欢欣愉悦"三类标准表达自己的感受。你可以从中发现那些"爱点"和"痛点"，即那些客户体验中的高峰和低谷，也可说是特别喜欢的点和避之不及的点。

- 步骤5：与客户保持密切交流，以此确认可以采取什么行动改善每个点上的客户体验，令其变得更顺畅、更简便、更快捷、更无忧无虑、更

⊖ 卡塔琳娜·布勒（Katharina Büeler）和安雅·埃登（AnjaHeyden）在 Bernhard Keller und CirkSören 出版社出版的 *Touchpoint Management*（《接触点管理》）一书中的案例"瑞士联邦铁路局（SBB）戴上客户的眼镜"。

讨人喜欢。此外，还要设置一个现实生活中理想客户旅程标杆，为实现这一目标又该采取哪些必要的改善措施。

· 步骤6：尽快将决议通过的措施付诸实践，不妨优先选择速胜的方式，即选择采取有望获取速胜的行动。所有流程必须能够跨部门运作并一致瞄准客户需求。在与客户进行迭代式对话的过程中，必须观察其是否奏效以及奏效的程度。

· 步骤7：从客户视角出发监控那些已经实施的措施是否成功，明确这方面的关键衡量指标。正如前文所述，要先确保对重要接触点，尤其是（回）购买意愿及向他人推荐意愿这几个接触点的测评，再选用合适的软件使结果清晰呈现。积极地与他人沟通您所取得的成功，无论是对内还是对外。

我们遴选了一批在客户购买流程中直接或间接与其发生接触的企业员工，组织他们召开了为期一天的研讨会，并在会上研发出一些典型的客户旅程。在这方面，外聘专家可以提供有益的支持。为了避免在琐碎小事上耗费精力，最好先专注于对成功至关重要的初次旅程——您想要为哪种客户类型调查哪种场景？弗雷斯纳夫（Fressnapf）公司是一家专门满足宠物之友需求的供应商，它们甚至还开发了一个幼犬之旅，售卖的不是拴狗的绳子，而是遛狗活动。

一种"客户旅程分析图"工具可以帮助我们清晰地勾勒出客户旅程。您能在网上找到大量这种图形，它们展示了如何以可视化方式呈现客户旅程的内容。一次典型的客户旅程可能包含下列阶段：线上调研—预选—建立联系—咨询对话—签订合同—收到发票—支付—收货—使用产品—（投诉）—（回购）—（向他人推荐）—（放弃）。

就像拼贴画中同时会用到绘画和粘贴一样，客户旅程分析图也采用多种形式制作，附上视频记录、照片、偶发事件、症状评估或示范性意见，还将列出各种令人感到失望或受到鼓舞的因素，指出那些该做和不该做的事情，突出显示各种重要的进入和退出节点，对于尚不完善的环节予以补充，对于冗余无用的环节果断删除，对于必须优化的环节进行标注。

可以将所有事情记录在告示板或海报上，这样大家便可将一切与项目有关的事宜带入所在部门进一步处理。由于客户旅程从来都不是静态固化的，它们会随着时间的推移发生改变，这好比随着数字化的推进，真实的购买行为会改变一样。一旦知晓了这种方法，企业就能持续不断地发展完善，比如客户接触点经理（我们将在第 3 章深入阐述这个概念）就能在这方面提供有益的帮助。

2.15　商务客户领域的买家旅程

消费者客户领域与商务客户领域中的客户旅程有所区别。在 B2C 领域，它们或许是短暂的、自发的，有时完全是由冲动驱使的，这就有点类似购物。而在 B2B 领域，决策路径更长也更复杂，人们对其进行周密地计划，例行公事般的采购也就有所增加。84% 的购买者会通过他人的推荐开启整个购买流程。[⊖] 多数情况下会涉及多名决策者，他们虽会成为共同的买家，却不会成为直接的客户。正如我们已在买家角色的情境中看到的，根本之处是要找出他们对于预选和最终决策的影响。

在初次购买之后往往会产生后续业务，初次购买的新客户和老客户在行为上有所不同。在 B2B 领域，新客户截至首次购买之前所经历的决策过程被称为"买家旅程"。如果客户在某供应商那里反复购买，那么由其开启的决策流程就被称为"老客户—买家—旅程"，我们要单独开发这类旅程。

长而复杂的决策路径是 B2B 采购的典型特征

我们可以根据所在行业、采购程序及购买商品区分某个买家旅程的重要阶段，以下是几个典型的阶段：

1）针对话题作初步调研；

⊖　克里斯蒂安·贝尔茨（Christian Belz）发表在 *Sales Exzellence*（《销售精英》）2018/1-2 期上的文章：《需要获取客户的新途径》。

2）搜寻合适的供应商；

3）预选合适的供应商；

4）通过电话/面对面交流的方式预谈；

5）要求各自报价；

6）拟定候选名单（通常包括2~3名供应商）；

7）决策（基于决策矩阵）。

先要赋予买家旅程个性化特征，为此需要为在决策机构（购买中心）中的决策者（比如针对信息技术部门的Ingo，生产部门的Peter，采购部门的Egon）创建一个原型旅程作为样板。此外，每张图表都配有一个时间轴，以便所有人都能看到完成一个典型购买流程的时长。

各买家角色是各真实客户的代表，而接下来，我们就要分别找出他们在决策流程中的行为方式，考虑如何借助量身定制的内容对各个阶段产生有利于自身的影响。其中，前两个阶段，即初步调研和搜寻供应商有至关重要的作用，如果在此阶段做得不好，那么一切都会失败。倘若连在哪儿都不知道，又从何谈起在你这里购买东西呢？这一点的重要性日益凸显，而下列三个数字足以说明原因[⊖]：

- 95%的商务客户在寻找专业信息和业务伙伴时都会在互联网上进行调查研究。
- 当决策者首次联系某个销售代表时，57%的采购流程已经完成了。
- 80%的B2B商务客户更喜欢以文章形式而非广告形式呈现的专业信息。

如果非常熟悉各个买家角色及其购买旅程，就能在日常生活中就某项

⊖ https://www.pr-gateway.de/blog/content-marketing-b2b-kommunikation/.

措施合适与否做出实时而迅速的决策。也正因此，我们在创建内容时可以自问：这个旅程对于信息技术部门的 Ingo 有用吗？电子书里必须包含哪些内容，才是生产部门的 Peter 真正想要的？还有，我们怎样才能联系上企业负责人 Gerhard？用一份含有经济数据的高质量用户报告可以说服他。如果他现在就要下载这样一份报告，那我们就能直接登门拜访了。

原则上，我们要回到以下两大根本问题：

1）在就某主题开展调查研究时，我们会被人找到吗？我们又能在候选名单上位列第几？

2）我们是否会因为提供有趣的内容（Content）而被发现，进而通过预选？

采用一个好的内容策略并辅之以持续的搜索引擎优化（SEO）对于实现上述两点至关重要，在此过程中要注意，内容本身始终优于搜索引擎优化（SEO），而读者始终优于搜索引擎。好消息是：读者喜欢的东西，搜索引擎也会喜欢，因而在点击率上也会遥遥领先。

第 3 章 聚焦客户的架桥者的作用场

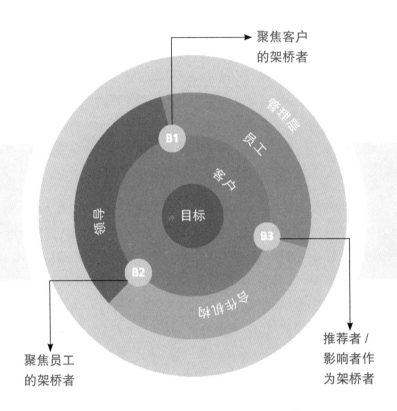

其实企业非常了解在各接触点及客户旅程中出现的诸多问题,但由于这些问题出现的原因是跨"筒仓"(部门)的,因而实际上未能真正解决这些问题。大家觉得不能干涉他人领土("这可不是你的任务!"),况且"那些已经在那里的人"也不允许这样做,人们宁可继续各自为营,苦思冥想各种孤立的解决方案,但客户对这种做法早已忍无可忍。

为确保客户福祉完全处于核心位置,我们需要一些具有影响力的人,他们能以客户为导向协调各跨部门流程并以强烈的意愿代表着客户利益。当然了,他们绝非市场营销人员,因为市场营销要确保公司建立以市场为导向的管理机制,这是该业务板块最初被赋予的光荣使命,它包括产品开发、定价政策、沟通和销售,但非常可悲的是,越来越多的营销人员已无可救药地陷入广告投放和数据成瘾的困境。

他们彻底疏远了客户,却以其为素材创造了一些测量点,那些显示在仪表板上的数据拼盘被他们视为客观事实,但其实聪明的客户完全可以借助合适的工具有针对性地回避这些监测。客户的购买行为看起来非常透明,但真相却远非如此。事实上,人们的所想、所说、所购买及所做的大部分事情仍然隐藏在网络缓存文件(Cookies)和网络爬虫(Crawler)中。人这种动物可不是简单的二进制数字 0 和 1,也不是纯粹的数字包,更不是某种可以服从预设操控机制的官僚程序。为了真正打动人心、触及灵魂,我们必须将科学技术与社会智能及人文精神结合起来。

营销人员从客户身上获取测量点

良好的沟通将令人着迷,而不是破坏信任。尽管如此,广告商们依然固执地认为,只有喋喋不休、大声嚷嚷地说话,他们想要传达的信息才能进入人们的大脑。他们在亮眼的广告宣传中撒谎,从远处潜伏偷袭,生成了大量无用的长篇大论,制作了各种令人不胜其烦的弹窗式横幅。如果把市场营销比作一个小村庄,那么只要溜进一头新的母猪,就会有一大帮村民蜂拥而至,团团围攻——消费者就像这般一样遭受着烦扰和折磨。就这样，营销人员把客户变成了广告的憎恨者，同时也把自己变成了客户的敌人，而非朋友。

怎么会变成这样呢？内控部门希望获取定量的事实，对其而言质量并无多大意义。一旦落入数字陷阱，营销人员就会认为数字多多益善。在此过程中，很多错误的东西恰恰是致命的，这就导致了客户充耳不闻、视而不见、避而远之，在愤愤不满中采取回避的办法，通过信息服务退出公开网域，从而逃离如八爪鱼一般的数据大网，重新夺回自己的一丝隐私权。所有广告都会被即刻屏蔽，客户不会再收到供应商的任何一条信息。各种侵扰、惩罚和声誉受损会产生多大的成本，以及官僚主义和各种将客户气跑的做法会带来多大的损失，内控部门可要对此好好清算一番。

若是爱客户，就不应该惹怒他们，否则遭受损失的不仅是客户，企业也会因为受到报复而名声大跌。凡是向数字化网络投放和输入的东西都能被其放大，无论企业是好是坏，它都能进一步强化企业的形象。进攻式销售和欺骗消费者会摧毁客户的信任感。结果就是：面对这样的情况，与供应商相比，那些值得信赖的影响者（我们将在第 8 章中了解更多相关信息）作为信息的发送者更受欢迎。

3.1 对待客户时走入的歧途

企业怎么会在对待客户时走上错误的发展道路呢？我们深入剖析出以下三大主要原因：

- 嗜数据成瘾；
- 短期行为陷阱；
- 部门化的思维。

对于数据的痴迷和狂热让我们无视人的因素，由此也扼杀了同理心。也就是说，拘泥于数字的人在思维上也只会依照数字分门别类。诚然，数据是重要的，而可衡量性能帮助我们辨别良莠，只不过人们不可盲目地相信那些结果，因为数据处理后输出的结果总是和之前输入的原始数据一样光鲜亮丽。在信息学中，我们认为错误数据将造成不当输出并将该原则简称为"无用输入，无用输出"效应（GIGO: Garbage in, Garbage out）。这存在着很大的风险——数字的合法化，也就是说，即便这些数字是错的，它们依然构成了决策的基础。此外，那些内控狂人应当明白一个道理：令人感兴趣的不是过去是怎样的，而是未来将出现什么。

正因此，人们也很容易忽视一点：真正重要的事情并不发生在数字的行列间，而在那些贯穿于员工、企业和客户之间的接触点上，如果只拿确凿事实说话，各种社会因素就会被驳斥否决，因为人们压根没有把它们考虑在内。走入这种思维误区很快就会遭受惩罚，举例来说，信任是无法用数字加以衡量的，但却起着决定性作用，而丧失信任则意味着要付出时间、精力和金钱的代价。

对于可衡量性的强烈渴求直接导致误入另一大歧途：每项措施都应取得成果，彼此间要一一对应，而且最好立刻见效，这就令市场营销陷入短期行为陷阱。由于必须即刻实现各种既定目标，这就缩窄了人们的视野，使人们将压力置于不当之处，导致人们明知故犯。相对于长线投资以期获得长期有效的成果，唾手可得的眼前利益才是更重要的。该现象被称为"摘取低垂的果实"，而这会导致人们做出极其愚蠢的决定，并且人们一旦获取目标奖励，就不再紧抓不放。为了获得可口的食物，人们可以不惜一切代价做任何事，甚至就像巴甫洛夫犬一样（形容一个人的反应不经大脑思考）。换言之：只要达成短期目标并获得报酬，人们就不会用长远视角考虑未来。

市场营销陷入了短期行为陷阱

说到底，根本性错误在于人们在企业中生硬地填塞了以市场为导向的管理模式，这样的事情本不应该发生。《销售经济学》前总编克里斯蒂安·图尼格（Christian Thunig）这样写道："将市场营销封锁在一个部门的企业无异于关闭了倾听市场反应的窗户。"现实中，部门里恰恰反复出现这样的情况：人们各自为营、互相割裂，始终关心着自己的利益、目标和计划，总是自己忙活着自己的。

更糟糕的是"此处的我们对抗彼处的他们"，这一模式刻意将其他部门的同事排除在外。这表现为：线上和线下部门如同敌对的单位，别说互相配合，它们根本就是在"窃取"彼此的客户。销售和营销部门都认为客户属于自己且为此争执不休，最大的收入浪费在缺乏合作上。而事实上，只有携手合作才能帮助我们战胜外部的竞争对手。

3.2 在客户看来，部门思维是致命的

合作需要沟通，要说企业里谁擅长这点，那就是销售和市场营销部门的人，但想象一下：销售和市场营销两部门间存在各种问题，首当其冲就是沟通（占比49%），其次是糟糕的流程（占比42%）。[一] 销售和市场营销两大部门之间的战事正酣，这往往会涉及有潜在意向的购买者的地址信息。销售人员会说，如果未达成交易，那么市场营销部门获取的线索无异于一堆废品，相反，在市场营销部门看来，这是销售部门把事情搞砸了。遗憾的是，客户常常会听到这样喋喋不休的争执，或者还有更糟的情况：本是内部的争吵甚至还会迁移到客户身上，于是客户愤然离去，并在网上向所有人揭示真相。

互相敌对而非并肩同行，可惜在很多企业中，这已成了常态，这与各自为营的思维、错误理解的职责分工、不当的激励方案以及各板块之间缺乏交流有关。要知道泾渭分明的战略可是和网络化的客户世界截然不同的。然而，各部门并未一起寻找可行的方法，而是继续抱怨"那边的傻瓜"，并把宝贵的时间浪费在了各种偏见上。

[一] https://www.demandgenreport.com/features/industry-insights/study-communication-is-greatest-challenge-for-sales-and-marketing-alignment.

搞市场营销的人只会把事情描绘得天花乱坠，搞销售的人只管送货，另外那些负责处理订单的人则是十足的笨蛋，只会把到手的客户搞丢。与此同时，他们一同陷入了困境，因为被季度目标压得喘不过气来的销售部门给出了做不到的承诺，而当客服代表带着求助热线中的客户反馈回到公司的时候，那些自视甚高的工程师又对此不屑一顾。当客户中心的投诉纷至沓来时，人们只是习惯性地耸耸肩。

在面对客户时，我们往往只会听到人们这样的答话："对不起，这是我们公司的规定""很抱歉，我对此无能为力""我很愿意帮忙，可我不负责这部分"，或者关起门时的回复："我知道这全是瞎胡扯，但我也无能为力。"在这样一个病态的环境里，我们无法期待人们在自己必须履行的职责之外展现敬业奉献的精神和积极主动的态度。然而，人们并未致力于改善整个体系，反而一直做着错误的事情：颁布更多的规则，规范更多的流程，实施更多的奖惩手段，制定金额高昂的奖励方案，聘请激励培训师。想用一桌丰盛的"满汉全席"就令各大流程链实现跨职能的顺畅运行？绝不可能。

大家遇到的内部人员总是对于他人的事感到心烦意乱。其实和他人共事不是更有助于了解他们的工作方式吗？是不是这样一来，人们就会从原来的置身事外转为设身处地？拜托一定要这样做！不过一旦如此，人们又会觉得应当做出改变的是别人，因为问题不在自己，而在别人！人们既不查明原因，又不寻找共同的解决方案，而是努力找替罪羊。当然，最终罪责总在别人，可这种做法除了带来充满恶意的环境外毫无用处。

对于客户而言，这一切都没有讨论价值，他始终视企业为一个整体，也不关心幕后发生了什么，谁负责什么，出现问题的原因是什么。客户对部门界限和各种协调问题压根不感兴趣，也不关心解决方案是来自售后服务部门、市场营销部门还是销售部门，管用对客户来说才是最重要的。

然而在企业内部，各种与客户相关的活动往往极不协调。这里是广告宣传，那里是呼叫中心，另一边又是新闻工作，在线专员忙活着自己的事情,而社交媒体工作人员则悬于中间。在客户看来,这种任务碎片化简直就是灾难:很多事要重复做两次,另外一些事根本没有人做,还有一些事被永远搁置,大多数交付的产品质量参差不齐。如果哪里卡壳了,或者哪个员工搞砸了,客户就可能意味着立马流失,某件糟糕的事足以使他之前经历的种种美好体验化为泡影,而且这样的事还时常发生。

3.3 客户代言人及其核心任务

当然,企业中完全存在以客户为导向的措施,但没有人把它们汇集到一起。只要每个人都追求自己的利益,就没有人能从中得利。如何才能走出这种不协调的困境呢?我们需要一名客户利益代表,他能顺着客户旅程把所涉及的方面和流程链结合起来。他是联结内外的纽带。作为一名协调者,他将各个接触点上的客户体验融合。他能把各专业领域和单个项目结合起来,使客户觉得万事称心。也有的地方将这个角色称为客户体验经理、客户旅程经理或客户中心化经理。我们则称其为纽带、架桥者、企业中的客户代言人和客户接触点经理。

客户接触点经理的核心工作是在各外部接触点上,即在产品、服务、解决方案、品牌、员工、平台和客户间的接触点上实现百分之百的以客户为中心。他的角色是跨职能的,同时具备战略和运营要素,其目标在于改造整个企业,使其成为一个网络化的、以客户为中心的组织。

> **目标在于建立一个网络化的、以客户为中心的组织**

为此,他将把各领域匹配的专家汇聚一堂,以便通过跨职能协调和紧密合作为客户争取到最好的结果。在各个自组织单元里,他把那些单个客户项目联结起来,通盘考虑并整合成一个整体。在这种情况下,那些产品所有者成了他的直接联系对象。作为客户的发声筒,为持续优化企业效能并适应客户不断变化的要求,他会提出种种建议并向所有业务单元注入活力。

为达成这个目标，他开发了一个方法工具箱并使用了一些切实有效的工具。

剥离部门利益，接触点经理就能按照时间顺序探究客户实际购买（或者不购买）的行为方式。他将深入探究那些"关键时刻"，即高于或低于平均客户满意度的特别时刻。此外，他还将精准调查那些客户的进入点和退出点，与此同时细致地观察那些关系到订单得失的关键接触点。例如，经销商开发一款可向潜在消费者手机发送的导航辅助系统，以便他们在商店中即刻找到所需产品。

借助恰当的调查方法，接触点经理作为中立的第三方能找出客户来来去去的真正原因。尽管导致客户流失的主要原因几乎都是价格问题，但对关键事件的深入分析却揭示出：流程中的缺陷往往才是导致客户迁移的决定性因素。然而就公司营收而言，选择压低价格还是优化与客户相关的流程有天壤之别。

与其压低价格，不如优化流程

另外，涉及客户诉求时，客户接触点经理还能充当企业面向公众的传声筒。通过这种方式，他能在市场中传播最动听的客户故事。对于媒体而言，他是客户相关话题的联络人，在各种代表大会上，他又以发言人的身份就其雇主开创性的以客户为导向的工作做汇报。

3.4 超越部门界限的客户利益代表

在客户相关事务中，客户接触点经理应当成为客户首个也是最重要的停靠站。如果说客户在企业经历的种种是一趟"旅行"，那么他就是客户的旅伴。他会在旅途的各个停靠站上，确保所有东西都运作自如，令客户产生好感。他总是设身处地为客户考虑，即使有时会发生令人感到不快的事，他也无怨言。对他而言，最为重要的问题如下：

- "在客户看来，这是什么样子的？"

- "客户对此会怎么说？"
- "我们问过客户这个问题吗？"

一旦涉及有关客户的决策问题时，他有最高的话语权，而且他还拥有否决权。客户接触点经理全心全意地为客户服务，捍卫他们的利益，解决他们的诉求。客户遇到的绝大多数问题都是沟通和协调方面的问题：信息缺乏流动，协调流程匮乏，产生种种误解。此外，各式各样的人际冲突也让客户买单，客户像皮球一样被 A 踢给了 B，不得不重新解释自己的诉求，而各种程序要求和无权管辖造成了一片混乱，客户深陷其中又无可奈何。在客户看来，与无精打采的联络人打交道固然令人不快，但和无能为力的联络人沟通更加糟糕。就此看来，雄心勃勃的销售者之所以失败并不在于客户，而是因为自身的内部结构。

与客户相关的种种不协调事项会野蛮生长、扩散蔓延，企业内部必须有一个能够看清全貌的中立人士，进而努力将不协调剔除。就连人物角色的创建、客户或买家旅程的构思以及让他们之间保持高度相关性也最好通过接触点经理来发起和主持。

在起步时，首先启动一个成功率高的试点项目将大有裨益，因为该项目的成功将成为一个被人津津乐道的故事以及被拍摄为一段精心记录的视频，并在公司内部广泛传播。受此激励，其他部门及其主管最终也将有针对性地着手处理那些迫切需要解决的课题。

卡塔琳娜·布勒（Katharina Büeler）曾在多家瑞士企业担任接触点经理主管，她指出，勿从顶层视角出发对相应活动做出种种规定，进而强制性要求在整个公司全面铺开，要以初始经验为基础，激励各参与者分别制定出恰当的行动方案。只有这样，人们才能从自身出发实现可持续的发展，并以同步而持久的方式将以客户为中心的、可靠且可盈利的价值创造流程付诸实践。

3.5 一名客户接触点经理的地位和形象

接触点经理是一个通才，他既有成熟的个性，又有丰富的阅历；他不仅亲切和蔼、富有同理心，还善于分析、条理清晰。仅凭这一点，该职位就绝不是"初级"职位。他应以跨职能的方式工作并同时精通客户关系管理及处理数字化问题。无论如何，他绝不应是一个权力者，而是一个排除万难也要将个人观点付诸实施的人。在公司内部，他是主持人、社交网络工作人员、沟通者和外交家，有时他也是调解者，可以化解冲突并为所有人铺设前进的垫脚石。为了开辟崭新甚至是崎岖的道路，他既需要全力以赴，又需要充满勇气和具有坚持到底的毅力。为了能够说服别人，他必须对自身职能的作用深信不疑。

大型企业应构建一个在首席客户经理（CCM）领导下的接触点经理单元。从组织架构角度看，这个单元（也可以称为客户体验单元）应直接与企业管理层挂钩，在不同情况下，该单元将分别得到接触点项目团队的支持。

在各国际组织中，客户单元往往是跨国/地区协调合作的，至少应该存在一个内部的接触点最佳实践社区，即一个线上共同体，人们可在其中密集地交换意见、分享经验并互相学习。

任何一个部门，无论其核心业务是什么，都要直接或间接地处理客户问题，鉴于此，客户接触点经理要和所有部门平等合作。因此，想要完成手头的任务，他首先要赢取中层管理者的支持。如果这一点难以实现，那么即使采用最为必要的措施也会无果而终。通过跨职能运作，他还能与所有和客户保持密切联系的同事直接合作。这样一来，人们就能轻而易举地迅速解决普遍存在的小缺陷和小问题。由于客户参与其中，并能作为创意的提供者发挥作用，整个公司都将提升对客户利益的感知力和投入度。

一名客户接触点经理的发展道路是崎岖不平的，他也并不总是能交到朋友，因而有必要获得企业领导层的鼎力支持。以客户利益代表身份出现在企业内将不可避免地揭示种种误解和引发分歧，而在持续优化客户导向方面，他是企业最高管理层最重要的亲信，还能确保其进入市场顺畅无碍。单是几个客户的原声视频往往就比充斥大量数字的报告书管用得多。市场调研传达的信息往往以利益为导向，也不会包含全部真相。打个比方，那些蹲在前厅地毯上构筑防御工事的人，不过是人云亦云，真正的客户心声永远到不了他们的耳边。人们将这种危险的过滤气泡㊀称为"执行性隔离"。是时候争取从中解放了！

> 没有企业领导层的鼎力支持是不行的

3.6 B2C 领域的接触点行动：豪华邮轮上的婚礼

事实上，就客户接触点和内部配合而言，每个企业都存在大量的优化空间，确实如此，即便最先进的企业也不例外。许多供应商对此表示否认，因为他们觉得自己已经做得足够好了，然而，恰恰是那些客户拥护者寻求改善潜力——这固然包括整体层面的，但那些细枝末节也是被关注的焦点。

接触点管理和优质服务方面的专家安德里亚·特兹拉夫（Andrea Tetzlaff）告诉我们"人人都在谈论跨职能运作和'跳出框框看问题'，但在实践中往往是另一幅景象，如果能令各个部门都切身感受到客户的热忱，我将感到更加高兴。于是我受途易邮轮公司（TUI Cruises）委托帮助其贯彻客户理念。我的委托方是这样说的：'在我们的游轮上，以客户为中心到底意味着什么，我们想就此形成统一的认知。'"

独立自主的行动、跨部门的思维方式、对规则刨根问底、全心全意地接待客人、创造独一无二的体验——这些都是途易邮轮公司服务理念的核心要素。客人在游轮上应有宾至如归的感觉，为此我们要竭尽所能，在水陆两域都（几乎）令一切成为可能。

㊀ 互联网活动家埃利·帕里策发明的术语，指高度同质化的信息流，由于搜索引擎推荐算法阻碍了人们认识真实世界的某些层面，与自己观点不同和不喜欢的观点被有效排斥在外。

一对情侣在某次游船旅行中萌生了想法，要在下一趟游轮旅行中举行婚礼，他们问船员是否有可能实现，答案是肯定的，游轮提供了名为"允婚之约"的套餐服务，但这对情侣又觉得套餐的范围太大，他们只想举行一场仪式，而不需要整个套餐。现在看来，船员完全可以简单了事并恪守"不要这个就没有别的了"的"座右铭"做出决策，但他们没有这么做，而是将客户诉求传达给岸上的同事并请他们衡量其他方案的可行性。

此时此刻，是否真的能在常规做法和规则手册之外进行跨职能思考及行动就变得显而易见了。

因为成就"卓越品质"，就要求在水陆两域之间良好互动、配合默契。倘若岸上的同事按别的方式设置了优先级而且根本不了解船上的状况，那又会怎样呢？这样做的后果很严重，船上的员工就会把这种服务理念视为空话而立马停止努力。

我们应当提供跨职能的服务，甚至漂洋过海

这样的事最终并未发生。尽管标准的每一次变更都会给诸多部门带来影响，而且似乎延用以往的标准非常顺理成章，但为客户创造最佳体验才是重中之重，为此付出再多的努力都是值得的。于是，人们又对客户的诉求进行了一番检测，最后"允婚之约"的套餐服务被分解为可个性化预定的小模块，那对情侣就在船上举行了婚礼而且还预定了他们的下一次游轮行。这个案例告诉我们应该如何向客户提供跨职能的服务，甚至漂洋过海亦在所不惜。

3.7　B2B领域的接触点行动：德国威图公司的报盘优化

何谓好的报价？德国威图公司（Rittal）是一家全球领先的开关柜、IT基础设施及服务的系统供应商，拥有9000多名员工，在该公司优质客服经理乔安娜·安库托思奇（Johanna Archutowski）领导下的跨职能工作组着手研究了这个问题。正如乔安娜告诉我们的，客户的询盘是关键的驱动力，督促我们对现有的各种文件进行测试。

第 3 章
聚焦客户的架桥者的作用场

客户希望获得透明而物有所值的报盘。要满足他们的要求，最大的挑战在于如何实现跨部门的协同合作。毕竟，来自不同领域的各路专家都会对接触点产生影响：市场营销人员负责确定报盘的正式设计，产品管理人员负责对产品做出描述，工程师负责搭建产品配置器，信息技术人员负责系统集成，而销售人员负责编制报盘并将其发送给客户。

在这种情况下，乔安娜参与其中，她承担两项任务：一是完成专业事务，二是处理人际关系。在最高管理层的支持下，她负责就合作共事构建一种跨部门而又全方位的控制逻辑，明确组织架构，界定职责分工，从而做到在最初就摒弃孤立的"筒仓"思维。在就相关性、影响作用和组织安排进行讨论之后，我们得出如下结论："客户对品质的期待深入每个细节，这同样适用于我们的报盘。"

> **客户接触点经理要确保实现跨部门合作**

共同努力的成果就是：威图公司（Rittal）设计出以客户为导向的报盘。它在扉页上就列明各项重要的数据。这样一来，无论报盘材料包含 2 页还是 20 页内容，客户都能一眼找到所有相关信息。产品文本统一规范，辅之以相应的产品链接，点击链接就能在网上找到对应的产品页面，方便客户迅速了解产品的所有技术细节和文档资料。复杂的项目报盘是借助产品图像和各种图表完成的，这在客户看来特别具有吸引力。此类措施不仅减轻了客户的工作量，还帮助威图公司（Rittal）激励了客户。事实上，询盘量大幅减少以及来自客户的积极反馈就是最好的例证。

第 4 章 员工的作用场

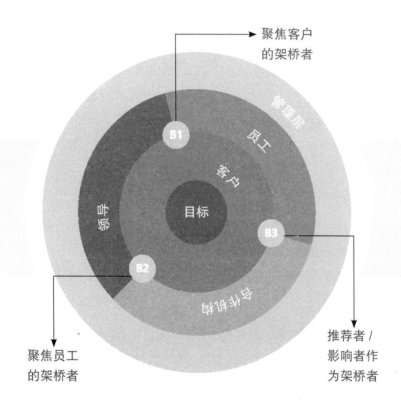

与老旧模式中的命令和控制相比，自组织的单位能够更好地应对突然出现且越来越不可预测的要求，因而是未来最受欢迎的一种模式。领导层现在勾勒出大致的前进方向，还创立了一个框架，这使构建互助友好的自组织成为可能。情感研究专家理查德·格拉夫（Richard Graf）这样写道："如果能力显著突出，允许释放其制动力，愿意呈现其牵引力，那么一切都会显得不费吹灰之力。"㊀

正因此，智慧的企业会减少"必须"而强化"许可、能力和意愿"。这其中，"许可"是问题的症结所在。如果受制于充斥着规则、标准和规范的紧身衣，那么即便员工内心希望如此，也无法以简单友好的方式解决各种问题。一旦丧失了"许可"的自由，"能力"和"意愿"都会被扼杀在萌芽状态，但当这三个因素合到一起，就会产生最强的性能。在这种协调配合中，以下三个目标最重要：

- 缩短办理事情需要的时间；
- 拓展员工创造设计的空间；
- 消除公司内部的恐惧担忧。

我们不妨从最后一点开始论述。在很多企业里，恐惧是采取行动的主要动机：对工作的恐惧，对老板的恐惧，对出错和失败的恐惧，对可能产生的各种后果的恐惧，对竞争的恐惧，对失控的恐惧，对滥用信任的恐惧，对取消等级制度后可能出现混乱的恐惧，对人工智能的恐惧。这份恐惧清单想有多长就能有多长。恐惧很容易传播，这是因为担惊受怕者总是易于被掌控。恐惧耗尽人的精力，依靠编造谎言维系着粗鲁当权派的权威。在此背景下，人们易受影响，这是因为但凡涉及恐惧，事实就显得没那么重要了。逻辑被抹杀，思想被封锁，恐惧就这样变成了成功的障碍。

㊀ 参见 Richard Graf 的著作：*Die neue Entscheidungskultur*（《新决策文化》）。

4.1　恐惧是效率和进步的最大杀手

人们在压力下成就事业的壮举好像一个充满危险的神奇故事，而事实正好相反。攻击性行为、惧怕和恐吓会影响大脑发挥最佳功效，这是因为在焦虑状态下脑中释放的物质会封堵神经突触。我们都知道这是一种犹如停电般的暂时性意识丧失，就像初登舞台时的怯场或面对考试时的紧张。追溯到远古时代，这一机制很管用，因为在危险的当下，长时间思考很快就会使人付出生命的代价。

作为一种预警系统，恐惧是不可或缺的。在商界，停电般的暂时性意识丧失是致命的。对于需要创新的思考工作而言，快速的神经突触反应至关重要。如果有人把下属在高压和严厉之下的唯命是从视为一种成功，那他首先就缺少了一种体察自身行为如何引发受施者产生愤怒、冷漠或报复心的敏锐感受力。

被恐惧扼住咽喉，我们虽能跑得更快，但也是有限的，在那之后就会筋疲力尽。持续不断的压力会令身体永久处于警戒状态，使身体机能下降并摧毁健康。应激激素的持续轰炸会抑制身体的抵抗力，削弱我们的免疫系统并招致疾病。因此，如果工作中充斥了焦虑和恐惧，那么这在一定程度上是对身体有伤害的。

某种负担因受外部操纵而变得无法控制，甚至会造成一种恐慌。最初的恐慌演变成了绝望、无力和无助感并可能最终导致身体、精神和心理的崩溃。这方面的最好解药是：以小步迈进的方式重新赢回可能的控制权，仅当我们（重新）掌控了某种局面，恐惧才会转为轻松惬意，我们也才能赢得勇气、自信和胆量。

恐惧令人麻痹和愚蠢。正因此，胆怯的员工身上往往有种不讨人喜欢的特性，其充其量只能完成平庸的工作。他们"照章办事"，因为这样一来自己就不会出什么岔子，而且不安全感、威胁和压力都会严重阻碍他们接受新事物。除此之外，经常性感到恐惧会进一步强化恐惧，相反在积极环境中，我们的大脑会在学习和工作中表现得更出色。

创造力的源头是潜意识，而仅当我们心中无所畏惧时才能进入这条通道。只有创造一个毫无恐惧情绪的环境才会孕育创造力，然后人们也会相信自己的潜力并看到成功的前景，并且更关注事情的正面而非反面，变得更加开放也更善于创造和更富有见解，更加敏捷和乐于付诸实践。事情进展能更顺利，处理能更方便。抱着乐观向上的态度，人们首先看到的是各种机遇并能迅速地跨越障碍。

自我安全感属于每个人的基本需求。仅当一个人不再感到胆怯、头脑不受忧虑蒙蔽时，才能做好变革的准备并向最佳业绩发出冲刺。只有营造一种开放信任的氛围并让身处其中的人感到被温柔对待，才能实现真正伟大的成就。正因此，对于任何一个组织而言，减少恐惧和构建信心都是通往未来的必由之路。

4.2 新型劳动力：员工而非工人

员工类型各不相同，有的照章办事、闷头苦干，有的各行其是，有的互相对抗、各不相让，还有的并肩作战、携手前行，您的员工到底属于哪一种呢？身处变革速度日益加快的工作环境，领导团队最为重要的任务之一就是在全公司促进合作和推行自组织。为此，我们需要彼此关系良好和互相交织联系的领导力量，他们在组织中发挥了联网的功能。他们促进了团结协作和相互扶持，提高了企业的社会性密度。事实上，所谓的对抗、内部的大规模竞争、单体目标、个人奖金和对资源的持续争夺能够带来最佳业绩，无非是那些脱离现实的喜欢发号施令的人（也被称为阿尔法动物）在不接地气的权力中心创造的新玩意儿。

事实恰恰相反：只有凭借通力合作，知识性工作才能结出丰硕的成果，为此，我们需要构建所有人可以跨部门（这点尤为重要！）协作并致力于实现共同目标的自控制单元。毕竟，如果公司中充斥着线性思维的循规蹈矩者和死气沉沉的随大流者,那又怎么可能发生非同寻常的事呢?如果每个人都在仰望中等待,而不是向外瞄准客户和市场,又怎能实现长远的目标呢?那些一味遵循外部指示的人失去了独立行动的能力。此外,命令和服从也会令人无精打采、软弱无力。

关于职业的科学研究早已认识到其中的关联:如果死板地遵循"任务观点"完成工作,那么一切都会停留在毫无动力的"应该"和"必须"中。与之相反,自我决策给人们插上翅膀,由此也保障了高水平的生产力。瑞士圣加仑大学的一项研究显示,赋予员工更多自由的公司,其营业额将增加13%。⊖

老板扮演播音员和监督人角色的模式早已陈旧过时,尤其不适用于那些年轻的高潜力人才,他们会觉得自己的付出压根没用,于是便成群结队地逃离。如果企业不愿招募这些人才并使其真正融入企业,那么他们也就丝毫不会改变这种逃离行为。这些人希望营造一种团队文化并能在其中以自组织的方式贡献自己的才能。同时,他们也知道:自己引领着进步,因而也只愿和那些能够为其创造条件的人同舟向前。

"给予人们回旋空间,他们会令你感到喜出望外。"在我们的讲习班里,这样的事时常发生。日益增多的自组织带来了自由度,而当绝大多数员工熟悉习惯了这种环境(这点尤为重要)后,也不会有任何问题。事实上,对此有问题的首先是管理层,你会听到他们说:"员工们做不到这点",其实他们本想说:"我们并不想这么做"。也就是说,当员工能够实现自组织,那么管理层就没什么可做的了,但并没有管理者乐意把自己"清理"了。

老板扮演播音员和监督人角色的模式早已陈旧过时

正是出于这个原因,有83%的德国公司员工表示,其所在公司在作决策时依然严格遵循等级制度。万宝盛华集团(Manpower Group)最近的一

⊖ 资料来源:*Die neue Freiheit*(《新的自由》),*Wirtschaftswoche*,2016年49期。

项研究显示，仅有29%的员工被要求提出新想法，仅有26%的员工认为在其公司错误被视为一种学习的机会，仅有8%的员工在其日常工作中使用了诸如Scrum（一种迭代式增量软件开发过程）和Kanban（看板管理）这样的敏捷工作方法。⊖ 这样的情况糟糕吗？其实还有更糟糕的：德国知识管理协会（GfWM）发起的一项名为"呼唤自由"的研究记录显示，2550名受访者中有39%的人表示，他们的领导人员会阻止变革的发生。

人们强烈地表达了变革的意愿，但事实中的改变少之又少。经理的核心任务之一是确保其所在公司未来的生存能力，任何挡道者都将一无所获。不幸的是，由于已对过时技术进行了种种投资，为保护其资产价值，目前各种行业似乎都有意抵制进步，但客户会和那些年轻的精英人士一样，继续向前迈进。

4.3 红绿灯和交通环岛的故事

在更深入探讨合作形式之前，我们不妨先来看看红绿灯和交通环岛的比喻。这个概念是由英国飞机工业供应商Matt Black Systems（MBS）的联合创始人之一朱利安·威尔逊（Julian Wilson）首创的。⊖ 他是这样说的，传统的体系犹如红绿灯系统，而自组织公司则类似于交通环岛系统。红绿灯的运作遵循命令和服从的原则，它受中央操控，严格遵守纪律——通过定期要求走、停向人们施加压力。在此过程中，交通参与者并不自主而是受到外部管控，而监管机构采取严厉的惩罚措施，旨在确保大家遵守这些规定。但是，人们依然会违反规定，有时甚至还故意为之。"用智谋骗过系统，只要自己未被抓个正着"，对很多人来说成了一种有趣的游戏。

交通环岛尽管也设有少量规则，然而基本上以自治权和责任制为主导，其中的交互是自组织的，交通参与者通过沟通互相协调配合，基本不

⊖ 参见 https://www.presseportal.de/pm/56465/4010225。
⊖ 佛罗莱恩·罗斯特勒（Florian Rustler）：*Innovationskultur der Zukunft*（《未来的创新文化》）。

会出现攻击性行为。一切都很顺畅，没有压力，也不会发生恼人的交通堵塞，交通环岛允许通过的流量要明显高于红绿灯系统。此外，各项实验表明，一旦把操控权赋予某个系统，警惕性就会下降，也正因此，相较于红绿灯装置，交通环岛引发的事故数量明显更少，事故造成的损伤程度也更低。此外，建设和运营一个交通环岛的成本也更低廉，还能减少排放，有利于环境保护。相对于红绿灯，违规现象也将几乎不复存在。

在熙熙攘攘的大都市里，到处设置红绿灯自然是更好的选择，但绝大多数情况下并非如此，设置红绿灯的决策中，差不多有三分之一是愚蠢之举。明明附近根本没有双向交通，司机仍会被强制性要求停车一段时间。每隔几分钟，因为所有十字路口的交通信号灯都是红色的，整个交通都会堵塞一段时间，这会造成巨大的时间浪费。平均来看，普通人在一生中将耗费长达两周的时间在等待红绿灯上。将此与新旧企业界及新老职场联系起来，思考其中的关系是一件有意思的事。

4.4 老旧的职场：官方的和非官方的

老旧的组织体系孕育了两套运作模式：一套官方的和一套非官方的。早在几十年前，美国社会学家欧文·高夫曼（Erving Goffman）就已恰当地将其称为前台和后台。大家在前台演着别人想看的剧目，然而在后台，面对某种特定情境，员工们只做自己认为正确的事，这会同时带来正面和负面的效应。从正面效应看，利用非正式的途径，人们可以快速推动事物发展或促使流程更加高效。为了能以非官僚的形式帮助客户，我们要根据实际情况大胆调整既定的程序并提出："等一下，我们要稍微绕开这个体系。"

以客户为导向的员工常常会陷入道德困境，当客户的愿望明晰无误却又不符合企业既定章程时，这就表现得尤为明显。如果严守这些规定，就无法提供客户想要的服务；如果带着对客户的一腔热情办事，就会因此和上级发生冲突。于是人们偃旗息鼓，对于那些不符合规定的"明智之举"，他们宁可选择掩盖和隐瞒。好比为了能在后台平心静气地工作，人们在前台设置了一块遮挡的幕布一样。这样一来，领导层犹如生活在一个虚幻世界里，其所闻所见正如自己想要的那样，但其实那不过是具有迷惑性的假象。凡是官方层面不乐于见到的事情都由幕后之手操办完成。这就催生了"规避策略"，企业"用"扫帚将种种短处和弊病一股脑儿地"扫"到地毯下。在最糟的情况下，可能会出现一片充斥着"违规行为、专断独裁、自私自利、任人唯亲、阴谋诡计和肆无忌惮"的沼泽。

对于老式学院派的组织架构，如何做才能保护自身免受其害呢？借助灌木丛生般的各种规章制度？那么随着事态的发展，它们会呈现荒诞怪异的形式，如果一本手册演变成一部法典，那么所有员工都会一丝不苟地遵照这些既定流程行事，即便员工明知其中有弊病也不会提出异议。

冷漠麻痹的氛围就这样蔓延开，员工就好比是木偶，无人拽拉头顶的细绳，他们就永远不动。

控制体系引发自我繁殖

此外，控制体系会引发自我繁殖：每次失误都能催生新的规章，这就好比是对某一个体遭遇的不幸和逆境施加的集体性惩罚。为了确保方方面面的利益，甚至会提前颁布各种严苛的规定，而这又会越发限制回旋空间。人们将这种行为称为"管理3%"，而多达97%的人深受其害。事实上，没有任何一家公司能够通过要求员工遵守各项规章制度而获得竞争优势。顺便补充一句：那些希望找到漏洞的人，无论如何总会找到的。

如果组织中出现不当行为，多数是因为架构出了问题，也正因此，要想消除不当行为，我们就必须有针对性地改变架构。但传统企业实际上是怎样做的呢？为了拯救形式上的正规制度，大家容忍着各种不当行为，还酝酿着形形色色的阴谋。

4.5 自组织：何为关键

对于引入崭新合作形式的公司，不同的概念得以广泛传播，例如，敏捷组织、合作共管型企业、民主型企业、去中央组织、网络组织、自组织企业。这些概念有细微的差别，我们在此不做赘述。从本质上讲，对所有人而言，权力分配发生了变化。在线性组织中，决策通常是"层层向上"转移的，而现在有所不同，决策会在需要的节点自发产生。并行引入的敏捷工作方法有助于提高灵活性，加速工作进程。我们倾向于使用自组织这个概念，它是敏捷组织的决定性要素。

自我激励而非依赖外部——这正是在实践中获得成功的核心驱动力。为此，员工共同设定自身目标以及与之相关的必要手段和方法，并为最终结果承担责任。决定行为的不是上层预先下达的种种规定，而是通过友好协商就合作方式达成的各项约定，做到这点就要共创一个充满信任、乐观、透明、可靠和奉献的价值观世界，同时也离不开纪律严明和保持一致。

构建项目市场是为了激励所有人都主动参与其中，从而最大化发挥其才能。人们由此体验到自我价值，也获得了意义，这不仅能加强个人的专业素质，令他们变得更加和蔼友善、动力十足，犹如挣脱了束缚般释放出巨大的能量，还将带来一系列额外的好处：对企业内部整体关联的理解力得以增强，创业思维得以激发，知识视野和专业知识得以拓展。

凡是涉及自身领域的改良想法，无须得到上层的肯定，团队本身就能探讨、进行决策并部署实践。跨学科的点子不会递呈给领导，而会直接传达给相关团队——或某个人人都可触及的中央意见库。基于线上的协作平台最适用于此种情况，它就好比是一个汇集了各种想法以供大家浏览、尝试和研发的货架，对此我们将在后文中展开论述。

领导层大可对此信赖有加：在自组织单元中，致力于实现公司目标而创建的组织结构和流程将创造非凡的成果。为此需要营造一种良好的环境，削减各种条条框框，巧妙应对各种错误，构建彼此信任并自由施展的空间。所有这些都将帮助公司敏捷自如，快速适应环境。

在一家名为 Favi 的法国金属加工企业,其仓库是由仓库管理员看守的,工人只有携带值班主管签字的申请表才可领取工具和材料。如果仓库管理员稍作休息,房门就会被锁上,如果值班主管不在就有可能发生延误并阻碍整个生产运作。然后人们简单算了一笔账:一台机器空置的成本要比一纸合规声明高出几倍,自此以后,仓库始终敞开大门,人们领用物品也无烦琐的手续,这极大地节省了时间和金钱。无论谁取走什么只需在存货账本里做好登记,这样一来,企业就能掌握整体情况并对出库物品进行补货。某天突然少了一把钻头,公司老板张贴出了告示,上面写道:"一把钻头被偷了。大家都知道,为了保证纪律严明,公司会开除偷窃厕纸的人,所以偷盗行为愚蠢至极,而且工具本就可以出借一日或一个周末。"事情就此了结,之后再未发生过偷盗事件。⊖

4.6 自组织也需要框架条件

传统企业中也存在自组织,但如前所述,它只存在于后台。这种自组织是自发产生的,凡是因官方组织往往变得更加困难或者不可能实现的事,自组织都能理性地循序处理。意图明确的自组织将这些事情从幕后带到前台并正式予以许可。

并非所有人都能实现进入自组织的飞跃,为了帮助他们顺利开启这种新型的自由模式,最好能铺设一些垫脚石。此外,为了创造一种安全感,我们还需要设定边界。例如,有个提议是员工完全可以自主决定其进修培训的预算,然而,这个提议最终只是勉强被接受了,一旦有了每年的预算样本、员工以及少数几条实用规则,那么实际上已然没有什么回旋空间。能够支配尽可能多预算的自由最初会令人倍感不安,好在这种不安能够被消除。

并非所有人都能立刻实现进入自组织的飞跃

为了带领企业进入正确的航向,除了下达指令外,还应采

⊖ 引自弗雷德里克·莱卢(Frederic Laloux):*Reinventing Organizations*(《重构组织》)。

取一些巧妙的轻推性刺激举措。诺贝尔经济学奖获得者理查德·塞勒（Richard H. Thaler）将其称为轻推刺激（Nudging），这种方法由此闻名。举个例子：在有些企业里，编制和控制差旅费所产生的成本与差旅本身的费用一样高昂。如何解决这个问题呢？其一，删减差旅政策的篇幅。新职介绍服务供应商伦德施泰特（Rundstedt）的老总索菲亚·冯·伦德施泰特（Sophia von Rundstedt）这样说道："早先我们编制了长达七页的相关政策却无人能够理解，现在只剩下一页。"其二，起草少数指导方针。例如，每人仅能列出有意义的开销。其三，取消控制。每个人的差旅费用都将以透明的方式公布在企业内网。这样一来，大家都能看到谁言过其实，谁过于低调，集体发挥着修改和校正的作用，成效非凡。其中，透明是关键。与之相反，匿名隐藏、故弄玄虚、互不信任、装腔作势以及关于制度的吵吵嚷嚷都会催生一种有毒的企业文化。

再举一个例子：有一家企业为了应对持续的交货延误而不得不支付大量的加班费。有一天，企业决定不再支付加班费，取而代之的是，如果实现了更好的交货可靠性指标，团队就会获得奖励金。自此以后，员工不仅能够准时回家，这相当于将生产效率提高了20%，而且交货可靠性也得到了大幅提升。怎么会如此呢？这是因为框架条件发生了改变，企业并未对员工施加更多的指令，为了达成共同的目标，一切都变成了自组织。

系统研究早就认识到了这一点：在自组织中，秩序的形成源于内生动力。此外，对于获得良好结果的意愿也会表现出来，这会进化演变并刻在我们的基因中。与之相应的，人们得以建立某些结构，在这其中，员工能在没有上级监控的情况下完完全全地自主行动并独立获得成功。此类结构还包括行为边界，这种边界犹如包围整个足球场的外轮廓一般定义了运动员配合协作的活动范围。

在大家共坐的小船上，不得在吃水线以下钻"洞"

戈尔公司（Gore）是一家生产包括戈尔特斯（GORE-TEX）面料在内

的纺织品制造商，它有一条名为吃水线的原则是这样说的：在大家共坐的小船上，不得在吃水线以下钻"洞"。戈尔公司在网站上这样写道：本公司的任何一位合伙人（员工），如果其行为有可能使公司沉落到"吃水线以下"并由此造成严重损失，那么他都需事先向有经验的同事征求意见。（戈尔公司成立于1958年，拥有一万多名员工，属于世界上最早同时也是规模最大的自组织公司之一。）

自组织团队由一定数量的成员组成。作为一种敏捷的工作方式，Scrum往往由7名成员组成，也有其他方式的团队，最多由15名成员组成一组。为了适应新的工作方式，可开发常规做法并建立信任基础，尤其在初始阶段，各团队应保持团结稳定。此外，考虑到自组织的团队管理规范着其所辖的一切，而这也有可能导致紧张和敌对情绪，甚至彻底的分崩离析，我们还必须就团队的反馈能力和冲突管理策略进行培训。

4.7 自组织的六大要素

自我激励、持续不断的学习意愿、高度的自由、最大程度的灵活性以及广泛存在的共创的可能性，这些在自组织中都是极为常见的。与其等待来自上层的决策，不如和同事商讨，于是人们实现了自我决策并为此承担责任。这同时也意味着，错误是免于制裁的。

在这种情况下，责任意味着对自身所作决定以及集体行动承担后果并能就此向当局做出解释和说明。这里所谓的当局可以是外部实体（客户、企业）或内部。为了做好承担责任的准备，自组织必须具备以下六大要素：

1）必要的知识；

2）必要的技能；

3）有关合作的规则；

4）有利于施展才能的自由空间；

5）可以作为靠山的支持；

6）内部的容错机制。

在自组织中，每个人的表现都是透明的，团队会就此进行探讨，也要求个体做出业绩。举例，人们会把明晰的协议和共同制定的合作规则记录在某本企业文化书籍中。如果无视这些内容，企业就会面对社会压力并因此受到严惩。各跨部门团队以此为基础处理客户项目或为客户服务。由于获得了创作和设计的自由，能够取得共同的胜利，以及实现自我的进一步发展并能在整体互相关联的背景下感受到工作的意义，员工们斗志昂扬，充满激情。

下列两句话清楚地阐释了外部决策和自组织之间的差异：

- "在这条河上建一座桥！要这样做，要那样做！"，传统的领导人会这样发号施令。
- "我们必须过这条河！找出最好的办法，我们一起实践"，新领导会这样鼓励大家。

在合作共事的过程中，领导人要确保大家朝着共同的目标前进。仅当出现紧急情况时，他才会直接干预，他主要起到推动、促进作用并为团队撑腰，这就确保了团队不会陷入一团混乱。

4.8　一、二、三级：自组织的不同阶段

必须经历几个不同的阶段逐步接近完全的自组织。在这方面，企业架构及企业文化的历史尤为重要。对于日益自组织化的团队成员，为其提供教练式的陪伴必不可少，这既有助于团队克服方法上的缺陷，又有利于团队战胜群体动态隐患。此外，自组织程度的高低还取决于我们所面临的任务，它并不适用于任何一个目标。如果要大规模引入广受欢迎的自组织，就需要从最高层开始贯彻。

自组织的各个阶段

• **第一级——去中心化组织**：我们在去中心化组织中找到了迈向自组织的第一步。中央集权式的操控被削减，等级制度被消除。在这一中间阶段，以试点项目或企业局部领域为框架，日益增长的自组织正悄然被引入。工作环境变得充满活力、开放畅通、生机勃勃，合作变得富有建设性，下达的指令日益减少，团队自行决策越来越多。汇报制度被缩减到最低程度，群体智慧得以系统化地运用。员工自行创建了流程优化理念，而最初的试验阶段尤为重要，无论是领导层还是员工，都能逐渐适应这种不同寻常的新情境并且不会时常退回到从前的情境。一种容错的学习文化伴随始终，阶段性的胜利值得庆祝。

• **第二级——被支持的自组织**：对于大部分传统企业而言，被支持的自组织是一种非常可行的方式。团队完全负责运营决策并承担责任。这就要求每个员工都能自我管理，秉持开放的学习态度并愿意参与有建设性的讨论。某项任务的所有参与者聚集在一起，以共同确定的规则和目标为框架并将一以贯之地遵守。"控制"不再是通过上级领导而是由团队成员及客户来实施。领导层首先关注的是没有任何重新委派给自己的需操作的事项，仅在出现例外情况和涉及战略层面时，他们才会以下达指令的方式加以干涉，否则，他们的主要作用只是积极促成事情。要做到这一点，我们要加强团队的自我管理并清除通往最优工作结果道路上的种种障碍（"你们需要什么？"）。由此看来，领导层需要做的是构建完美的框架条件并创造发展机会。至于日常业务，团队能够自主处理完成。

• **第三级——完全自操控的组织**：据我们估计，此类组织仅适用于少数特定公司。我们发现，完全自操控的组织主要存在于小型IT以及互联网领域的企业中。

如图 4-1 所示为包含自组织的组织示意图，图中圆圈中的点代表在跨职能网络中合作共事的个体，各圆圈间有一些联络员。圆圈外的点代表有需要时可被召集的内部专家。

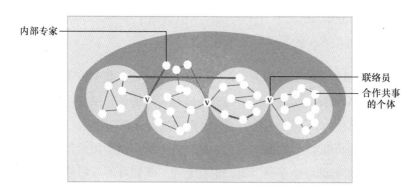

图 4-1　某个包含自组织的组织示意图

传统的组织首先会迅速地移向第一级，即去中心化组织；一旦到达了那里，就会朝着第二级目标前进，即被支持的自组织；如有必要，最终会进入第三级，即成为完全自操控的组织。而架桥者会伴随整个过程，后文还将对此概念做进一步阐述。

在过渡阶段，停留在传统组织中的部分职工可能会心生复杂的情绪，混杂着对假想中享有特权者的嫉妒和钦佩。如果传统组织中存在良好的人际关系网络，如果大家能够本着透明、友好的原则充分沟通，如果好奇心得以激发、成功可以预见，那么这种嫉妒、不满的情绪和缺乏理解的情况是可以避免的。在这一阶段，统揽全局或暂时参与协作将有所裨益。电话服务提供商 Sipgate 的高级顾问巴斯蒂安·威尔赫尔姆斯（Bastian Wilhelms）表示："我们的第一个敏捷团队几乎对其他所有人都产生了超乎寻常的吸引力。"⊖ 很快，大家都希望能和那些成功人士并驾齐驱，越来越多的自组织就自发形成了。

⊖　Häusling, André (Hrsg.): *Agile Organisationen – Transformationen erfolgreich gestalten*（《敏捷组织——成功塑造转型》）。

4.9 自组织的成功案例

"去中央化+自组织"帮助一家企业走向成功,这样的案例不胜枚举。[一] 其中不仅包括增长强劲的年轻企业,还涉及各大行业和不同国家/地区的传统组织。在此举五个案例,其中前四个案例仅作简述,第五个Buurtzorg(博组客)的案例将做详细论述。

第一个案例讲的是一家为客户量身定制个性化负载保护系统的德国中型企业——Allsafe。其竞争对手通常从远东采购商品,仅在德国分销,而Allsafe与它们形成了鲜明对比。该公司首席执行官德特勒夫·洛曼(Detlef Lohmann)告诉我们:"在我们这里,客户处于组织结构图的顶端,客户下方是员工,而管理层位于最下面,也就是我。我们并不以职能为导向分部门开展工作,而是遵循以过程和自主项目为主导的流程思维。我们之所以这样做,是为了尽可能保持工作顺畅。我们的260名员工在17个独立自主的多功能团队中工作,所有的运营决策均由他们自己做出。这样一来,我们就减少了那些根本没有创造价值的反复汇报。这意味着,团队需要具备多重能力并愿意在整体关联的背景下运作,独立行动并从客户角度思考问题。各团队自行决定工作的分配,我们不设置固定的休息时间,也没有奖励。有些团队会有一名领导,还有一些团队则完全自主运营,这都由各团队决定。比如,我们没有销售经理,所有销售人员都直接与团队沟通而不受任何限制。我们的员工可以分享企业的税前利润,企业依据盈利能力最高可分发25%。"值得补充说明的是:Allsafe的生产效率极高,已经四次荣膺由TOP JOB(最佳工作)评选的"中型企业最佳雇主"称号。

第二个例子讲的是奥地利的水晶专家——施华洛世奇宝石(Swarovski Gemstones),其B2B部门有个特点:为了在瞬息万变的市场中生存下来,流程必须更加快捷,跨职能的日常运作必须更加灵活,提供给客户的解决方案必须更加个性化。过去,由于决策要报给高层管理者,答复客户的流

[一] 案例参见此处网页:https://blog.anneschueller.de/7964-2/#more-7964。

程往往要持续数周,流程变得僵滞,员工的自由度很低,而管理者看到了问题的症结所在,即他们自己才是弊病之源。现在,人们在 8 个自组织团队中工作,每个团队都以圈状组织运作,首批圈状组织中有一个是围绕大客户构建的。因为大客户的流失而受到威胁于是启动了变革流程,然后保留下来了这个组织。这些圈状组织直接隶属于最高管理层,就连那些最初反对这种模式的人现在也承认施华洛世奇宝石在这方面做得很成功㊀。

管理者意识到,他们自己恰是问题之源

第三个案例讲的是总部位于马来西亚的数字出版社 Mindvalley,其执行创意总监多洛塔·斯坦茨克(Dorota Stanczyk)告诉我们,她已成功重组了团队。截至目前,对于所有的创意项目,她始终掌握着拍板权,其团队会把工作递呈给她,几乎每次她都给出同意的答复。对于多洛塔而言,这种例行批准的流程释放出资源浪费的信号。此外,她还注意到一个并不适用于筛选项目的指标:她的品位,而非项目质量。这就滋生了一种大家并不愿意看到的势头,甚至还导致团队内部产生对抗。于是多洛塔决定亲手打造一个名为"创意小分队"的创意小组。

现在,来自每个团队的设计师都代表着团队,各项决策均由团队自主做出,即便多洛塔本人持有不同意见也不影响决策的效力。多洛塔说,这样做其实颇具挑战,拥有权力的感觉很好,但她意识到,下放权力才是正确的做法。她的结论是:领导者不应只考虑一己私利,而应从团队的发展中获得满足。

政府部门可能是最严格的组织之一。第四个案例讲的是以数字化和新工作的转型成功改造一个政府部门,堪称为组织变革树立了灯塔。弗兰克·范·马森霍夫(Frank Van Massenhove)在 2002 年凭借着战略智慧坐上了比利时社会事务部部长的位子,摆在他面前的是一副官僚主义景象:

㊀ 来源,*ManagerSeminare*(《经理研讨会》),第 245 期,2018 年 8 月。

一共存在五个阶层，员工黏性小，高素质人才的吸引力不足，生产力低下，成本和消耗率高。他通过五步法把该组织改造成了一个模范部门。第一步，他将五个阶层缩减为两个；第二步，他在部门中推行无纸化运作，构建灵活的工作时间制度并留给员工10%的时间用于创新项目；第三步，他创造了一个名为"荒诞主义者"的角色，旨在找出可以改进目前笨拙的工作方法的节点和方式；第四步，衡量工作的标准是工作成果而非出勤时间；第五步，取消大部分会议，这节省了很多时间和精力。结果如何？员工黏性、生产率以及"客户友好性"均得到大幅提升，与此同时，成本明显下降。各种运营决策均由团队自行做出，相较于之前的18%，现在有高达93%的申请者希望能在马森霍夫所在的部门工作。低素质员工现在仅占整个员工队伍的2%，而这个数字在开始时为30%。有趣的是，当马森霍夫被聘用的时候，他对于改造计划只字未提，否则他可能压根得不到这份工作。㊀

现在我们要讲讲第五个案例——Buurtzorg，对于这个案例我们将进行更详尽的论述。包括Buurtzorg在内的医疗领域研究机构都有一个特点，即鲜明的统治阶层和与日俱增的标准化。为了从效能角度看待问题，这些机构引入小块流程并通过外部安排梳理工作，其中的员工并非以患者的舒适满意度为首要任务，而只是按照规定的时间办事并机械地遵循顺序完成流程。半数时间被耗费在官僚主义和文档管理上，对于护理人员而言，其工作的原始意义就这样荡然无存，而患者的人格尊严已然被系统彻底忽略。

正如弗雷德里克·拉卢（FrédéricLaloux）在 Reinventing Organizations（《重构组织》）一书中详细介绍过的，曾在护理行业从业多年的荷兰人乔斯·德·勃洛克（Jos de Blok）希望改变这一点，为此他和其他四名护理人员于2006年年底共同创办了Buurtzorg（博组客），德语的意思是"社区邻里护理"，将居家的病患护理和老年人护理重新融合为整体，"人性而非官僚主义"是其最关切的，为此他开创了一种新的巡回护理模式，注重高端品质和自组织。该模式共设有12个无阶层之分的团队，他们共同努力，照

㊀ 参见 https://corporate-rebels.com/frank-van-massenhove/。

顾生活在同一个社区的约 50 名病患,团队中并不存在团队组长。每个团队都完全自主地设计全部流程并对此负责,还自行制定年度计划。新员工由团队成员自主遴选。除了让病患痊愈恢复以外,他们还有一个特别重要的目标,即尽可能长时间地维持病患的独立自主性。"对于巡回式护理人员而言,努力令自己变得'多余'是一种道德伦理上的责任"乔斯·德·勃洛克表示。病患的福祉高于个人利益。除了全方位的护理外,他们还花时间与病患聊天。

在 Buurtzorg 里不存在中央集权式领导,没有中层管理,没有区域经理,也没有指导性的职能单位。最初,这些团队由一名内部教练陪同,他会传授与患者、外部助手及团队内部沟通的必要技巧,此外还包括做各种决策、解决冲突和友好协商的方法,但仅在框架范围内提供支持。乔斯·德·勃洛克这样解释说:

"我们真的向某些最初的团队提供了很多支持。时至今日,我们仍然注意到,相较于其他团队,它们依赖性更强,也更不独立。"

所有必知的信息都通过一个内部协作平台进行沟通,护理人员使用该平台的频率很高。无论何方提出新的观点,都能拿到平台上进行探讨,这样一来,大家都相互支持,而所有参与者都能从中受益,新的业务领域也就应运而生:比如现在有四个人想要开启新项目,那么项目就这样试验性地启动了。创始人乔斯·德·勃洛克既没有指令权又没有控制权,他扮演的角色是积极联结公众及有关当局的纽带。

创始人的关注点:"人性,而非官僚主义"

Buurtzorg 取得了惊人的发展,工作人员自豪地告诉我们,该公司在荷兰已经拥有 13385 名员工和 966 个自组织团队(截至 2018 年 8 月 1 日)。除了 71 名教练外,目前在"总部"工作的员工只有 50 人,大部分是兼职。其产生的间接费用为 8% 左右,而其他服务供应商则高达 25%,两者相差悬殊。许多护理团队实现了两位数的盈余,在与 300 多家竞争对手的较量中，该公司享有最高的客户满意度，而且已经四次被评选为"荷兰最具吸引力的雇主"。为了能在Buurtzorg谋得一职，其他公司的专业人士开始成群结队地申请加入，因为他们能在这里找到自己的职业使命感。通常的护理理念是碎片化的，与之相比，Buurtzorg团队在每位病患身上花费的时间节省了约40%，而患者痊愈速度则提高了50%，这为荷兰卫生系统节省了数十亿经费。

目前，该模式已在全球24个国家/地区铺开运用，甚至有两家曾是Buurtzorg竞争对手的荷兰护理服务公司最近也启用了这一模式，而这两家公司无论是在生产率、员工还是患者满意度方面都取得了类似的佳绩。与此同时，Buurtzorg本身也在其核心业务以外深化拓展，比如延伸到青年工作领域。此外，除了医疗康复板块以外，它还在策划一系列新的项目，事业浪潮滚滚向前。

4.10 人们如何产生改变的意愿，又如何不愿做出改变

任何一次改变都意味着创造一些前所未有的东西，没有人能确切知道它比以前更好还是更坏。人们总是持续不断地破旧立新。相较于墨守成规，进化法则总是更加侧重探索精神和好奇心，否则我们就不会有今天的成就。对新事物的追寻构成了我们思维中最重要的驱动力之一，也正因此，问题的关键并不在于改变本身。

真正的症结在于公司的变革究竟是如何执行的：开展大规模的变革项目往往需要咨询公司价格不菲的服务，首先由最高层规划，继而通过大肆渲染，以全方位出击的形式在内部"逐步铺开"，尽管花费极其高昂，但多达80%的变革仍以失败告终。⊖如果有一种做法已经非常失败，但人们又是如何做到对此僵守不变呢？于是乎，传统的变革项目早已沦为招人厌恶的项目。从其基本逻辑来看，他们的行为是反应式的，即紧密跟踪各项变革，

⊖ 参见 https://www.wiwo.de/erfolg/management/change-management-so-klappts-2017-mit-der-veraenderung/14910148.html。

但仅当某种问题变得显而易见时才会触发变革。然而，改变是一个过程。那么我们应采用何种方法呢？那就要在自我更新中首先做到坚持，其次做到有远见。

最好立马删除"变革"这个概念，它只会令人感到恐惧并导致阻滞，进而改变行为方式。由社会学家库尔特·勒温（Kurt Lewin）早在 1947 年首创的三阶段流程"解冻、改变、再冻结"（unfreeze, change, refreeze）广为人知，但并不奏效，这是因为一个冰冷的系统能帮助自己抵制对现状的变革。解冻很费时间！人人都知道，推动庞大的事物从静止状态进入运动状态有多艰辛，而与之相反，当一切都在流动时，改变运动状态是多么容易。

> 传统的变革项目早已沦为招人厌恶的项目

当由上层下达某些指令时，个人会产生拒绝和排斥心理；相反，当个人决定做出改变时，就会完全认可和赞同。自觉、自愿可谓构建驱动力和成功实现变革进程最重要的因素，以此为前提，人们做某事不是因为非做不可，而是因为真心想做。此外，如果各项决策都很"微小"，而且人们已然习惯于反反复复地调适它们，那么一旦有需要，重组就会容易得多，但假如各项决策都很"重大"，而且人们倾向于遵循原先的计划行事，那么即便那些决策毫无用处，大家也会继续沿用。

基本上，任何一种发展形式都包含双重性：

- "舍去所学"，以避免墨守成规；
- 对崭新的事物敞开怀抱。

我们的思想和行动是以自身的知识和能力为基础的。与孩子们相反，随着年岁的增长，我们对新事物的猜疑与不信任也与日俱增，即便出现新事物，仍然按部就班地遵循旧的思维模式和评价尺度行事，特别是当事情变得"习以为常"时，我们又会下意识地反复做出同样的行为，这正是我们在解决全新问题时所遇到的拦路虎。正因此，我们首先应该学会"舍弃"那些对我们无用的东西，只有这样方能为各种新、老问题找到全新的解决办法。也就是说，要像清理垃圾一样摒弃那些落伍的行为方式，还要训练团队跳出惯常模式、勇敢突围。离开熟悉的道路，为进军新丛林做好准备。

盲目行动、自满和无知会阻止我们这样做。"哦，改变，一直都有呀，我们之前一直这么做，这没什么新鲜的。"不仅老牌经理人这么说，连那些资深顾问也是如此——这些顾问或许能让企业的客户感到放心，但事实上并无助益。正如我们所见，今日的变化正以一种与过去截然不同的方式呈现，一切都在随时听候调度。过去的良方如今不再奏效，昨日的成功完全不能和明日的成功挂钩。可不幸的是，成功会滋生出一种观念，令人对自身的辉煌和伟大深信不疑，这一旦和权力相连接就会引发致命的危险。大脑研究者发现成功令人的身体发生变化，其中睾酮水平的上升尤其显著。大家将这样的人称为"高 T 值"（"High-T"）人士，"他被成功冲昏了头脑"这句谚语非常贴切地表达了这层意思。正因此，任何集权力与成功于一身的人都必须格外小心，因为这会给他们造成一种不可战胜的错觉。⊖

4.11 工作黑客：以"小步走"方式持续改变

在初创公司里，变革的意愿自然而然就会产生，这是因为那里几乎每日都会经受检验、反思并得以优化，那里的人们将这一系列方法、举措和工具称为"工作黑客"（Workhacks），它们将有助于企业快速摆脱日益低效的行为方式并持续不断地引入更好、更智能的方式来完成工作、达成目标并实现合作。如果联想到"黑客攻击组织"，工作黑客中可能更侧重技巧，技巧的应用场景可能更多。当然，我们仅对"头戴白帽的黑客"感兴趣，即那些友好的黑客。

⊖ 关于此话题笔者推荐：安德烈亚斯·克雷布斯（Andreas Krebs），保罗·威廉姆斯（Paul Williams），*Die Illusion der Unbesiegbarkeit*（《不可战胜的错觉》）。

其实，很多这样的黑客并不真的是新出现的，只是被人们重新诠释了。关键区别在于：只要感到有必要做出改变，任何人都可以发起黑客模式。你既不需要预先规划，又不需要正式的管理控制，同时黑客模式也并非不可或缺，它只是构成了一种推动力。由于事先并不清楚组织对此将做出何反应，它在最初仅被简单地设想为一个实验。也正因此，人们将在一段固定时间内对其进行测试，仅当所有人都认为它有用时才会实施。团队将自行对此做出决定，老板既不需要成为授权者，又无须扮演裁判员。这样一来，工作黑客就帮助员工摆脱了家长制作风和外部操控，一切都会比以往好得多。

莉蒂亚·舒特肯（Lydia Schültken）是一名组织开发者，我们在她身上发现了一个与"目标"主题非常贴合的特殊黑客技巧；Y-Talk（与"Why Talk"即"为何谈话"谐音）。㊀人们以这种形式谈论其工作的意义。面对熙熙攘攘的日常业务，人们往往丢失了大局观以及对于公司的认同感，但正如我们所见：大家不仅是想赚钱，在内心深处，每个人都渴望获得一份能为自己和世界带来意义的工作。深度参与、协同共事、更多地挖掘自己、为自己取得的成就感到自豪，这才是我们前进的动力。在一场有专家指导的会议中，人们曾探讨下列问题：

- 我为什么在这里？而不是别的地方？
- 我为什么要这么做？我这样做能给世界带来什么？
- 内心最深处是什么驱动着我？是什么给予我力量？又是什么令我丧失力量？
- 工作、同事、目标（仍然）都适合我吗？

如何才能做好这项反思性的工作呢？最好以两人为一组，彼此问对方下面这个问题：

㊀ 丽迪雅·舒尔特肯（Lydia Schültken）：*Workhacks – Sechs Angriffe auf eingefahrene Arbeits-abläufe*（《工作黑客——工作流程进行中的六项攻击》）。

"你能回忆起某个工作中的时刻,在那时你真正觉得自己在做一份富有意义的工作吗?请具体和我说说吧。"

由此看来,重点在于正面效应。从原则上讲,是否开展以及以何种形式开展反思,这必须由每个人自己决定,而如果在此过程中产生一些负面影响呢?那也没事,人们终于可以借机解决这些问题,最危险的事莫过于任由不好的东西暗中发酵。如果有人因此离开呢?那也很好。因为极度不满意的员工既会对内部又会对外部造成极大的损失。任何一位员工都是市场中的传声筒和舆论制造者,对于潜在求职者和客户而言,员工将会对公司的声誉产生决定性的影响。

第 5 章 聚焦员工的架桥者的作用场

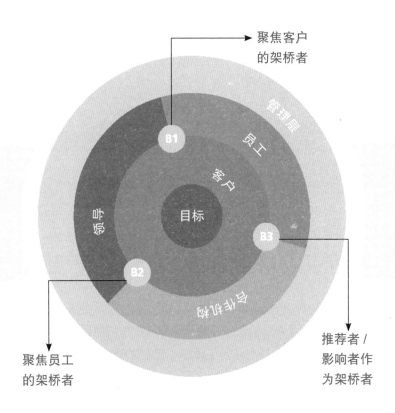

现在，企业里涌现出一些积极的倡议，鼓励员工跨部门、跨等级互相连接。这样一来，一方面，能令大家在工作中更加迅速、富有成效，也更加心情愉悦；另一方面，正如我们所见，简单的交叉连接有助于实现客户的利益。如果只有一名员工由于无能而出现了纰漏，在客户看来，他就是这家"经营不善的企业"的罪魁祸首。任何事件都有可能举足轻重。正因此，如今跨领域的协调合作已成为必然，要使之成为可能，需要做到以下三点：

- 内部的架桥者；
- 交互式的合作工具；
- 连接成网的工作环境。

提出这三点是为了实现下列目标：创造一种幸福感文化，以便激发员工的创造力。如果想让他们干大事，就绝不能任由他们无精打采地工作，而是应该使他们调整到最佳状态。华威大学（University of Warwick）开展的一项调查显示，内心感到幸福的员工，其创造的生产力要高出12%。[⊖] 此外，幸福感研究表明，有幸福感的人可以超越自己、得到成长，并提高100%的工作能力。相反，在长期压力之下，人们的工作能力会下降到不足50%。这会使客户对企业的整体体验产生相应积极或消极的影响。因此，舒适并非源于浪漫的社交行为，而是直接与企业管理的结果相关。

5.1 如何在整个企业增进彼此的联结

对我们而言，被一个共同体接纳是最根本的，即便发生最糟糕的事，也不过是遭受排挤，也可能是遭遇欺凌打压。对于那些最不快乐的人，谁也不想从他们身上获得任何东西，谁也不欢迎他们，谁也不需要他们。但凡有人觉得自己被甩在了后面或错过了合作，很快就会陷入恐慌，因为最后一名总会遭殃。相反，成为团体中受人尊敬的一员会给我们带来安全感

⊖ https://warwick.ac.uk/newsandevents/pressreleases/new_study_shows/。

和信赖感。早先，人们的生活有赖于此，在那个时候，没有团队的庇护，人们幸存的概率微乎其微，也正因此，在那个时候，被放逐和孤立属于最严苛残酷的惩罚。这令人们变得或争强好斗或低落沮丧，从而减少人体中能产生愉悦情绪的血清素的含量并最终导致大脑功能的崩溃。

正因此，紧密团结至关重要，而互生好感和共同行动才能孕育这种团结，在孕育过程中，大脑将分泌一种名为催产素的信使。催产素，也被称为"拥抱荷尔蒙"，能提升我们的幸福感和享受快乐的潜能，堪称治愈灵魂的神经化学香料，具有放松情绪和促进健康的效果。无论何时，一旦某种相遇能建立牢固关系，催产素的释放量就会增加，这能令人更愿意相信他人，与此同时也稳定了那些最初促使催产素分泌的关系。如此一来，它也就回馈了那些积极的社会联系和交际行为。

这表明：我们不能着眼于自私和竞争，要聚焦关怀他人以及获得良好的人际关系。在这方面，环境是起决定性作用的。据 *Harvard Business Manager*（《哈佛商业经理人》）报道，斯坦福大学的社会心理学家李·罗斯（Lee Ross）对两个相同的群体开展了一项实验。[一] 他对其中一组说，他们在玩一种为公共利益设计的"社区游戏"，而对另一组则说他们在玩一种奖励自私的"华尔街游戏"。事实上，这两者是同样的游戏，仅仅是名字不同。在"社区游戏"中，70%的参与者从头到尾都在相互合作，然而在"华尔街游戏"中，70%的参与者并不合作。这就自然引出了问题：您如何命名您的企业游戏？

培养一种团结感可不仅是描绘个人的英雄色彩。在"华尔街游戏"中，尽管少数人赢了，但大多数参与者沦为了输家，而失败者会削弱整个系统。此外，人类喜欢将自己与境况更好的同类加以比较，这就引发了嫉妒心理，结果则会招致恶毒、阴谋和诽谤，企业也会遭受重挫。也就是说，如

我们不能着眼于自私和竞争，要聚焦合作

㊀ *Harvard Business Manager*，2011 年 10 月。

果内部彼此敌对排斥，那么在关键时刻，你就会拒绝帮助自己的竞争对手，结果就会导致大规模生产力下降，而且雇主的声誉也会恶化。

与之相反，人们希望为自己选择的群体感到自豪，因为自己也能沾上集体的一丝荣光。正因此，成功的企业向个体提供的不仅是施展空间，还有认同潜能。要营造一种完美的"我们是一个整体"的团结感需要哪些要素呢？要素如下：

- 能获得庆祝的成功；
- 归属感的标志；
- 将人们联结在一起的仪式；
- 故事、神话、传说；
- 公众心目中的声望。

同属一个整体的归属感是如何形成的？先是通过共同的经历、取得的成就以及对于自己是一个伟大共同体组成部分的坚定信念。最终，员工通过积极正面的陈述向外传播这一信息。而相反的，如果个体之间联系薄弱，人们就会开始寻找更有吸引力的同事群体，即走向一个更好的团体组织。

5.2　多种多样的内部架桥者角色应运而生

为了支持跨领域开展合作，我们需要设立内部的架桥者。在生产型企业中就有一种名为"生产技术员"的岗位，他是生产部门和信息技术部门之间的纽带；在协同工作空间中，我们能够找到社区经理；Scrum 中设有一个产品所有者的角色，该角色作为产品负责人和享有优先特权的经理人，是 Scrum 团队和组织以及内部和/或外部客户之间的纽带，然而并非整个团队的领导。

一种名为"合弄制"（Holacracy，一种全体共治管理模式）的社会民主组织模式与"双重链接"共同运作产生出所谓的"任务指派人"（Lead Links）和"代表联络人"（Rep-Links）。这些人在不同层级的自组织圈子之间建立联系，他们互相传达所在圈子的最新信息，并在毗邻圈子中代表自己所在圈子的利益。他们拥有决策力，然而并不是领导。

瑞典的流媒体音乐服务供应商 Spotify 是音乐软件领域的全球市场领导者，目前约有 3500 名员工在其各个自组织小分队中工作，每个小分队由一名业务经理领导。而多个这样的小分队又构成了一个部落，一个部落有一名部落首领，最多包含 100 名员工。所有人在同一块办公区域除了服务彼此关联的项目外，之间还存在交联（Cross-Links）关系，那些在不同小分队中工作的相同职业组别（如同为网络开发人员）就会联结成群，并跨部落边界组建他们自己的帮会。

Trivago 是一家于 2005 年在德国杜塞尔多夫成立的酒店元搜索引擎门户网站并拥有 1600 名员工（截至 2018 年 8 月），设有"知识引导者"和"人才引导者"。其中知识引导者是指某个对自身专业领域精通并能向所有需要专业知识的团队出谋划策的人，而人才引导者会支持并力挺员工的跨领域发展。反之，那些传统的部门则被解散。Trivago 的首席人力官安娜·杜鲁英（Anna Drüing）说："正如我们已然意识到的，部门之间存在的依赖关系令我们的行动过于迟缓。"㊀

数字经济孕育了"令人感到快乐的经理人"（Feelgood-Manager）这一岗位，该专业术语也被视为德国人的一项创造。这样的人首先存在于那些管理人员少且不设有传统人力资源管理部门的地方，他致力于提升员工的福祉，承担了雇主和员工接口的角色。即便在快速发展的初创型企业中，为了留住专业人员并保持初创型企业的昂扬精神，也需要这种人才。

文化经理和内部接触点经理这两种岗位相关联而且都更适合规模较大的企业。（首席）文化经理关注的是企业文化，而内部接触点经理主要关注的是优化员工、经理和组织间的跨部门互动点。

㊀ 来源：*ManagerSeminare*（《经理人研讨会》），第 237 期，2017 年 12 月。

就连（首席）数据官也属于架桥者的范畴，因为他必须是跨职能活跃的。鉴于本书探究的主题并不是数字化，而是企业架构，我们在此就不展开讨论了。企业为了达成使命需要高度的灵活性，因此我们推介（首席）敏捷官，这一岗位以跨领域的方式推动整个企业的敏捷化。敏捷官、文化经理和内部接触点经理扮演着怎样的角色？接下来你可以了解他们，看看他们中的哪一个最适合实现你的目标。

5.3 文化经理：环境营造者和文化优化者

传统意义上，人力资源管理的第一大块任务涵盖人员的遴选和培育，遴选在于时间节点和判断，而培育关乎时间期限和提升；第二大块任务则包含了大量的行政管理及劳动法维权事务，这是一类完全不同的工作。在传统企业，人们往往错误地将这两块工作都归并到人力资源部。这种做法带有严重的官僚主义，并非以人为中心，而是受过程驱动。未来必将出现相反的情况：人类员工和企业文化都会向前发展，行政性事务则由人类操作电脑完成。

> **人类员工和企业文化都会向前发展**

随着文化经理 [有时也被称为文化主管或首席文化官（CCO）] 角色的出现，企业开始走上一条崭新的道路。他们将跨领域的设计从受职能限制的行政管理事务中分离出来。

鉴于此，无论所在企业规模大小，文化经理均不涉足工资核算、雇佣合同等相关工作，但一定会参与招聘和员工选拔的事务。

文化经理的主要目标包括以下几点：

- 参与构建企业文化；
- 提高企业作为雇主的吸引力；
- 参与打造工作条件；
- 加强员工的凝聚力。在这方面，文化经理主要致力于处理下列课题：

- 构建价值基础：在团队中汇集各项基本原则，并将其书面化（文化书籍）和可视化（面板）。
- 增强"我们"的团结感：包括确保大家认同日常生活中的各种价值取向，培育人际交往，开发共同语言。
- 确保工作顺畅：包括技术装备、工作工具和工作区空间的设计。
- 员工体验（EX）：包括一系列提升员工幸福感的可能性。
- 再教育和活动策划：团建活动、专业培训和个人发展活动、庆功活动和集体郊游均属此类。
- 敏捷员工调查：创建情绪档案、开展需求调查，如有必要还可设置一个投诉信箱。
- 参与营造文化：观察和探讨团队行为及领导人行为中出现的前后不一致性，并找出应对措施。

每个组织都应好好思考与其文化和员工相关的各项原则，这项工作必须在集体中完成。在这项工作中，人们可以利用讲故事的方法，如果你想讲得透，就需要叙事素材。

文化经理是跨职能运作的，他只关心某个组织跨领域工作条件的优化，以便各个团队能够专注于自己的工作内容并取得最佳成果。视工作范围不同，文化经理承担全职或兼职的工作，组织规模越大，其作用就越重要。他向公司高管和领导提供内部咨询服务。在理想情况下，他直接隶属于首席执行官（CEO），与人力资源部门脱钩。在有些情况下，这会形成一个自成一体的职责圈，部分公司称之为"人与文化"。如果没有能力支撑某个独立的职位，那么创始人或所有者就有必要花些时间来解决这个问题了。

通常情况下，文化经理会逐步进入他的角色并渗透到与之相关联的各项业务领域，最重要的就是建立信任。对员工来说，他既是一座灯塔，又是一座桥梁。作为灯塔，他为大家指明了方向；作为桥梁以及中立的第三方，他又是一个致力于提升幸福感并解决这方面问题的接触点。

5.4　内部接触点经理：员工和组织之间的纽带

内部接触点经理关注各种内部接触点，即员工、管理层和组织之间丰富多样的交互点，其目标是改善交互质量，创造能鼓舞人心的工作条件，并在欣赏和尊重的氛围中创造令人惊艳的业绩。在这方面，每次交互都是一个可以加以利用的机会，促使员工变得更加优秀，增强他们在情感上对公司的集体归属感，也进一步加强对内对外的正面口碑营销。

首先，我们要针对所有相关的内部接触点做出跨部门的全面现状分析，其次要以书面的形式记录各处的实际情况，而这一切都受到员工的持续监督。在此过程中，与工作密切关联的情绪状态就会展露出来。企业里似乎有这样一种观点，即情感在商界并无用处，但这个因素却活跃在每个角落，也同样存在于最高层。忽视或者封堵情感将是极其危险的，为了避免"卡壳"，我们必须多观察和关注各种情感。那些看似客观存在的现实问题往往和尚未解决的情感问题有关，而中立的第三人可以帮助厘清头绪。

忽略情感因素是危险的

正如客户接触点管理，我们也能在内部开发相应的"旅程"，某个员工在其工作时间内完成的完整"旅程"被称为"员工旅程"。可以将员工旅程划分为到来、逗留和离开三个阶段，下列三段旅程非常值得我们深入分析，这其中通常蕴含着巨大的优化需求：

- 候选者之旅，即候选人的应聘流程；
- 履新之旅，新人入职和熟悉业务的流程；
- 离职之旅，员工离开企业的流程。

图表（见图 5-1）能够很好地以时间序列的形式呈现上述各段"旅程"，在这之中或多或少存在着一些停靠点，人们经历着各种各样的事情，或感到失望，或心生满足，或备受鼓舞。如能按照合乎逻辑的顺序分析这一系列事情交互的可能性,那它们之间的配合默契就能得以优化,同时也能让员工感到整个环境变得更加友好。

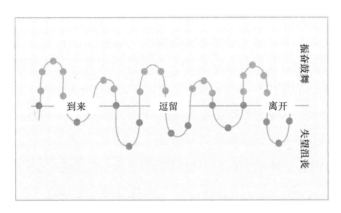

图 5-1　沿着一系列内部接触点及与组织的交互点完成员工旅程

和客户的做法一样,应聘者也越来越频繁地诉诸网站,甚至很多时候,在第一次直接接触前,人们就以这种方式结束了这次旅程。从现任或前任员工传递出来的信息已经让应聘者对组织做出了判断,这也就意味着,在某段员工关系的开始和结束处会聚集越来越多具有影响力的接触点,无论多么精心策划的招聘方案都有可能会被摧毁殆尽,不过这也有好的一面,因为高透明度从一开始就有利于保障最大限度的适配。最终,人以群分,最杰出的人才将赢得同类,而在雇主评价排行榜中垫底的那些企业则会因为无法找到愿意为其工作的高素质员工而出局。

于是在员工领域就出现了人们必须考虑的五组接触点,分别对应五个不同的阶段:

- **影响力接触点**:影响信息搜索;
- **招聘接触点**:影响招聘的成功;
- **忠诚度接触点**:关注联系与合作;
- **退出接触点**:出现在员工被解雇时及之后;
- **倡导接触点**:员工向第三方讲述时。

内部接触点经理致力于确保跨职能和跨阶层中的一切都处于最佳运营状态，此外，他还要照顾员工的身心健康，确保他们的工作表现始终维持在最高水准。

作为组织、员工和管理层之间的纽带，内部接触点经理不受某个部门的约束，他的职责范围同时涵盖战略和运营两大部分。在人才匮乏和社交媒体饱受热议的时代，他的工作可以说在很大程度上决定着一家企业的未来。就此而言，他急需获得企业领导层的鼎力支持，因为和客户接触点经理一样，摆在内部接触点经理面前的道路也是同样崎岖不平的，也时常会令人心生不满，而以前被遮掩的种种弊病也将不可避免地遭受曝光。

内部接触点经理是员工的代言人，是各层级和业务领域之间的调解人。他可能会从事下列工作：

- 组织办公室和丰富办公室生活；
- 组织员工活动和社会项目；
- 组织体育活动及制订保健计划；
- 发起定期的员工调查；
- 预防连续性的人员流动；
- 参与员工选拔；
- 伴随员工入职和帮助员工完成离职流程；
- 离职面谈和人文关怀；
- 在门户网站维护雇主评价；
- 管理投诉信箱善意的建议；
- 对内部经营进行创意管理；
- 跨越部门进行互通互联。

很多人认为上述工作中有很大一部分应由领导人来完成，但倘若如此，接下来发生的事就会和传统组织中司空见惯的情况一致：大家犹如孤岛般各自执行任务，从结果来看可能非常好、不太好或根本没有完成，但无论如何跨部门协调是不可能实现的。

内部接触点经理具有优秀的品质，既亲切和蔼又感情细腻，同时善于分析、归纳、梳理和安排。他应该同时精通领导艺术和人力资源管理技能。他必须掌握心理学知识并具备培训他人的能力，他集主持人、网络员、沟通者、外交家和氛围设计者于一身。借助补充培训，这项工作能够得到系统化的梳理并被掌握。

5.5 首席敏捷官：业务协调人

敏捷经理可谓敏捷化的"布道者"，在较大组织的商业用语中，人们将其称为"首席敏捷官"（CAO），其作用是在整个组织中，跨越部门和层级生成并维持一种灵活性高、适应性强、决策速度快的执行力。其中维持这种能力往往更为重要，这是因为在此期间，许多企业都会检测各种新的合作形式和敏捷方法。但遗憾的是，人们可能会"因为这些对我们不起作用"而很快弃之不用，反正不可能将一个模板套用在所有地方，有些不太适用，有些会更适用，这个时候敏捷经理就发挥作用了，由他确保采用合适的敏捷方法并维持其运行。可以说，他起到了润滑"运作机制"的作用，其任务包括以下三大板块：

1）创意者：他是经过授权的流程优化者，着力调查管理层和员工在实践运用中的敏捷性，也就是说，管理层有任何不当行为都无法被豁免。他帮助大家打破孤岛并指出各种行为敏捷与否。领导人会越来越多地听到他说"这不够敏捷"。为了促进敏捷化的合作，他会分析工作方法并提出包括资源、时限和责任在内的种种行动计划。他还汇集各种想法并将其设计成新的解决办法。

2）联结者：尽管软件程序能够处理一定数量的工作，但在各领域、流程和项目之间构建一种细腻而敏感的网络化联结，才是我们需要追求的目标。在这方面，尤为重要的是处理跨部门的流程，以便大家合作得更加默契，互相之间更加协调。通过善意的沟通，敏捷经理将令大家彼此理解，指出效率低下之处，提出建议并帮助大家达成共识。就此而言，他也是一名社区设计师。

3）推动者：作为各种可能性的协调者，为了消除已被发现的低效点，敏捷经理准备了各类方法：发起会议、检查清单、改善工作站设备等，就连敏捷方法、协作工作的工具和情商方面的培训也在此列。在一家荷兰的初创公司里，亚力克斯（Alex）接受了这项任务，管理层让他介绍想法，并准备包括以团队合作作为主题的跨领域研讨会。

敏捷经理并不容易找到，因为拥有内部经验至关重要，鉴于此，此人选应从内部招募。遵照"完成比完美更重要"的原则，他要像敏捷的获胜者那般行动，也就是说，与其花费数月时间等待完美的候选人，不如尽快干起来。在较小的组织中，不妨先赋予某个敢于尝试的人一个额外的职位并以此起步。然而，仅当这个角色的人始终独立于他们的上级时，才会奏效。自此以后，该角色一直以跨领域的方式在工作中与管理部门保持密切合作。

> 敏捷的获胜者遵照"完成比完美更重要"的原则行事

在较大组织中，敏捷经理要么隶属于首席数据官（CDO），要么作为首席敏捷官直接隶属于首席执行官（CEO）。他能获得属于自己的预算，还有权在敏捷性方面对企业所有领域进行指导并给出明确反馈。为此他首先要就各大主题以及沟通能力接受预培训。举例，在瑞士电信（Swisscom）公司，承担这个角色的人员每年要接受两次培训，每次为期两天。

同时我们还要给出一个警告：一旦在日常工作中被成千上万条要求所包围，又受到时间限制，那么敏捷经理很容易沦为助手的角色。正因此，事先在企业背景下划定角色的界限并同时明确哪些课题落在"润滑整个机制"的范畴而成为职责的一部分很重要。

一名首席敏捷官（CAO）必须具备很多技能，而这些绝不是泛泛而谈，为此每一种技能都必须被发挥到极致：

- 沟通能力；
- 分析能力；
- 心理素质；
- 辅导他人的能力；
- 上进心和求知欲；
- 同理心；
- 主持和调解能力。

还有一点可将首席敏捷官与企业中的其他类似职位区别开，比如项目经理。不久前，亚力克斯（Alex）利用一次会议的零散时间与来自中型企业及国际知名企业的项目经理举行了一次研讨会，其探讨的问题是：由谁来协调企业内部的跨部门合作？协调人际关系是项目经理的任务吗？来自瑞士奢侈钟表品牌万国（IWC）的团队/学习发展部首席人力资源商业合作伙伴茱莉亚·维万德（Julia Viehweider）就此发言："各个项目和单元之间需要一名信息传播者，旨在促进人际交流、知识转移并构建内部的拥护和支持。"另一名女性项目经理对不同场景下使用工具的巨大差异有不少怨言，当前一切与客户有关的事物都以孤立的筒仓形式呈现，"压根没人关心协调运作，这就意味着效能低下"，她这样说道。筒仓一直都是个警告信号，它们会导致系统破裂，而作为一名内部的架桥者，敏捷经理承担着连接各个筒仓的任务。

5.6 协同工作工具：极具价值的连接元素

社会协同工具以及企业社交网络为企业内部的互联互通、更高程度的敏捷化、更高的工作效率和建立创新友好型的企业文化提供完美的支持。其实，相关工具早已存在，只不过在开始阶段，这样的工具还远未达到随处可见的地步，其应用的主要目的如下：

- 用于项目管理；
- 用于知识管理；
- 为了实现交互式沟通；
- 为了促进经验交流；
- 为了创造想法；
- 为了促进跨领域合作；
- 为了增进数字化的客户沟通；
- 作为一种内部社交网络；
- 为了方便内部的文件传送；
- 服务线上会议；
- 用于继续教育。

这些工具使得人们有可能转向一种自由、开放的企业文化，每个人都可以跨部门、跨层级协调运作。它们让每个人都能清晰感受到为企业成功做出的贡献，还孕育了一种新的创造性工作方式，并将创新带给客户。这些工具也让合作变得更简单、更愉悦、更快捷、更有效率，当然也就更能激发大家的积极性，它们简化了上达决策者的流程，加速了决策进程。人们不必再忍受种种繁文缛节，现在瞬间就能切中要害。人人都能参与进来，持续不断地收集创意和想法并对其加以补充和评估，而且还能参与决策未来的发展方向。

在选择合适的协同工具时，许多人喜欢借助基于云的解决方案。这样一来，团队中的每个人都能在世界上任何地方、白天或晚上的任何时间访问项目。只有这样才使快速迭代成为可能，而且这和团队规模的大小或者人们工作的地点全然没有关系。数字原住民⊖ 天生就很熟悉这类软件的使用方法，这能帮助每个人获得组织化知识。而吞噬时间的往来邮件也能得

⊖ 数字原住民，意为"80后"甚至更年轻的一代人，他们一出生就面临着一个无所不在的网络世界，对于他们而言，网络就是他们的生活，数字化生存是他们从小就熟悉的生存方式。——译者注

到有效减少。

协同软件中的通用工具则是针对不同的任务设置以及规模大小不一的企业设计的。除了以标准目录定义的目标之外，用户友好性才是重中之重。此外，这些工具还应能被整合到现有的企业内部系统中，同时它们要组织员工参与遴选并提前开展一些测试。一旦新的应用程序运行良好，它们就会立即关闭旧的应用程序。在这方面，新的工具包括：

> 这些工具营造了一种自由而开放的企业文化

- Slack、Microsoft Teams：内部沟通；
- Yammer、Chatter、Jive：内部社交网络；
- Skype、GoToMeeting、Zoom：线上会议；
- Wrike、Asana、Trello：项目管理。

无论您最终选择了何种形式，企业内部的合作质量都将创新高，效率得以迅速提升，团结感得以增强，一切各自为营的做法将被摒弃，创新力有所提高。此外，社会协同工具还支持一种名为"Working Out Loud"（大声工作法，简称 WOL）的运动。这种协同相互开发的自组织方法将员工从匿名中解放出来，在大企业中表现得尤为明显。在没有层级制度影响的情况下，他们在基于网络的自学圈子中实现跨部门的互联互通，同时也让大家清晰地看到各自在企业中的工作业绩。㊀

5.7 协同的工作环境堪称卓越的联网者

一个精心设计的工作环境能激发创意，这对首先建立强有力的关系进而实现惊人的工作业绩具有至关重要的作用，就此而言，新的工作环境同样也扮演着架桥者的角色，以此为基础，跨职能合作才成为可能。早期源于工业思维的单调的"办公室农场"摇身一变，成了灵活多样、色彩缤纷且能激发灵感的空间，辅之以完美的技术装备，实现了职能的转变。办公

㊀ 如果您有兴趣请阅读：约翰·斯特珀（John Stepper）的 *Working Out Loud*。

室作为地位象征的时代已经一去不复返了，现在人们看到的越来越多的是一些会面场所，其中既无"筒仓"的立足之地，又无权力组织的安身之所。

空间环境对工作结果有很强的影响，人一旦被关入丧失灵魂的标准化单人"囚室"，就会陷入阴郁。在这样的环境里，知识性工作几乎不可能结出丰硕的成果。为了让大脑高速运转起来并激发生机勃勃的交流，我们喜欢在同一层面上寻求同类，这是来自远古时代的传承，同时也很好地说明了为什么在初创型企业里，广阔的合作领域早已占据主导地位，人们从职能功用而非等级阶层的角度出发设置工作岗位。密集工作的场所、社交联谊的空间以及休息区都在此之列。当脑力劳动一直延伸到休闲时间时，工作场所的设计也就必须加入休闲活动的元素。另外，但凡期待人们在某个地方身体力行地开展合作，那么周遭的工作环境应该足够具有吸引力，以突出家庭式办公室的优势。

另外需要注意的是：大脑的思维活动分为四个阶段，即激发、集中、激活、再生。我们必须支持这种节奏，借助自由的时间管理也不失为一种方法。大脑很快就会疲劳，但在传统的工作生活中，"再生"这一阶段的持续时间往往过短。当谈到建筑设计上的办公室重构时，你会听到有些老板说"请不要坐沙发"，给出的理由是"我希望我的员工勤奋工作，而不是游手好闲，坐着发呆。"这可完全没有领会脑力工作的本质。端坐在办公桌旁并不能确保优异的工作表现，严格遵照日程表和指令并不能培育和焕发创造力与奉献精神。相反，退一步反倒有利于在高速运转的节奏中集中精力工作。被一片绿色围绕的静谧之处很受欢迎，除了颜色外，香味和音乐也特别引人注目，人们可以借此调节情绪。

在现代办公大楼中，设备一应俱全的办公厨房堪称核心区域，作为娱乐休闲的场所，这里给人们的闲谈放松创造了空间。当我们用来思考的大脑进入放松状态并愿与他人分享想法时，想象力才会应运而生。谷歌公司将这一点发挥到极致，在其位于阿姆斯特丹市的办公室里，人们能在享受

第 5 章
聚焦员工的架桥者的作用场

美食的用餐时刻从12楼的窗户饱览窗外令人惊艳的美景,就算在别的地方,那些招待众人用餐的食堂也摇身一变成了类似于小酒馆的地方,让人倍感舒适温馨。在这样的场所里,人们甚至可以和其他部门的同事开展有组织的联谊活动,从而拉近彼此的距离。

在比吉特·格布哈特(Birgit Gebhardt)和弗洛里安·豪珀(Florian Häupl)推出的一项名为"新工作秩序"(New Work Order)的趋势研究中,欧洲的房地产项目主管杰森·哈珀(Jason Harper)是这样解释工作环境设计理念的:"我们想让人们感觉良好,办公室可以简化他们的生活,也让员工因为身处其中而感到喜悦……我们在工作中是有物理空间上的区域划分的,不分区域的工作只适合那些员工几乎不会待在办公室的企业。对我们而言,这既不可能,又非我们所乐见。这里的每个人都有自己的办公桌,在汉堡市,每个办公单元坐有约30名员工,为了避免来来往往的人流,开放空间总是位于通道端头。我们还在每一楼层的'步行区'设置了诸如微型厨房等集合点。沟通是关键,但鉴于每个人都需要有一个安静的场所以便聚精会神,我们还构建了小型会谈室和用于视频会议的封闭空间。"⊖

> 端坐在办公桌旁并不能确保优异的工作表现

当然了,并不需要处处看起来都像谷歌公司一般,但总体思路应八九不离十。如果您正在计划改建,那不妨请相关员工自行设计所处空间,如此一来,他们就会说:"这正是我喜欢待的地方,我在这儿能很好地完成工作。"有一种错误的做法是:"高层"喜欢为所有人安排一片大的办公区,事实上,知识性工作的确需要交流,但前提是提供一个静谧的场所,当然作为敏捷(Scrum)开发团队的项目小组需要另外的空间,相较于日常工作,从事设计思维的人需要与众不同的场所。除此之外,法务部门由于要参与机密工作及人事管理事务并处理涉及数据保护敏感性问题的个人资料,也最好安排在与外界隔离的封闭区域。

⊖ 下载 *New Work Order*:http://www.birgit-gebhardt.com/new-work-order。

原则上，工作场所必须满足员工的要求，而非与其背道而驰，而且正如各种企业的内部结构一样，它们必须灵活可变，以便随时适应未来的持续变革。这样一来，员工们也保持流动，而不会在日复一日的惯常工作中僵化。如果始终身处一成不变的环境中，人就会变得迟钝冷漠、毫无个性。与之相反，新的刺激会带来新的想法，而现代化的工作环境也能增加雇主的吸引力。

第6章 领导的作用场

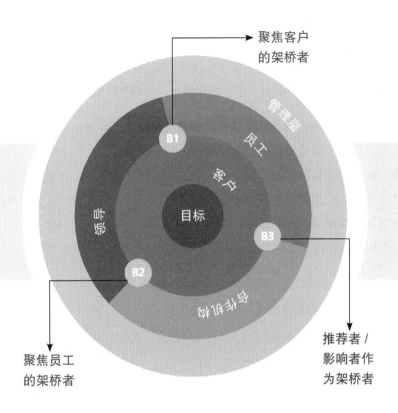

"在平静的水面上，一艘八人组划艇与其他队伍划桨竞赛，直至冲过终点线"，这是对以往商界团队的形象比喻。当今商界的团队合作则呈现出全然不同的景象：八人同坐一艘橡皮艇，必须穿越呼啸而来的激流，永远不知道接下来会发生什么。前者非常简单，一目了然，而后者不可预测，极其复杂。在第一种情况下，划艇选手遵守规则、划桨次数要求和预定计划，而在第二种情况下，为了很好地达到目标，人们需要不断地交流，视情况采取行动并开展协同合作。如今，领导力就在"山涧野水"中，这就要求员工具备截然不同的能力，领导也要拥有迥然相异的素质。

不断增加的复杂性也使领导管理的情况变得日益复杂。所有人都必须具备高速度、流动性和适应力。雇主、任务和职能之间的不断变化成为常态。越来越多的员工会以项目或任务为导向组建团队并以自组织的方式开展工作。企业将成为数字游牧民的旋转门和准时上班的地方。很多事情都被自动化处理了，人工智能被广泛接受，人类和机器携手共事。与此同时，工作模式也变得越来越丰富多彩。企业内并行存在下列群体：

- 与企业签订契约拥有固定劳资关系的人；
- 作为自由职业者与某家企业合作的人；
- 全职工作者；
- 兼职工作者；
- 签订临时雇佣合同的人；
- 每天都来工作场所上班的人；
- 仅有部分时间在现场办公的人；
- 在固定团队中工作的人；
- 在不断切换的项目中工作的人；
- 想要或必须遵循指令工作的人；
- 在自组织单元中工作的人；
- 对其工作任务要求越来越高的人；
- 以倾销式低廉价格从事日常工作的人。

面对如此多样化的人员组成，很多问题也就应运而生：

- 我如何进行情境式的领导？
- 当一切都数字化了，我该如何领导？
- 如果员工自组织运作，我该如何领导？
- 在此背景下，我需要哪些领导力工具？
- 我这个领导者是否被需要？

当然了，未来仍然需要领导者，甚至还需要很多，但他们的管理方式将会不同于以往。层级体系需要管理，网络模式需要领导，就此看来，重新设计领导文化也是摆在眼前的工作。

6.1 下一代经济需要人才专家

领导和管理的区别在哪？在领导中，人处于核心位置，而在管理中，所有可被自组织的事物都是焦点，包括对流程的计划、实施和控制，结构及标准；领导隐含着伦理维度，而管理侧重经济维度；领导培育企业文化，而管理重在发展战略。领导者最不可或缺的是社交能力，而管理者最需要的是条理性和计划性。

而这恰恰是问题的症结所在：数字化时代的雇员越来越多地受到软件程序的操控。这就使纯粹的管理，即对人力的规划、组织、操纵和控制成为冗余。如此一来，计算机处理对于领导者而言，要做的无非就是"与人相处"，他只需要完成计算机（尚且）没有能力处理的事情，即凭借情商、直觉和常识全心对待员工。数字化工具在这方面可以提供支持，但也仅是支持。

纯粹的管理将由计算机接管

发布公告并要求员工完成工作，这并不需要对管理有精深的理解。相对于全方位和多层次的社交能力，方法性的技能更容易掌握。接受专业的管理学教育需要在大学里钻研多年，但仅仅参加数次周末速成班就足以完成领导力培训了！于是乎，说到领导，就有无数想法很好却难以做好的老板，这简直是灾难！领导工作怎样做才算是好？在这方面，只有不断地练习、练习、再练习，才能脱颖而出，并无其他捷径。

长期以来，必须掌握领导力的是企业里那些承担着协调人、调解员、催化剂和推动者角色的人员。领导成为一项服务，"仆人式领导"就是为此创造的一个新概念。人们常常误解仆人式领导的含义，其实它并非卑躬屈膝地提供服务，而是以一种特别的方式提供支持，以便为各种创新行为创造发展空间。自组织催人成熟，责任自负令人自信，决策能力使人变得强大，反思能力帮助人具有批判性，而初始化的持续发展促使人变得高标准、严要求。员工需要一个具备社交能力的领导者，而与员工开展富有个性化和建设性的对话就成为领导者最为重要的任务。如此看来，能被纳入考虑的只有人才专家，其余人等即便担任领导职务也不得不被立即取消资格。

6.2　我们仍然需要领导，但方式截然不同

在现代组织中，领导不再与那种以命令和顺服为权杖的权力有任何关系。如今我们需要的管理人员是迈入新时代的架桥者，其主要任务是为了实现更好的合作并做出更佳的决策而将人们聚集到一起。这种领导者的行为是互动式和对话式的，相较于夸夸其谈更多的是沟通，相较于高高在上更多的是对等。做出各项运营决策的不再是老派的领导者、纪律监察上司，而是各个团队，这就大大加速了事务的进程。各种下达指令和意欲控制的对话均被取消，而害怕和恐惧也随之消失不见。只有如此才能为赢得真正意义上的卓越成果创造空间。

由此看来，领导不再是某个等级感鲜明的职位，而会集中地分布在少数几个人身上。在先进的公司里，它与精英思维脱钩，而是作为一个与各种任务和项目紧密关联的角色呈现。在自组织程度高、项目数量多的组织中，各类角色会随着情况改变发生变化：某人有时会担任一个项目的领导者，有时又是其他人领导项目中的成员。这样一来，对领导力知识的总体需求就有所提升，相应的，需要培育领导力的员工数量也就大幅增加。

第 6 章
领导的作用场

如今,领导者的首要任务之一就是学会如何应对自身拒绝改变的心态。尽管这听起来像是陈词滥调,但它正是一切停滞不前的真正根源。在数字世界中,领导者还需深刻理解技术、设计及人机交互,此外,高情商也不可或缺,再加上亘古不变的领导者品质。如今的领导者主要具有下列 12 种能力(见图 6-1):

- 转化能力;
- 数字能力;
- 情商;
- 组织能力;
- 条理性;
- 沟通能力;
- 合作能力;
- 诚信度;
- 解决冲突的能力;
- 决策能力;
- 结果导向;
- 自我反思能力。

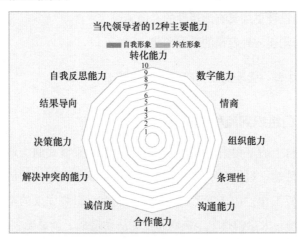

图 6-1 当代领导者的 12 种主要能力,通过自我形象和外部形象的度量可以对其进行比对

诚然，并非每个领导者都必须保证上述能力达到最高水平，而且最佳能力的组合的要求也因团队和/或任务设置而异。然而，为了实现最佳效能，我们始终需要做到以下几点：

- 一份富有意义的工作；
- 感谢并尊重其付出；
- 归属感；
- 发展空间。

安妮在其著作《接触点公司》中详尽论述了当代领导力，感兴趣的读者还能从中找到大量便于快速实践的工具和建议，而本书则重点围绕企业的设计和轨道模型剖析领导结构，因此我们将进一步探讨以下主题：

- 如何将一个部门组织转变成一个流程组织；
- 如何做出更好的决策；
- 如何借助角色而非职位开展工作；
- 如何更好地组织项目；
- 如何创造职业的选择空间；
- 如何达成富有成效的目标协议；
- 如何设计更加具有适用性的会谈；
- 如何创建一种容错的学习文化。

这可意味着一大堆的工作呢，让我们开干吧！

6.3 从部门组织到流程组织

在旧的自上而下型组织中，工作方向主要是垂直式的（见图6-2）：命令自上而下传达，报告自下而上递交。员工被安排在不同的部门，遵循规章流程为老板工作，在这里无法绕开等级制度。最终完成的是每个领导者想要办的事情。大量的指令、协调和控制活动造成了金额庞大的管理开支，还会导致资源封锁并浪费大量宝贵的时间。

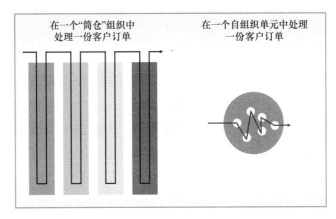

图6-2 客户订单的处理：在传统的"筒仓"组织中，各种报告沿着冗长的流程线性来回，而在自组织单元中能够以快速流程的形式实现跨职能的垂直流动

流程形式更适用于未来，它是水平化运作的，其理念是以客户为中心。各团队跨职能携手合作，确保在那些"真实时刻"能在所有接触点上提供流畅、极具品质，同时又令人激动的客户体验。这是因为客户并不是对某个部门，而是对一家企业投出支持票或反对票，他完全不关心企业内部的各种纷争。

就此而言，我们必须取缔目前的组织结构，而传统意义上的部门也将随之消失。除了推广了一些好的东西以外，这些部门往往也大肆宣扬了行为主义并要求人们对其倍加重视，同时它们也为跨领域合作制造了障碍。早先，营销、人事、采购、法务及内控部门管控很多事务并因此被赋予了权力，如今这些事务正日益被人工智能接管，而剩余事务则由一些提供支持和咨询的机构，即所谓的服务机构完成，它们会随时将专业知识提供给相应的业务单元及项目小组。为此，企业会在内部的人才池中分类罗列各种行业专家，这些人不再归执掌一方的部门主管。

客户可不在乎企业内部的各种纷争

例如，市场营销变成了MaaS（Marketing as a Service），即服务营销。根据需求不同，我们能在这个人才池中分别找到市场研究、数据分析、传统广告、在线广告、社交媒体活动、内容制作、展会业务等方面的顶级专业人士。

即便是人力资源部门（常被称为 HR）也必须重组。如前所述，把创造性的设计工作和管理性的人事工作放在一起，这是传统组织发展的一大错误，其后果是催生了官僚主义，人力资源部门由此变成了行政事务的管理者，而这恰恰是人力资源部门本该极力避免的事。正因此，我们建议始终将设计和管理两大体系分开。那么一方面，我们在人与文化方面拥有一名跨职能运作的文化经理，而另一方面则有以服务功能呈现的人力资源服务（Human Resources as a Service，HRaaS）。

HRaaS（即人力资源服务）接管了行政管理工作。随着自动化程度的日益提高，该业务领域确保了职员工作的组织及法律框架。而在此之前，我们必须剔除很多东西。传统的人力资源管理部门会用官僚主义对企业发起突然的侵袭，其实压根没有人需要这种模式：流于形式的员工年度考评、耗费钱财的员工评估模型、误入歧途的激励机制、传统老旧的员工发展计划、庞大臃肿的员工满意度调查等。这些必须予以取缔或者接受改造。

人事专员拥有的咨询专业知识尤为重要，特别是在招聘新员工方面，即便在未来也是如此。当或多或少独立自治的组织开始转向同业招聘并自行决定新员工录用时，这点就表现得尤为明显。为什么同业招聘变得日益重要呢？文化以及人际关系的契合越来越优先于专业技能，因为后者是可以习得的。

在未来，员工发展也能通过自组织方式实现

在这方面，就连继续教育也有了新的组织形式。人们不再储备当下并不需要的知识，这只会令人感到无聊厌烦并心生冷漠。人们也不再自上而下地发布培训和工作计划，这没有什么用处。在未来，员工发展也能通过自组织方式实现，这样一来就完全可以因材施教。自组织以小步前进、交互的方式开展，主要借助可在任何地方下载获取的在线模块。例如，过去长达数日的培训课程现在依靠人工智能导师或通过虚拟现实和增强现实（即通过眼镜将你和虚拟世界连接起来）教程在数小时内就得以完成。你也可以毫无顾虑地通过与数字助手的对话加深自己的知识。此外，员工之间还可以通过主动搭建合适的圈子来相互学习，并在学习社区中分享自己的知识。充满个性化的学习圈会设置一个能为学习者提供满足当下需求和兴趣的项目，并以此为基础提供个性化的选项和学习方法的推荐。

我们在此以市场营销和人力资源为例介绍的内容也适用于其余的支持性业务领域。有些地方，人们也将其称为实验室，简称 Labs。显而易见，人们通过持续不断地进行改进尝试着向未来迈进。

为了对专家进行评估，无论是管理层还是董事会，都会咨询各支持性业务领域中最博学的专业人士。以战略性会议为框架，人们通过一对一的面谈开展评估。只有"高层领导"聚在一起开碰头会、"低层梯队"无权进入的情况必须改变。参与决策的不是那些所谓"重要的"人，而是正确的人。例如，法律部门的主管对销售领域的话题一无所知，又怎能参与相关问题的决策呢？因此，不应该邀请那些高层上司，而应该邀请那些拥有最多专业知识的行家参与决策，他们也能在其中发挥积极的作用。企业里无须整日召开各种会议，也不会造成大量工作时间的浪费。其实，开会耗费的时间是没有生产力的，这会导致领导者的低效低产。

6.4 如何做出决策：昨日和今朝

正确而迅速的决策对每个企业都至关重要，这是成功的先决条件。在大规模生产、标准化流程和连续性运营的时期，由高层的少数个体作为决策者是很常见的，但如果面对复杂的环境，这就会成为组织的瓶颈。仅当决策能够尽可能迅速地转化为行动时，才能实现进步、个性化服务和高速发展。因此，一个新的时代需要一种新的决策文化。时至今日，人们理解领导力时，不再认为它是简单地颁布决策，而是：

制定大家都支持的决策,并将操作性的决策转移到团队。

许多企业与这个目标还相距甚远。100欧元以上的采购需要拥有对应权限的经理签字,为此需要填写一张表格,很费时间,而且只允许购买清单上列明的零部件,即便网上的货品更价廉质优且能一键下单也无法替代。更糟的是,老板休假两周,他的工作堆积如山,当绿灯终于又亮起时,急需此零件的客户因为等不及早已离开了。除了内部流程处理的费用,损失的营业额高达10 000欧元。在独裁专制的企业里,这种现象司空见惯。首先,企业想要获得最好的员工,然后又管着他们,仿佛这些员工自己根本无力决策一般。史蒂夫·乔布斯就曾说过:"雇聪明的人,再告诉他们要做什么,这是毫无意义的。我们之所以雇聪明人,是要他们来告诉我们能做什么。"

> "凭借职权"做出的脱离现实的决策往往不是最佳决策

尽管管理者有必要知晓和认识很多事情,但他们并非是万能的。"凭借职权"做出脱离现实的决策往往会错过生活的真相,而这恰恰也是客户的感受:毫无激励、备受折磨。但不幸的是,老板就是喜欢限制员工的权力,这能让他们感到自身的重要性,可这是极度危险的,毕竟如今,团队里的专家才掌握核心技能,而做出相关必要决策的人就该是那名破门进球的射手。人们将此原则称为"集能力与责任于一身"。但在传统的组织中,较为重要的决策会被转移到较高的层级,但那里的人往往对具体问题知之甚少,这就好比让教练去罚点球一样不合理,成为阻碍我们成功的绊脚石。

为何不应将运营决策向上转移

• 在如今持续变化、充满动荡的经济世界里,我们需要做出的决策数量多于以往。这就意味着管理者面对着海量的决策流程,这样,即便管理者全情投入工作也无法顺利完成任务。**结论:每件事都会耗时很久。**

• 在一个不确定性大的复杂环境里,人们必须做出决策却无法评估其产生的影响和效果。此外，获取充分信息的时间也越来越长。**结论：这就导致做出错误决策，或者做决策时间过晚。**

• 如果决策权对管理者来说至关重要，那么即使确有必要，也不会经常撤回或修改决策，因为一旦这样做就会被视为软弱无能。**结论：不合适的决策会沿用很久。**

• 贴近客户的员工会先注意到那些糟糕或错误的决策，但由于存在着阶层关系和利益冲突（薪水、升职、休假申请），此类提示信息并不会向上传递。**结论：错误难以纠正。**

• 市场迫切需要的新想法（往往掌握在员工手里）并不会向上传达，或者上司为了掩盖自己的真实动机而阻碍下情上传。**结论：创新难以触发。**

• 新想法历经层层过滤：预算不允许，新想法"过于宏大"，新想法"不太适合"，新想法可能会破坏管理人员的美誉度，新想法在政治层面无法执行，新想法会因为"部门墙"而失败。**结论：错误的创新进入市场。**

• 在一个传统的部门组织里，管理者对优化自身所处领域以外的部分几乎毫无兴趣。这是因为他以达成自身目标为导向并获取相应奖励，而支持其他领域的业务并无益处。**结论：大家追求个人目标，而不去做对整个组织有利的事情。**

• 决策积压导致操作一片忙乱。当负责人身陷日常事务而无法自拔时，战略性任务很快就会被搁置一边。决策往往耗时很久，以致最终做出决策时早已跟不上时代了。**结论：企业的未来岌岌可危。**

因此，不少人反对在运营事务中自上而下地传达决策，而有一种方法可以帮助人们摆脱这一困境：组建跨领域的自组织团队。这样一来，人们就能在恰到好处的地方做出决策。所谓恰到好处的地方是指专家所在的地方，就是距离客户最近的地方，就是指出纰漏便能迅速纠正的地方。相较于任何一个远离风口浪尖的经理，团队能够更好地回答几乎所有运营方面的问题。对市场保持密切关注的人自然也会对将要发生的大事件拥有更加敏锐的感知力。

6.5 如何改善决策质量

只有在开放、尊重、信任和乐于助人的氛围中才能做出一流的决策。这就需要在经理和员工之间建立一种平等的关系，团队中的每个人都参与决策过程。当然，这并不意味着应该以分散的方式做出所有决策。战略决策具有深远的影响，并且超越了业务团队的知识范围和职责权限。这涉及对市场的长期前景以及对于财务情况的掌握。而这些对于管理一家企业而言都是必不可少的。

因此，某些决策还是应该集中在管理层，而此类决策有两个共性：稀有性（如国际扩张计划）和长期性（如技术平台的选择）。绝大多数决策并无战略意义，而只具有操作意义，因此应由各团队自行选择。此类决策具有高频率（如订购办公用品）和紧急性（如处理客户紧急情况）的特点。

此外，面对动态变化的外部世界，人们必须时刻调整和修正各种决策。凡想朝着自组织的方向奋力前行的，不妨以此为出发点。您在之前做出的某个决策会经受检验，可能会是这样的："正如您所知，两年前面对××情境时，我是这样决策的。在当时的情况下，这或许是对的。但在此期间，情况已经发生了变化，如今看来，我当时所作决策已不适宜，所以我希望大家再商议一下，如何才能做得更好。请大家不要考虑我，一起做出决策，我们想实现的目标是……"就这样，你定义了目标，然后全身而退。

在此情形下，"不要考虑我"意味着既不干预决策，又不要求

老板："你们做决策，不要考虑我。"

团队向老板汇报。至多不过是在方便的时候问问事情的进展。"让人们说，而非汇报"，叙述是平起平坐的，而汇报是有阶层之分的。人们自然不会把不会游泳的人扔进水池子里。因此，一开始就应选择风险较低的课题，而相信您也已经预料到有一件事是无论如何也不能发生的：重新回到老板的角色并推翻决策，若是如此，那一切都完了！您既然已经迈上了友好协作的自组织道路，那么即便有些决策您不以为然，也要坚守到底。此外还要允许那些您无法管控的做法出现。至多在与某些战略性考量相左时，您可以请求行使否决权。

人们往往容易回到旧病重犯的老路上。"老板，我现在该怎么办呢？"鼓励和要求大家启用新思维的管理者并不会佯装陷入孤立无援的境地。早在多年前，管理顾问威廉·安肯（William Oncken）已经用"猴子管理"（Monkey management）阐述了这个问题。这个概念是什么呢？一名员工带着待办事项去找自己的上级，以寻找某种解决方案。我们把这个待办问题比喻为"猴子"，这只聪明的"猴子"（问题）已经高高跳起并在老板那儿找到了安乐窝，还和其他员工托付给老板的"猴子"一起欢快地上蹿下跳。很快，大家不再想着如何处理自己的工作。员工当然可以带着自己的"猴子"去找老板，但最终他们还得把这些"猴子"领回去。面对这种情形，老板可以抛出的第一个问题是："在你看来，怎样才能改善这种情况呢？"，第二个问题是："如果这家企业是你的，你会怎么做？"，还有第三个很棒的问题是："在做决策前，你能找哪位同事商量一下吗？"

并非人人都爱做决策，你的员工能承担什么？

然而，并非人人都爱做决策，也不是人人都想承担责任，时至今日，老板仍在企业中执掌着话语权。更何况，有些人认为能以牺牲者的姿态出现岂不是件惬意的事！这样就可以诉苦连连而不是采取行动；就可以责怪和埋怨，把旁人拉进来并把过失推诿给第三者。当然了，人们也会惧怕犯错。所以不妨多观察和考量，瞧瞧大家究竟能在决策中承担什么。

要是眼见着会接受制裁，谁也不会主动发出倡议或有所作为。事实上，有些企业就像雷区，踩错一步就会引发爆炸。这就难怪企业里的人只是循规蹈矩，逃避决策。因此，在将决策流程转移到团队之前，我们必须改变内部的错误文化，对此我们还会在本章做详细论述。

6.6 如何提高决策速度

决策的形成可以借助很多方法，其中多数决策法和共识决策法是两种传统的方法。在多数决策法中，人们根据预先设定的多数比例做出决策，不同意的票数占比最高可达49%，这可能会引发诸多不满，同时决策也很容易经不住后期的考验。与之相对，共识决策法需要获得所有人的明确认同，这就要求人们事先开展长期的讨论，并最终就最小公分母达成一致。那么，在新时代里，我们如何才能快速决策并同时提升决策的质量呢？

> **快速决策的方法**
>
> - **咨询式个人决策法**：这是一种极好的方法，尤其是在自组织背景下。这种方法旨在将第三方的专业知识纳入决策。比如，在做出决策之前，至少咨询过两名具备专业知识（这点非常重要）的专家，而不只是随便问问同事。这些人既可以是企业内部的人士又可以是企业外部的人士，不过，最终如何决策的职责依然掌握在决策者或决策小组手上。如此一来，人们就能改善决策的根基，提高行动的可靠性并加快执行速度。
>
> - **赞成决策法**：采用这种方法可以避免来回讨论。人们不说："是的，我同意"，而会说"我并无充分理由反对"，这就是一种赞成决策法。也就是说，这不是一个最大化认同的问题，而是一个最小化顾虑的问题。换言之，人们立足于所谓"足够好"的决定，以此确保其进展顺畅。比如人们会这样问："为何这项提议可能带来损失，有谁知道原因吗？"。如果现在有人投出表示严重顾虑的否决票，这项提议就不会得以执行。

此时最好的办法是立马试验,而且是以大家赞同的形式:"就让我们先试一个月吧,如果不行再取消。有人对此表示强烈反对吗?"

• **11 格尺度法**(见图 6-3):这种方法规避了泛滥成灾的讨论,确保可在小组或会议中快速做出决策并得到所有人的支持。具体操作步骤如下:首先向大家介绍面临决策的议题,然后询问大家是否有理解方面的问题,之后向参与者抛出第一个评估问题:"对于该项目或我们的企业而言,以标注 0~10 的标尺为度量,该议题的重要性和紧急程度如何?"每个人都可匿名评价,而后将分别听取评分最低(0~4)组以及评分最高(6~10)组中的两到三条代表性意见,接着留 1 分钟时间用于冷静思考,进而继续第二轮匿名评价:在一把新的标尺上列出同样的问题。如果所有评分都位于 7~10 之间,那么采纳该议题,只要有一个不足 7 分,不妨采用赞同性提问。㊀

图 6-3 快速决策的 11 格尺度法

你的员工根本不想做决策?才不是呢,只要框架条件合适,他们就会有意愿。豪芬集团(Haufe-Gruppe)的一项研究显示,11 880 名受访者中高达 84% 的人希望对企业决策施加更大的影响。

- 77% 的受访者说:"这能增加我的动力";
- 42% 的受访者认为,这有助于改善决策;
- 29% 的受访者觉得,这样能使企业更加成功。

㊀ 基于:Richard Graf 的 *Die neue Entscheidungskultur*。

由此看来，集体决策的潜力是巨大的，也正因此，大家应该明晰，谁拥有何种决策权，各项决策是依据什么做出的，执行决策的职责又分别归属于谁。最好把所有东西都一目了然地摆出来，这样就不会有什么被忽略。

> **片块式的微观管理阻碍工作，而且非常耗时**

片块式的微观管理会在很大程度上阻碍管理人员的工作，还会造成时间压力，因此不予考虑。增加自我管控能够提高员工的积极性，而且员工还能证明自己并获得社会认可。凡是需要通过上级点头才能办事的人，是不可能收获这些的。这又会导致什么后果呢？首先，员工情绪低落，继而出现人员流失，而新人也会受到警告。

6.7 以角色取代职位，以职能取代职务

在传统组织中，某个职位以及与其对应的系列任务总是在一个人的身上捆绑出现。对于占据该职位的人员而言，其任务就是按照职位描述并在此框架内完成分配的工作，他就因此拥有属于自己的工作职位。发布招聘信息后，具备相应的必要技能的人经由某个预定的招聘流程被企业录用，进而接受入门培训并熟悉职位。如果该职员拥有的一些技能在所处职位上并无用武之地，那么企业就失去了这些技能，创造业绩的珍贵潜能也就化为乌有。如果职位需要某些技能但该职员并不具备，他就要努力习得。这样做就意味着：让人去匹配职位，而非为职位找匹配的人。

与此同时，职位也定义了隶属于其的职责领域，大家不用关心职责之外的东西，这就是既定事实。职位是该职员在某个组织结构中所处的位置，同时也描述了上下等级关系。如此一来，企业中的职位往往比职位背后的人更重要。

人们会对佩戴在西装上的勋章以及悬挂在办公室门上的职位牌表示崇高敬意。如果一个人失去了这类被称为"权力之仗"的外部符号，也就失

去了自身的重要性，变得一文不值。

与之相反，现代组织谈得越来越多的是角色，而这与某个具体的人并无紧密的联系。这样一来，人们就能根据持续变化的情况更灵活地对任务进行分配，而老旧的组织则会以一句"这并不在我的职责范围内"敷衍了事。

> 与职位相反，角色并不会与某个具体的人挂钩

角色的概念是建立在优势之上的。各角色为隶属于该角色的系列任务承担职责。所有者负责属于其角色的任务包。允许和不允许该角色做的事情都在协议中有明确规定。例如，可能存在"定价经理"这样一个角色，他有权对分配给自己的产品设定价格。这些角色的扮演者往往会给自己起讨巧的名字，比如内容魔术师、星际总裁、客户关怀英雄、IT世界大师、首席幸福官、社交媒体修行者。如想呈现技能水平，不妨在角色名称前加上初级人员或高级人员。

角色扮演者最好能够对自己的职责范围做出描述。通过与角色关联的自我反思，他就能以整体环境为背景更加清晰地认识自身工作的意义，责任感也得以增强，动力、事业心和生产力进一步提高。下列问题适用于此：

- 我的任务是什么？我对企业的具体贡献是什么？
- 为了客户利益，我可以在哪些方面开展合作？
- 我的同事需要我做什么？我又需要同事做什么？
- 是什么阻碍了我的工作，我该如何改变？
- 我如何才能进一步改进自身工作？为此我需要学习什么？

一个人可以承担多个角色并同时在多个项目团队中工作。此外，一个角色也可被临时占用。这样一来就能更好地平衡工作高峰，也能满足短时期内对于某些技能的需求而不必立即雇新员工。那么角色是如何分配的？去中心化的组织为此创造了角色市场，个人可以从中为自己选择某个合适的角色，或者团队为成员选定某个角色。如此一来，很有可能会出现能者各居其位的良好局面。

那么，在此类情况下，人们仅仅是根据自身喜好进行选择的吗？绝非如此！不妨回想下你的学生时代，要想在团队运动中赢得比赛，大家会把最优秀的成员选到自己队里，而视运动类型差异，被选的对象也各不相同。如果参加某项户外活动，在森林里迷路了怎么办？当然是那个协调能力最好、头脑最冷静、最自信的人率领团队回到安全地带。人们很清楚，谁才是某种特定情形中的最佳人选，这就产生了自然的等级制度，而制度化的权力等级制度在传统企业中"一统天下"。为了维护权力，这样的权力相互支持，它们喜欢保守秘密并追求一己之利。

和体育运动一样，在企业环境中，如果某个角色扮演者不再适配自身的角色，就应辞去这个角色，或者由团队剔除，这种做法不仅适用于"普通"员工，同样可适用于领导者。在某些组织中，部门领导者甚至连首席执行官（CEO）都是经员工表决选出的，在其后的某个既定时间点，他们得以续任或被调走。㊀ 这一开始听起来有点奇怪，不过细究一番，这种做法的益处非常明显。只要想被选上，就要拿业绩说话。决定人事去留的关键问题在于："面临眼前的重重挑战，谁才是能够胜任的最佳人选？"如此一来，客观问题就凸显至台前。

以角色和职能，而非职位和职务为切入点进行思考的模式很有意思，这背后还有很多别的原因。例如，在传统体系中，人们不得不反复询问上司是否会放弃"他的"某位员工。在很多情况下，出于客观原因，这样做是安全的，但往往又会由于竞争关系而遭受失败。如果愿意将自己的"最佳下属"出让给别的部门，使其最终取得丰硕业绩并斩获桂冠，相信谁都不会采取那么愚蠢的行为。好吧，企业里不可避免充满了内部竞争的思维。

6.8 老式和新型的项目工作

在既有组织中，项目往往不受欢迎，因为人们不得不在工作之外额外

㊀ 详细信息参见赫尔曼·阿诺德（Hermann Arnold）的 *Wir sind Chef*（《我们是老板》）。

完成此项任务。通常，员工被分配到一个项目中，因而只是被迫参与，这极度不利于目标的实现。此外，即使项目已经毫无用处，人们还是不得不继续维护并持续开拓，或者尽管它有用处，却因为这是前任发起的项目而被新任老板喊停。无论投入了多少资金，现任老板掌握了当下的话语权。再或者有些项目本身是否有意义不确定，但由于受到个别经理的钟爱就能得到优待。

传统项目根据瀑布原理分阶段预设，人们按照时间顺序加以处理，这对于不需要适配调整的常规流程而言仍然适用。而在其他情况下，这就显得太慢了。多如牛毛的审批流程和烦琐冗长的裁决将耗费大量的时间。经常性的协商以及专业部门之间的转移会引发误解并造成摩擦损耗，而当最终结果终于出现时，它早已落后过时了，或者远远跟不上高速的竞争。

遵循瀑布原理计划实施的项目往往进展过于缓慢

相比之下，如果采用敏捷方法，项目从头到尾都由一个跨领域团队负责。借助客户反馈，结果会由迭代步骤自行生成。这就意味着，你能以更低的成本更快地进入市场，产品质量更好，客户满意度也提高了。此外，做出承诺的团队能在后续项目中更紧密地团结在一起。与之相反，传统项目组每次都是重新组建的，由此总会重复经历所谓的"破冰阶段"和"风暴阶段"，也就造成了大量时间的浪费。在新型项目工作中，创新的想法被放入项目市场中，这就意味着，它们会被罗列在一份清单上并相互竞争，也正因此，受到青睐的并不必然是那些中央当局提出的，而是那些预示着最大成功前景的项目理念，因为只有这样的理念才能解决客户的燃眉之急并/或铺平通往未来的道路。具备相应技能的员工将被分配到某个与之匹配的项目中，这就确保了最优的人员配置，而自觉自愿以及对于课题的兴趣也能给员工增添额外的动力。

应用在新型项目及流程管理中的工作工具是怎样的呢？早在21世纪初，数字经济就已表明，传统的方法和工具速度太慢，不够灵活，效率不高，生产力低下，而且从客户视角来看，其结果也不理想。这就促使人们迅速找出新的方法，以便事项推进变得更迅速和敏捷，同时还能改进工作流程。而且相较于传统企业，初创型企业恰恰能在这些方法中展现出明显的优势。鉴于这样的工具是众所周知的，我们在此仅列举其中最重要的几项：

- 设计思维（Design Thinking）；
- 迭代式增量的敏捷软件开发（Scrum）；
- 看板管理（Kanban）；
- 快速原型（Rapid Prototyping）；
- 黑客马拉松（Hackathons）；
- 商业模式画布（Business Model Canvas）。

这些敏捷方法的共同点在于，专业知识优先于等级阶层。关键点不是谁是什么职位，而是谁能做什么，实质性的技能胜过职位权威。这就意味着：一个想法之所以被执行，并不是因为它是老板下达的指令，而是因为所有人都认为它具备价值。决策是大家在水平层面共同做出的。将各类活动和工作进展写在彩色便签纸上并张贴在公告板上（见图6-4），整个企业都清晰可见。这样一来，大家都能随时掌握工作内容，而且也能抵制"社会惰化"，即团组中的懒汉。例如，在拔河赛或划船赛中就有这样的人，但接力赛跑中就没有，因为接力赛跑中会显示每位选手的用时。

等待中(waiting)	将要处理(to do)	办理中(doing)	已完成(done)

图6-4 公告板：将必须要做的事情写在彩色便签纸上并钉在人人都能看到的相应栏目中，并根据进度调整位置

上述方法早已被广泛应用于各种行业，并且在各行各业支持着自组织化的工作，即便在领导和董事会办公室里，这些方法也已找到了自己的一席之地并在那里创造了更多的灵活性。然而，面对中央操控的层层阻碍，加之缺乏理解或支持，这些方法依然常常应用失败。

6.9 职业道路：梯子还是攀岩墙

任何质疑领导力的人，当风暴袭来时都会觉得理所当然。统治者不会煽动革命，而代理领导人长期以来一直在努力争取地位以及与之相关的特权。没有人愿意将自己的位子拱手让人，那些会失去很多的人将坚守现状，就像保护宝贵财富一样捍卫自己的权力。维护既有权力和自我保护完全合乎情理。因此，有权有势的人只是假装想要改变什么。在现实中，他们会拉上手刹开车，然后找各种理由不松开手刹。

此外，在传统组织中还有一种根深蒂固的思维方式，即职业生涯等同于层级晋升。通往高层的道路总遵循着某种发展规划，但用放大镜观察，这其中却有许多自相矛盾之处。高高在上者就是为自己服务，在某种程度上，只要"高高在上"，就不会被忽视。无论是否有能力做出更多贡献，这都无关紧要，即使不适合升职，你也很难拒绝。如果常年供职于企业或在专业技术事务上取得了良好业绩，就会获得从事领导工作的奖励，如此一来，有些人就会为了获得更高的报酬而放弃自己原本擅长的事情，反而去做那些自己不太擅长的工作。但不幸的是，无论是专业扎实的行家还是高调的自我吹捧者都不是好的领导人，拥有学术头衔的人亦是如此。在许多企业里，尽管这些人在大学里的学习几乎毫无用处，但他们似乎自动就被赋予了管理者的角色并承担了领导工作。

这样的晋升政策也会影响人生规划：人们会为此做好准备。如果取消等级制度，那就需要提供其他的职业选择方案，若是没有，那么经理们自然就会阻止改变。这是一种两难困境，而具有角色灵活性的攀岩墙式职业则提供了一条出路，这种模式还能防止职位的错置。这是如何运作的呢？

有时他是一个团队的领导者,有时是一个项目的负责人,有时是一个流程的负责人,有时他在某个专家组中工作而不承担任何领导任务。

若是取消领导角色,既不会令人感到尴尬,又不会导致整体的解散和弱化。此类举措也不会被视为退步,而是一种横向运动。专业性职业和管理性职业平起平坐,管理性职业作为"天花板"的预设职业道路也就不复存在,而这也就避免周旋于高层和底层间的"三明治"位置。对于个体而言,这种做法往往能减少压力并带来更多的自由,而这在员工无法适应某种领导时表现得尤为明显。

如果取消等级制度,那就需要提供其他的职业选择方案

人们也不再认为管理性职业就是更好的选择。一旦引入了攀岩墙式职业,员工就有可能灵活地转回专业技能性角色。这是非常明智的,因为对顶级专家的需求越来越大。优秀的专业技术人员并不只能攀爬职业阶梯追求晋升,他们有机会在宽松的环境中接受新的挑战。专业性职业与管理性职业地位相当,这样一来,优秀的人不必非要领导别人才能前进。

事业的阶梯代表着理想的职业,但爬得越高,摔得越痛。当你的地位越高,那就意味着虽能赢得很多,但也会输得更惨。所以人是脆弱的。与之相反,在攀岩墙上,一旦陷入不可逾越之境,就能选择一条崭新的路线。你可以重返坚实的地面,继而重新启程。无论选择哪条攀岩路线,你都可以借助之前的经验教训更加迅速地确定下一条路线。

在如今时代,变化已成为日常,智能机器的进步不断催生新的需求,因而这种迭代方式是一种更好的选择。在这方面,要想确保企业有适应未来的生存能力,攀岩墙式职业已然成为人们迫切需要的基石。

许多富有潜力的年轻人也不再向往传统的职业阶梯。当然,千禧一代也期待成就事业,只是方式不同罢了:他们会追求丰富的职业经历,关键在于不尽相同。对他们来说,纯粹根据工作年限或年龄来获取报酬或晋升是不可理解的。这一代雄心勃勃的人才希望根据业绩来接受测评、获取报酬和得到晋升。

6.10 重新思考目标体系：目标与关键成果法而不是目标管理法

要想促成跨领域的合作，必须建立合适的框架条件。传统的目标设定方法和经典的激励模式恰恰对此造成了障碍。在此背景下，彼得·德鲁克（Peter Drucker）早在 1954 年就提出了目标管理法（Management by Objectives，简称 MbO）。人们下达命令和采取控制，其出发点在于，只有借助"胡萝卜加大棒"的方法自上而下施加压力，才能促使员工达成顶尖业绩。其中的"胡萝卜"指人们通过乖乖完成自身目标而获得的奖金、补贴、红利、加薪、职业晋升等，而大棒则指人们因未能达成目标而遭受的各种形式的损失。科学早已在无数的研究中证明，外在的激励因素对于知识工作者而言并不起作用，金钱甚至会阻碍人们好好工作，因为这会引导大家聚焦于那个诱饵。㊀

传统的目标体系是基于年度计划制订的。为此，大型组织机构每年秋天都会陷入一种被称为"预算阶段"的僵滞状态。在此期间，日常业务挤占了大部分空间，伴随着各种推诿和讨价还价，在费时费力的微调中，人们预设了目标，进而拆解推算成季度和月度、部门和团队及个人目标。在高尚的愿景引导下，人们对未来押注，然后要求精确落地——这简直荒谬至极，挥霍大量精力和耗费大把时间，而在如今看来几乎毫无用处。

要想操控不可预见的事情既不可能又纯属徒劳，未来并无计划可循。无所谓，反正不是改变计划以适应现实，而是改变现实以便适应计划。就这样，两者间达成了妥协！于是人们不再努力寻觅真正的机会，而是为了命中目标数字而玩弄各种花招手段。不足的数额被人为补足，过度的资源被浪费，还设立了臃肿的目标业绩官僚机构、劳动力密集的报告机制和定

㊀ 阅读丹尼尔·平克（Daniel Pink）的 *Drive. Was Sie wirklich motiviert*（《驱动器：真正激励你的是什么》）。

期管控体系。在年度绩效考核时才会进行综合决算：好吧，事儿就多了！对计划偏差作细致入微的分析，做有失体面的长篇大论式的辩解，到处寻找背黑锅的替罪羊，都是司空见惯的事。

传统的目标体系无法奏效，因为未来并不遵循计划发展

此外，很难将自身目标与同事、其他团队以及相邻部门的目标横向协调，这之间甚至会产生竞争，现在发生的事似乎也就显而易见了：内部人员相互对抗。目标联盟应运而生，到处都是诡计多端，甚至连逾越道德界限的事都能被人容忍，"只有这样，数字才是正确的"。首席执行官们（CEO）为了给自己树立丰功伟绩，不惜把自己的企业打入地牢，这种情况并不少见。只要仅仅将数字设定为目标，那么人性就会在企业文化中丧失。

如果仅受效率驱动自上而下地发布各项目标和计划，而且只在形式上与员工协调，那么员工就会对事业缺乏关注和激情。在处理模式中，必须遵照"按目标、按预算、按时效"完成待办事项，做到既不多也不少（"我已经完成了应该完成的份额！"）。那些在评估中得分并因遵循预定义程序而获得认可的人是永远不敢尝试新鲜事物的。个人目标、全面控制、计划束缚以及对考核指标的狂热崇拜，这对于创新而言，是一种恶劣的外部环境。

与之相反，由半导体制造商英特尔（Intel）联合创始人安迪·格鲁夫（Andy Grove）发明的名为 OKR 的概念则追求共同目标和共同成功，其中 OKR 代表目标和关键成果（Objectives & Key Results），它并非探讨某个形式上严格的流程，而是一个可以根据企业环境灵活调整的框架结构。通常人们以一年为设定目标和编制规划的期限，但这会受到现实的碾压。与此相反，OKR 将此期限缩至 1~3 个月。于是，人们能敏捷而灵活地适应周边环境，这就带来了极富活力的创新。

- **目标**提供了鼓舞人心的方向，这一点很重要，因为任何想到达目的地的人都必须知道旅程的方向，而这恰恰是自组织团队需要的定向点。

- **关键成果**提供了焦点，它们把目标的关键成果转化为具体的数字，其中每个目标都应有三个可被测量的成果，而该成果由团队指定。

目标是梦，因而是定性的；成果是有形的，因而是定量的。目标和关键成果（OKR）本身及其进展都被记录在一个数字化或实体的状态板上，这样人人可见，团队内部也可对此加以讨论。一切都由团队负责，不同于传统案例，在OKR中，目标并非自上而下颁布，同时成果也并非自上而下展示。此外，目标和关键成果也与工资无关，且不受激励，因而这并非外在，而是内在的动机。团队可以借此赋予工作重要的意义，并做到以客户为中心。

> 目标和关键成果（OKR）并非外在，而是内在的动机

目标和关键成果（OKR）不仅适用于个人、团队和部门，同样也适用于整个企业，所有员工都能为之做出贡献。以下列问题为例："在下一季度，企业应该关注的三大主要目标是什么？"大家将从各种答案中找到合适的目标并明确优先等级，由选定代表组成的专家组确定相关可测量的关键成果。这些成果固然颇具挑战，但并非无法实现，人们可以从中推导出各个团队的目标和关键成果（OKR）。召开联合研讨能确保每个人都知道并支持他人的各项目标，每周都会有简单的进度更新。每过一个周期（为期1~3个月）都会召开一次讨论进度的会议，以此定义成功和需学习的领域并加以交流。

一旦完成70%~90%的既定目标，目标和关键成果（OKR）就被认定为达成。这创造了一种积极向上的氛围，既为超额完成任务提供了动力，又为即将出现的机会创造了空间。既定周期结束时将重启该过程，循环往复，相应的预算也将在达成相应目标时，以滚动方式更新公布。你并不能简单地一次性拿到一年的收入，只有每次都证明自己，才能重新获得金钱奖励。已然实现的目标不再纳入员工考评，也不再与奖惩制度挂钩，而更多地被视为学习的成功。除了生产力显著提高之外，这也创造了一种强烈的团结感，而在强调合作的新型企业环境中，这一点正变得日益重要。

6.11 糟糕的薪酬体系将导致什么后果

这一点很容易理解：一旦共同取得成功，人人都将获得报酬。这可以增强凝聚力，人人都觉得自己有义务为共同的事业尽心尽责并尽自己的最大努力，而友谊作为一种内在的联系也就应运而生了。敏捷软件开发（Scrum）也是同样运作的，作为一个整体，Scrum团队有义务完成一项任务。即便因为某个成员的问题导致整个项目的失败，那也意味着整个团队没有成功，没有达成既定目标。正因此，每个人都极度渴望获得成功并互相支持。一再的表现不佳会增加社会压力。

老派企业中的情况迥然不同。少数被选中的人会根据个人表现获得奖励，特别是管理人员和销售人员。但事实上，孤立的成功早已不复存在。一旦员工觉得奖金分配没有公平可言，其努力工作和通力合作的意愿就会降低。只有受到奖金激励的个人战士单打独斗而其他人都死气沉沉，如今的企业已无法承受这样的模式。就此看来，但凡企业希望获得共同的成功，就不能执行具有选择性的激励体制。

几乎没有任何一项管理工具会像单一目标奖励制那样造成如此巨大的损失，它固化了筒仓思维，助长了一己之利，催生了自私贪婪。是的，没有人会单纯考虑企业的利益，大家都追求个人目标，这些都关乎权力、名声、威望和职业选择——因而基本上关乎个人对于存在感的恐惧。激励操控行为。那些为短期成功付出代价的人总是抱着希望后面的人遭殃的心态，或者为了不浪费自己的业绩，你会满心期待地等待下一轮激励方案。

更糟的是，当金钱问题成为焦点时，风气就会衰败。他们不仅篡改季度业绩以取悦投资者，还根据自己的可变薪酬操纵数据。人们篡改季度业绩不仅是为了取悦投资者，还是为了操纵自己的可变薪酬。"上头"做出的榜样自然会向下成倍传递，大家会按照"上头"的意思推延。为了达成奖励目标，人们不择手段，售卖不当的东西，客户遭受剥削。这样的企业其实是在"鼓励"狡猾、谎言和系统欺诈行为。

举例而言，在某家连锁医院中引入一种新的关键数值体系。如果患者通过净推荐值⊖ 表明自己无痛，就会得到一笔特别补偿金。任何头脑正常的人都能想象到这会引发什么问题。最后，卫生部门介入了调查。

或者再让我们看看购置汽车后的系列调查，被调查者将根据结果获取激励。这就意味着有钱就能买到好成绩，后果如何呢？员工们仅仅关注能帮助自己实现增收和提高排名的东西，于是会恳请客户给出正面评价，甚至往往会事先塞给客户一些小礼物。之后，大家都学会了一点：耍花招、欺骗、伪装自己的人都名列前茅，得到表彰并得到现金奖励。汽车行业其实早就知道这是彻头彻尾的大骗局，但却无人阻止。这是为什么呢？套用一位业内代表的话说："因为大家都这样做。"

6.12 替代会谈的其他选择：日报和回顾

在大型组织中，人们始终习惯于"遵照清单领导"，把"下属"贬低为一种流程，员工年度考评是一种消极的"加冕仪式"而且早已过时。在某些情况下，双方都必须绞尽脑汁完成多达 20 页的表单。企业对世界各地员工提出的每个问题都一模一样，压根没有考虑到员工个体性差异以及文化和地域的不同。有一幅著名的漫画对此做出了生动的诠释：画上有大象、猴子、鸟、蜗牛和鱼，站在它们中间的人得到指示："公平起见，这里的每一位都要完成同一项测试任务：爬上这棵树！"可以说，没有什么比这种竞争更不公平的了，因为物种各不相同。

员工年度考评可谓是一种消极的"加冕仪式"

因此，个别会谈应该有因人而异的特征，需要具备规律性以及现实相关性，这就意味着：即时反馈，以便在必要时刻做出迅速改变。年轻员工希望得到企业的实时反馈。"我要知道自己的评分，现在就要！"任何玩网络游戏的人都习惯于犯错，并在各自的社区中就此交换信息，而这很有益处，因为一旦所有人的水平都

⊖ NPS，Net Promoter Score，指计算某个客户向其他人推荐某个企业或服务的可能性的指数，是管理界非常流行的一个指标。——译者注

共同提高了，游戏就会变得更加有趣。通过持续不断地反馈，人们将突飞猛进，也将庆祝由此取得的成功。这也会在现实生活中产生强烈的精神鼓舞，它能激发动力并焕发能量。基于这样的知识与反馈，还要进行年度考核的面谈吗？简直糟糕透了！

随着自组织的日益增强，等级特征鲜明的讨论转变为开放式团队对话，其中贯穿着持续不断的反馈。正因此，团队中每个成员都必须训练自身的沟通技巧。它的显著特征是相互尊重、开放和严谨。传统企业里整日召开那种官话连篇的冗长会议，这完全是在浪费时间。新的工作方式也培育了新的会谈形式，比较出名的是敏捷开发（Scrum）中的结构化日报。在许多情况下，这种方式也适用于传统团队和项目合作，甚至可以取代部门会议。所谓日报指的是站在任务板（如看板）前的简短晨会，最好定时定点举行。每位与会者大约有两分钟的发言时间，内容集中于下列问题：

- 昨天或自上次会谈以来，我已经做了些什么？
- 今天或至下次会谈之时，我将做些什么？
- 什么阻碍了我的工作，我在哪些地方需要帮助？

我们必须将阻碍工作的事物公之于众并迅速处理。为了确保工作顺利向前推进，现在就要做出一些必要的决定。这里并无过多的讨论，就算确有必要，辩论也将在事后进行。房间里挂有时钟，提醒大家遵守时间纪律。其实日报并非一项剖析式的活动，而在于客观呈现工作的进展。

日报要将阻碍工作的事物公之于众

另一个 Scrum 的原始元素是回顾（复盘）。在此元素中，人们可以在为期 2~4 周的时段内以恰到好处的节奏对合作进行反思，并思考如何才能在未来做得更好。正如其他敏捷方法，可视化管理也大有所为。要想开启"回顾"之旅，聪明的做法是在最初就抛出一个"安全性问题"："以 0~10 为尺度打分，你认为自己在这一轮中能够在多大程度上自由发言？"最好在绘制时将刻度隐藏起来，这样一来，参与者就能在不受他人影响的情况下贴上事先准备好的彩色便签。

无须过多的解释，这种刻度尺打分式的提问能够很好地将感受到的状态予以可视化呈现。相较于"好"或"差"的分类式评价，它能清晰勾勒出灰色地带。如果分值小于 8，就必须首先聚焦和处理此类问题。根据管理专家思文佳·豪福特（Svenja Hofert）的说法，不妨借用气象学图片创建一份情绪拼贴。⊖ 之后，每位参与者都可公开回答下列问题：

- 什么运作良好？我们已经达成自身目标了吗？
- 什么运作不佳，其原因何在？（保持建设性！）
- 我们如何进一步改善工作流程？

无论如何，本轮都需要一名主持人。每个人在回顾会上都有发言权，小组设计提出改善性方案，大家共同区分优先级并使其清晰可见。直至下一轮回顾前，所有决策均处于试验阶段。在此之后，只有经全体共同商议，方能决定是否继续前行。未来，人们如何才能优化"回顾"这个环节？要想探究这一点，那么对回顾本身也要加以反馈。回顾的流程应有所变化，增添一些趣味性，这样就能使大家更有兴致，整个过程也不会沦为无聊的例行公事。关于敏捷会谈的形式，您可以在网上找到各种好的建议。就战略性回顾而言，一年举行 2~4 次最合适，其中还包括滚动式推进的目标计划和预算计划。

6.13 错综复杂的时代必须构建容错的学习文化

近些年来，人们大肆鼓吹说，就连传统企业也终于开启了"容错文化"。那么，到底有何改变呢？如果未达成目标、计划和预定指标就会遭受惩罚，这将是行不通的。冒着风险指出错误？就算大家都鼓励这样做，但是出于自我保护的考虑，任何人都不会站出来。其结果就是：同样的错误

⊖ 参见索尼亚·霍福特（Svenja Hofert）的 *Agiler führen*（《敏捷领导力》）。

一再出现，大胆创新根本无从谈起。

为了能够营造一种容错的学习文化，人们需要一种所谓的"心理安全感"。"完成比完美更重要"或者"有足够的安全感去尝试"：年轻企业界的此类标语最适用于此。宁可进行各种试验、检测、校正，都好过等待完美的到来，因为这世上本就不存在完美。严格遵照定义来说，任何一项决策都面临失败的风险。如果周边的环境错综复杂，面对的未来不可预知，那么时常犯错也将成为常态。人力开发专员乌苏拉·弗兰肯（Ursula Vranken）这样描述道："如果一切都持续变化，那么昨天尚且正确的事物，今日很有可能已然错误。"即便今天堪称完美的产品，明日可能就会过时，因为总会出现更好的东西。

要想以容错的方式开展工作，首先要研究错误产生的背景和环境并加以区分。对于生产或安全领域可能导致严重后果的错误，自然必须要求零缺陷。当然，每个客户都希望体验产品无故障的卓越性能。与之相反，在上游开发和下游优化阶段则更需要包容错误。恰恰因为没有遵照计划执行，许多具有开创性的发明才能应运而生。数码产品的更新迭代永无止境：它们首先以测试版的形式现身市场，继而借助用户持续完善。遵循惯例执行工作时适用一条准则：可以犯错，但仅限一次。由于粗心大意而一再犯错需要提出警告。故意犯错则应予以制裁。有一点尤为重要：初学者应当被允许比老手出现更多的错误，没有人可以做到一起步即完美。

人们往往仅将科学工作中的错误称为缺陷，而缺陷总是在所难免的，这同样适用于研发的过程，只有这样才算是踏上了精进之路。人们总会尝试各式各样的东西，这个过程就绕不开试错。另外还有一个问题：隐藏在这个错误背后的问题是简单的、略微复杂的还是错综复杂的？面对略微复杂的问题，流程可以通过设置固定做法日趋完美，而面对错综复杂的问题，照搬固定做法就行不通了，除了框架条件，还需要获得试验场所和自由路径。

此外，在针对错误反馈展开讨论时，谨慎选用词汇也很有用。"打个比方说，你可不能像快打湿抹布一样从对方嘴里套出真相，而是应该向他递出一件斗篷，方便他溜进去。"这句至理名言出自作家马克思·弗里施（Max Frisch）。谈到一次过失、一个错误或某次初体验时，不要那么严厉，最重要的是要有所差异。如果找到了恰当的措辞，你也更有可能意识到哪里出了问题，继而尽可能消除损失。我们也可以用下列词汇重新阐述错误的含义：疏忽、学习机会、试运行、挫折、弱点、初期困难、忽视。此类表述可以让你免遭挫败感打击，也能让出错情有可原。

> 世上本无十全十美者

不经历犯错不可能进步，只有什么都不做才能确保零错误。这就是进步的代价，而对于错误的负面看法将把创新扼杀在摇篮中。从不犯错的人也无法找到新的路径。正因此，对错误遮遮掩掩或强制消除，这种做法并不合适，我们必须避免。开诚布公地谈论错误能够阻止新的错误发生。迅速从错误中学习，这不仅能提升专业水准，还能帮助员工免于反复经历失败，否则他们将对自己丧失信心。

Spotify（全球知名流媒体音乐服务平台）创始人丹尼尔·埃克（Daniel Ek）表示："我们希望比其他人更快地犯错。"面前竖着"错误之墙"，每个人都能清楚地看到最近所犯的错误以及从中习得的经验教训。有些人则会把下面这点放到会议议程中："我曾有过哪些经历值得与大家共勉？"于是乎，每个员工都能立即知晓：我们再也不会重演同样的事了，整个团队也就向前迈出了一步。如果在内部开展此类活动，就有必要设立一个受保护框架，以便能开诚布公地将一切事项摆到桌面上。每听到一个故事，就能帮助在场的其他人避免重蹈覆辙，而这样一种透明制度还会鼓励人们更有勇气去犯错，从而最终取得更好的成果。其实德语中的"失败"（gescheitert）一词可谓妙哉，其中恰恰隐含着"更加聪慧"（gescheiter）的意思，这就意味着：

| 轨道模型：
| 9步打造适应数字化未来的组织架构

任何一次失败的尝试同时也是一次知识的收获。

"我们遭受的失败恰恰是财富，有时甚至是真正的财富，因此我们必须冒着生命危险去发现它们并与他人分享，以体现对其价值的珍视。"法国哲学家查尔斯·佩平（Charles Pepin）在其著作《失败之美》(the Beauty of Failure)中如此写道。他将谷歌称为"试验机器"，并表示，失败的次数、创新能力和企业实力之间存在密切联系。在谷歌的母公司 Alphabet 的 X 创新实验室里有个被称为"亡灵日"（Dia de los Muertos）的日子，在那一天，所有未予实施的项目都会被愉快地埋葬。这个概念是由来自柏林的欧比·菲尔顿（Obi Felten）引入的，她自称"现实世界的登月队长"并表示，要想建立拥有数十亿用户的商业模式，失败文化是一个必要条件，同时还指出："人们必须首先攻破那些困难的问题。"⊖

菲利普（Philipp）是亚力克斯（Alex）在软件业的老熟人，他和所在团队是这样做的：每一次发布，即某个产品版本首次亮相时自然会生成大量错误。一方面一些客户压根不会注意到的小错误会影响效率，另一方面可能会出现重大失误，从而引发客户申诉并索要赔偿。不过，菲利普手下的每个人都能信心满满地把自己与他人识别的错误加入错误列表，而不是让各种错误变得一团糟。这样一来就罗列了好几十个问题点，到了自组织的回顾周会上对此清单进行评估，这能帮助团队避免在未来犯错。只有通过共同分析个别错误并找到解决方案才能达到这种效果，而这种高效率学习有助于快速改进产品并使其在竞争中脱颖而出。

整个团队都为避免了未来的错误而大力庆祝

网络给大家交流想法提供了平台，这能帮助人们交流错误，从而提升专业水准，而不同的观点能让我们更容易克服错误，甚至避免错误的发生。此外，积极的错误管理还意味着：错误以及相关的解决方案被记录下来，它对那些想要从中学习借鉴的人而言是透明的。此外，人们还将对其进行统计评估，

⊖ 来源：*Wirtschaftswoche* 17/ 2018。

（但愿）只有一个团队成员犯下此错，无须一遍又一遍地制定改进措施。

你肯定也会自问，哪些内部结构和流程有可能导致个人的失误？因为错误往往是个人化的，即与某个人联系在一起，但如果"张三"或"李四"是罪魁祸首，那么组织本身就无法从中学到任何东西。如果大家一开始就不寻找替罪羊，那就不会出现追责场景，既耗时费力又不会产生任何结果。Allsafe 公司的老板德特勒夫·罗曼（Detlef Lohmann）这样解释道："仅当压根不存在追责问题而且无人充当过错方时，人们才能找到根源并继而找到解决办法"，这意味着，员工可以完全免除问责。这样一来，恐惧就消失了，头脑也重获解放。

6.14　概览：新旧管理工具

本章明确了一点：崭新的商业世界涌现出新型的管理工具，而大量传统的管理工具必须给其让路。只要控制系统维持老样子，那么在运作层面引入新的组织形式基本毫无用处。要想触碰未来，就需要在工具箱中放好合适的工具。新的企业界可以运用的一些重要的管理工具，我们概括如下：

旧世界	新世界
传统的目标管理法，MbO	OKR（目标与关键成果法）
年度预算法	滚动式预算法
员工年度考核	经常性回顾
个人激励体系	团队和集体奖金
传统的职业规划	"攀岩墙"式职业探索
一成不变的岗位描述	灵活的角色描述
年度满意度调查	敏捷的员工调查
自上而下的决策	共识、协商的个人决策
瀑布式项目管理	Scrum 和其他敏捷方法
零缺陷文化	容错的学习文化

我们目前尚未谈及员工调查这一点，在此简单论述一下。在有些地方，一年一度的满意度调查仍很普遍，鉴于这些调查都是基于过去的模式，又极其迟缓，不仅花销巨大，而且毫无价值。此类调查往往要耗费长达数月的时间，与之相应的，明明是迫切需要采取的措施也常常被拖延。然而，导致出现这种情况的主要原因在于事先设定了问题，凡是未能落在此范畴的问题就被弃之不顾。要想真正找到什么东西能驱动员工，就必须让他们有表达的权利，但事实并非如此。要是问起来，相关负责人就会这样说："这些答案并不符合调查报告中给出的条条框框，也无法与上一年度的结果相比较，"他们追求的并非员工的利益，而是企业的利益。要想直抵未来，就必须向前眺望，立马找到改进的着手点并迅速做出反应。要做到这一点就需要采用能够实时执行的敏捷调查法。⊖ 举例而言，可以借助相应的线上工具调查当下大众的看法和观点，此外，你也可以关注雇主评价门户网站上的评分，这是一个完美的预警系统。

针对表格中的其他要点也可进行深入阐述。为此，我们特意在本书末尾处列出一份详细的参考文献。

⊖ 参见安妮（Anne）的书：*Das Touchpoint-Unternehmen*（《触点公司》）。

第 7 章 合作机构的作用场

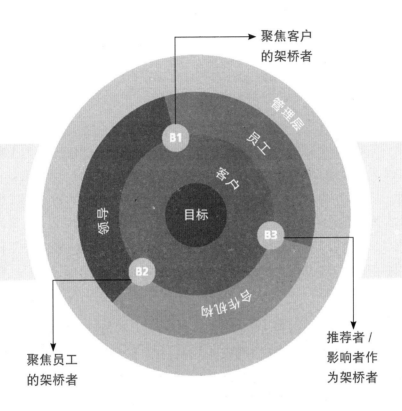

在数字化的经济世界里,行业的边界正逐渐消失。传统的竞争正让位于日益壮大的生态系统。此外,市场准入门槛正在消失,要想获得竞争优势,凭借的不再只是市场领导力,还有针对特殊的客户需求提供个性化的解决方案。在由各个小单元组成的联合体中,人们作为一个整体灵活敏捷、能够适应不同的环境。企业也改变了对其竞争对手的看法。为了向客户提供全方位的服务,他们也成为合作伙伴。在生态经济中,B2B 和 B2C 之间的边界正趋于模糊。直接联系终端客户的方式催生了新的商业模式,这给很多方面带来了明显的益处。无论涉及什么领域,迅速敏捷、适应能力和数字化已经成为普遍的课题。

除此之外,诸多传统企业已然意识到,如果沿用老旧的结构而不做出改变,那便几乎无力快速创新并实现突破性的颠覆。我们一开始就对"两面讨好"(Ambidextry)有所接触,而这对传统的研发(R&D)影响尤为突出,因为在通常情况下,它遵照严格的指导方针运作并受到内控人员的严密监视。因此,我们必须将创新转移到外部,其中那些雄心勃勃的年轻公司犹如灵活的小艇,可为企业所用并成为它们通向未来的商业伙伴、转型助手以及架桥者。

长久以来,全球早已掀起了设立技术中心的热浪,其中各大高校、科研机构、初创型企业以及各类投资人早已与企业合作共事。不少企业缺的主要就是数字竞争力,而这恰恰是必不可少的,大家意识到这一点时已为时过晚。有鉴于此,人们越来越多地从外部购买那些在短时间内必须获得的数字知识和技能。甚至连热心的客户也会积极参与到创新中来,我们后续将举例说明。

在本章中,我们将着眼下列几点探讨创新外包:

- 创新实验室;
- 初创型企业;
- 分拆;

- 众包；
- 开放创新。

对于大型企业而言，提供外包服务的首先是较大规模的创新实验室或初创型控股公司，而对于无法或不愿承受高昂费用的中小企业而言，与个别初创型企业进行企业分拆是比较合适的办法，而众包与开放创新则对经济界的所有参与者都具有吸引力。

7.1 创新实验室：未来企业的典范

传统组织架构在面对快速创新、数字化战略以及新型商业模式时，暴露出来的种种缺陷促使越来越多的企业开始与各类创新中心开展对接，或是成立企业自有的创新实验室。企业自有的实验室展现了初创模式中的研发和开拓精神，这些实验室在物理空间上与母公司是分开的，拥有自己的管理运行体系以及一个类似于联合办公的工作环境。这样一来，这些实验室就成了整个企业的学习区，它们是采取颠覆性操作的实验室、新型企业文化的腾飞地，也是未来工作方式的试验田。

一个创新实验室是一个团队、一个空间，同时也是一种思维方式。其首要目标在于提升总公司的创新能力并为其迈入数字化未来铺平道路，而只有对当下的客户体验进行深思熟虑，更加高效地设计内部流程并尝试应用诸如大数据、物联网、社交媒体、移动端、机器人、增强现实和3D打印这样的数字化技术，这一点才有可能实现。在此过程中，人们试着营造一种氛围，某个指定的团队能在其中识别、处理、整合并利用市场中的瞬息万变。这样一来，公司就有机会远离日常性事务而着手开发一些全新的东西，能对风险、机会、障碍和限制加以评估，同时也允许其犯错，而这一切在传统组织架构中不受待见，有损于职业生涯，或者成本过于高昂。敏捷的工作方法和较短的研发周期将成为常态，这样一来创新实验室就用途多多，它的功能有：

企业自有实验室展现了初创模式中的研发和开拓精神

- 加速创新变革；
- 提供非同寻常的观点之源；
- 提高组织承担风险的意愿；
- 孕育创新文化；
- 吸引顶尖人才；
- 强化雇主品牌；
- 提升公众美誉度；
- 增加媒体曝光率；
- 激励自身员工；
- 提供新工作形式的典范；
- 确保公司的竞争力。

外部的创新中心也被称为技术枢纽或孵化器，它的作用主要是加速数字化创新，这其中会运用到一个由初创型企业、风险投资人、加速器、学术机构及政府组织构成的生态系统。所谓枢纽是指一些可供不同领域技术专家以及精通数字知识的创新头脑进行跨领域交流的中心，从而能够利用那里的网络效应，这正越来越多地成为企业采购的一项服务。在此过程中，组织掌握了初创型企业的工作方法／学习模式以及互联互通的技能并开启了各项合作。另有一种做法可供选择，小型团队不妨在硅谷、伦敦、巴黎、特拉维夫、新加坡市或柏林等创新地区开展研究并就诸如银行业或流动性这类具体问题对初创型企业开展调查。

7.2 企业内部实验室：任务、挑战和风险

企业内部的创新实验室致力于挖掘一些跨企业的理念与想法，而这些在僵滞的结构中是无法浮出水面的。其主要任务包含下列几点：

- 深化对于数字化客户需求的理解；
- 评估和测试新型技术；
- 研发新产品及新服务；

- 构建一个数据驱动的组织；
- 设计能够适应客户的新型商业模式；
- 鉴别潜在合作伙伴并建立战略关系；
- 评估现有及新型的数字投资及倡议；
- 在组织内部营造新的创新文化；
- 成为创新共同体中享有声望的一分子。

实验室会运用一些敏捷的工作方法，比如构思过程（Ideation）、快速原型（Rapid Prototyping）、看板（Kanban）、敏捷开发过程（Scrum）以及设计思维（Design Thinking），这些都能帮助传统企业去芜存菁，勘探全新的商业领域。

正因此，内部的实验室具备系统性改造企业使其适应变化未来的潜力，但与此同时，其中很多东西也类似于一种象征性的行为主义。为了创造一种先进企业的形象，创新实验室有时并未培育真正的创新，而沦为一种公共关系工具而被滥用。对另一些人而言，租赁创新中心的一片区域更像是打造一个景点，可以让到访者留下深刻印象或者让首席执行官（CEO）有一种身临其境感。其实，这些实验室只不过是昂贵的门面，可以称为摆在前台的创新剧场：样子很漂亮，但注定要遭受失败。披着新经济的外衣，人们依然维持着老旧的工作方式。

不幸的是，企业内部实验室通常只是象征性的行为主义

主要问题在于，这样一来，创新实验室的潜力就浪费了：

- 在许多情况下，数字化的潮流符号而非内容本身占据了主导地位，能向变革勇敢迈进的情况很少。打个比方说，虽然新建筑的正面已经傲然挺立，但旧建筑仍在幕后掌控着一切。
- "文化冲突"阻碍了"年轻人"与"年长者"以及"小角色"和"大人物"间的相互助益、彼此融合。大家缺乏学习的意愿，内心也不想信任对方。
- 各种方法混杂，这使得锚定和扩展原型产品及业务模型变得困难重重。

此外，企业内部创新实验室还面临另一个风险，它们可能会严重脱离母公司。因此，企业各业务部门要深入参与创新项目的选择、评价和实施，这一点至关重要。创新中心及其员工往往也会被母公司内部的同事视为局外人，这会带来一些问题，尤其是当要推广实验室研发的解决方案时。由此看来，尽管创新实验室有其自主性，但与母公司的业务要求保持一致还是非常重要的。

7.3 创新实验室2.0："成熟"的创新岛

大型企业内的创新实验室鲜有生存的希望，它们遭受排挤，这些实验室就其本质而言是外来之物。在很多地方，筒仓思维仍然根深蒂固。那些实验室更像是公关杂耍或是"手工艺品杂货铺"，很快从人们的视线中消失。不过，凭借自己的创新实验室纵览全局，能帮助企业铺平通往未来的道路，鉴于此，我们才千方百计地提高它们的生存概率。

首先，创新实验室急需企业领导层为其撑腰，提供财务保障，从而赋予其合法的身份地位。不少于10%的企业投资应流入新型业务领域的开发及内部流程的优化。其次，创新实验室还需明确一个目标并设置非常具体的任务分配机制。也就是说，我们正处于创新实验室2.0的起步阶段：创新岛，这能持续不断地为企业创造价值。创新岛的差异特征在于：某个内部客户提出一项概念清晰的任务，它仅就此委托提供答案。此外，创新岛还致力于实现企业文化方面的目标：

- 在整个集团公司之外，它负责对创新进行"创造性的前期开发"，旨在服务各个单独的业务单位；
- 从长远来看，这就是要把实验室内的现代工作文化带入集团公司，如有需要可以为此成立一个自身的执行团队。

亚力克斯（Alex）和某些实验室经理进行了对话，在他们看来，为了前期的创造性开发，最关键的是创建两个团队并负责不同的业务领域：

- **创意团队**：这个单元是想法的生成器和检测器。正如一个内部的咨询处，它要找出企业的创新潜力并把新的解决方案作为样本予以推广。也就是说，它以创新支持各个业务领域。第一步就要观察和修订既有的各项流程，比如可以通过人工智能优化选定的采购流程。在日常业务中，对于某个业务单元而言，不可能启动这样一个项目并在短时间内迅速实现。于是，创意团队就面对这样一项任务，即向各单元提出项目建议，或者从内部客户手中获得具体的委托订单。就经验来看，后一种方法用得更少，不过鉴于这是由专业领域主动发起的倡议，因而似乎更能付诸实施。与之相反，建议则带着"干涉性质"，有时会导致封锁和阻滞。
- **服务团队**：它负责把新的解决办法付诸实践。该团队要么已掌握有关运用举措的必要知识，要么能够找到富有创意的企业作为合作伙伴，并在市场中遴选一些已然在自身商业模式中实现预定计划的初创型企业。

创意团队和服务团队互利互助，它们毗邻坐落于集团公司附近或者驻扎在某个心仪的创新场所，之后很有可能会有更多的专题实验室团队从中诞生。

7.4 已经担任和想要成为实验室经理的五点成功计划

时至今日，创新实验室仍然面临着严峻的考验。首先，不妨罗列一些我们在企业中反复遇到的阻力。如果想要成为一名成功的创新实验室经理，你就应该对其有所了解并提前做好准备。

- **来自控制部门的阻力**：创意团队自然不可能从第一天起就盈利，而且在起初甚至可能无法给出任何具体的数字，关于这一点，我们早在前文关于"自我颠覆"的内容中有所论述。为让实验室得以启动，高层管理者必须设置一个创新基金向其提供资金支持。鉴于创新的停滞和搁浅将导致损失，我们有必要将此纳入考虑并进行成本—效用计算。
- **来自中间管理层的阻力**：随着创新实验室 1.0 遭受失败，人们会冷静下来沉思，这会令通往高性能创新实验室的道路变得尤为坎坷。此外，缺乏理解常常招致拒绝，而害怕失去控制又是另一个问题。在最为极端的情况下，企业可以求助于外部的创新社区，稍后我们将对此作详细描述。

- **来自专业部门的阻力**：各个专业部门犹如孤立的筒仓，只要没有实验室在其之间充当桥梁，它们就不太可能开发跨职能的新型业务模式。由于觉察到同类相残的竞争思维或是担心丧失自身重要性，各专业部门还会阻挠各项实验室计划。更何况它们的工作方法往往截然不同，这样一来，实验室就无规格和范式可言，它们只能借助敏捷开发（Scrum）运转操作。

那么如何才能克服上述重重阻力引领一家创新实验室走向成功呢？我们的五点成功计划为此指明了方向：

实验室经理的五点成功计划

① **以需求为导向采取行动**：为了做到这一点，（未来）的实验室负责人必须感知专业领域的需求。一旦成功地将特定的创新课题引入与之相应的专业领域，合法性也就随之而来。

② **持续不断的沟通**：要以恰当的方式解释实验室人员（将要开展）的工作内容：在各大专业领域，他们能在哪些地方并以何种方式提供具体的支持，从而证明自己存在的必要性？此外还应组织一些访问和约谈，这能帮助具体项目以商业模式、产品或流程优化的形式浮出水面。

③ **招募内部的支持者**：中层管理者具有相当的决断力，我们必须赢得他们的支持。比如，一家汽车集团公司为全新的业务领域创建了一个金额高达 2000 万欧元的创新基金。这最初由 IT 部门主管发起并得到了企业工会的许可，但倘若没有中层的支持，这样的创新计划并不能长久。来自内部的动力有经久稳固的特性，我们不能小觑它的作用。

④ **说服怀疑者**：召集创新的支持者和反对者共同举办活动也将有所助益。举例而言，在一家领先的物流公司中，所有的部门领导汇聚一

堂参加数字化商业模式的研讨会。在此过程中，鼓励创新的参会者将扮演主持人的角色，并利用自身的说服力把那些持怀疑态度的阻碍者拉入同一个阵营。于是便在企业内部成立了一个实验室，很快就在此基础上与业内的多名创新驱动者缔结了具有开创性意义的伙伴关系。

⑤ **引入讲故事的模式**：对于年轻的实验室而言，仅当其为企业的成功做出显著贡献时才能获得认可，也正因此，快速获得初步成果尤为重要。要想让这一点变得显而易见，讲故事不失为一种好办法。相较于客观的陈述和冰冷的事实，人们显然更容易被鲜活的故事所打动，而且一个个生动的故事能拉近员工的距离。不仅如此，各大媒体也乐于宣传故事，这有助于提升企业的声誉。

某集团的一名创新专家这样说道："一开始，员工对我们的创新实验室持强烈怀疑的态度，不过也充满好奇。之后，由于我们摆出了中立的态度，实验室获得了相当重要的地位。回过头看，无论是内容方面还是财务方面，都没有人来干涉，因为很快我们就懂得，实验室必须做到证明自己，而这并非坏事，因为只有如此才能孕育富有意义的事物。"

7.5 创新社区作为外部的创新助手

因预算或阶层原因而无法开发自己的创新实验室的企业，有时会求助于外部的创新社区。此举的另一个优势在于，社区中也已存在必要的创新知识。部分供应商会有针对性地创建创新社区，以便将其作为提供给市场的服务，此类创新社区既可由私人又可由国家/地区出资赞助。若是后者，那么往往旨在促进区域发展。在很多情况下，大投资人也参与其中。创新社区如同一个枢纽，为了能让组织适配数字化世界，它连接了精益创业法（Lean-Start-up）、各种新科技以及一个富有创意的工作环境，有时还能给出一个极具针对性的方向。

创新社区提供下列关键职能：

- 在现代化办公空间中的共同办公；
- 与创新型企业建立联络；
- 搜寻自由职业者及潜在员工作为人才；
- 针对数字化、创业、转型等主题组织活动。

这方面的一个例子就是柏林工厂。创新社区将不同的利益相关者彼此联结到一个成员模型中，不同于一般的共同办公空间，人们在那里预定的并非是一张桌子或一间办公室。为了能够利用这个枢纽的各大优势，就必须证明大家与成员社区的既定价值观相同，这样一来，大家就有渠道接触志同道合的兼具创新精神和颠覆性的自由职业者、初创型企业及小微型代理中介。此外，这里还能联结一些致力于研究新型产品的来自集团的小团队。通过定期举办活动以及专为社区组织形式多样的学习小组，大家的理念和观点得以完善和趋同。

一个创新社区以及典型创新中心的枢纽设施就好比我们在科幻电影中看到的宇宙空间站。这个枢纽本身就像宇宙飞船的桥梁：它有一个中央单元（Hub），可以向包括大学、集团单元、初创型企业、代理中介及自由职业者在内的所有接入者提供知识和资源（见图 7-1）。而此类枢纽也就成了一个集合点，一个彼此联结的创新驾驶舱。

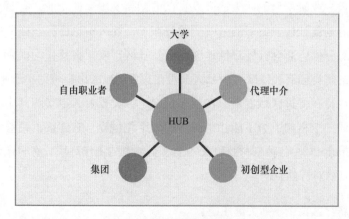

图 7-1　创新枢纽的架构模型

7.6 如何与初创型企业成功合作

与此同时，数字化的进展如此神速，不少市场参与者仅凭自身的装备和方法已经难以独领风骚，而初创型企业及其拥有的活力能为传统企业注入新鲜血液从而保障其未来的业务发展。初创型企业紧抓时代脉搏并能释放出巨大的创新能量。它们可以成为对现有产品组合数字化处理的干细胞、开拓新市场的探路者以及企业文化转型的催化器。

交易所、门户网站、展会及其他各种形式多样的活动，这些都能为合作双方碰面创造可能，作为了解情境并能匹配合作伙伴的中间人，确实大有可为。现在已鲜有一家大型集团公司尚未在其投资组合中吸纳任何初创型企业，甚至有不少正为此在全球展开搜罗。与此同时，中小型企业对此的兴趣也日益浓厚，而且理由甚佳：谁能与年轻的先锋共事，谁就能开启全新的业务领域，先人一步接触最领先的科技，令自己适应未来并长久生存。

初创型企业和传统企业的组织架构的种种区别早就显而易见，下列几点甚为关键：

- 初创型企业憎恶官僚主义；
- 初创型企业热爱自己的客户；
- 初创型企业灵活敏捷，行动迅速；
- 初创型企业在一开始就采用数字化方式思维。

一旦传统企业与某家初创型企业合作的具体愿望已经落实，那么下一步就要找出最恰当的合作方式，这既与企业规模大小息息相关，又取决于其所处行业和希望达成的目标。下面是两种最常见的合作形式：

- **合作伙伴**：已经在市场中成功崭露头角的初创型企业可以成为富有吸引力的联盟伙伴。相较于受其碾压，能与合适的初创者携手共进显然是更为明智的做法。此类合作既可以服务于某个一次性的项目，又可以着眼于长远的发展。为此，参与者必须能够理解另一方的目标以及个性化的工作方式。初创型企业可以获得传统企业的资金支持、资源供给以及现成的客户网络，而传统企业亦能习得初创型企业的敏捷、勇敢和创造力。

- **吸纳入编**：有两种情况，一是因为某些初创型企业已威胁到自身业务领域而将其收购，二是希望丰富自身投资组合并获取年轻企业家的专业知识而收购此类企业。聘请兼并收购方面的专业人士有助于避免在此过程中犯错。要想兼并实现盈利，还需要文化方面的调解。众所周知，传统的并购几乎总会因为企业文化的不兼容性而遭受失败。在这方面，数字专家和分析人士首先低估的就是情绪的力量。但恰恰情绪打破了智慧者精心谋划的每一个计划。这就意味着，要想实现既定目标，我们就必须为初创型企业搭建一个赛场，以便其发挥出最佳竞技状态。

如何才能筛选出合适的初创型企业呢？首先不妨回答下列问题：

- 哪些合作领域能帮助我们进一步向前？
- 我们的客户如何从中获利？
- 作为合作伙伴，我们能够引起哪些人的兴趣和注意？

回答完上述问题，我们再开始搜寻，可以借助的渠道包括刊登广告、专业门户、企业建设师、初创型企业猎头以及自我调研。一旦成功建立联系，就能洽谈合作。作为合作伙伴，双方不仅要在专业领域相配合，还要使人际关系方面和谐。毫无例外地，任何一种关系都会创建一种依赖性，互不般配的合作伙伴可能很快就会产生问题。正因此，您应认真审慎地检测一番，究竟与谁才能同舟共济。某个合作伙伴正面或负面的行为往往也会反作用于其自身。在与初创型企业合作这件事上，中小型企业往往因为有更为精简的组织、相对较短的决策路径以及顺畅的反应机制而具备相当的优势。

> 合作伙伴必须在专业领域和人际关系上均能和谐相处

在大型集团里，情况就迥然不同了，这在一体化的过程中表现得尤为明显。合并之初，官僚主义的猛兽会向被收购的企业发动进攻，首先阻碍实际工作的开展，而在客户看来，这就意味着停滞不前。在这个过程中充斥着无穷无尽的表决流程、计划回合、预算限制、职权混乱、管辖权抢夺、过量汇报、孤岛式解决方案、延期决策、权力斗争、阵地战、与怀疑者的激烈辩论，简而言之，这是"正常"企业中司空见惯的问题。

聪明的人可不会甘受操纵，在错误的环境中，它们会像迎春花一样枯萎凋零，或者在第一时间离开企业，而且顾客也常因为对新老板感到不满而悄然离去，因而企业成功兼并的案例确实罕见至极。大多数老派企业都把自己购买的"玩具"一件一件毁掉，剩下的只是一个空壳。事实上，只有接受现有的文化差异，并通过自我组织的方式让初创型企业继续工作以保持其创新能力，它才能真正取得成功。

7.7 从母公司中分拆出来

在研发新技术和快速的产品创新方面，分拆子公司是一个非常有趣的选择。独立是迅速进步的关键，这就意味着：子公司分拆需要自己的全职团队、独立预算以及母公司之外的某个独立工作场所。比如，团队可以租赁共用工作空间，结识潜在的合作伙伴并分享创业精神。大型组织和中小型企业都有可能分拆子公司，相较于和初创型企业重新建立联系，由于员工对母公司非常熟悉，分拆子公司会具备一定的优势，他们了解母公司的结构、流程和企业文化，而且认识很多员工，也可以通过最快捷的官方渠道澄清某些事情。重要的是，将前往分拆子公司工作的员工并非受到强制派遣，而是自愿报名的。此外，用自己的销售团队研发产品是更好的做法，这样就不会依赖母公司的销售力量，因为后者受激励驱动，对于新设子公司的发展以及为其开发新的客户群体，母公司的投入度往往极其有限。

要想达成分拆子公司的目的，分拆工作既不能沦为附属品，又不能成为异物。相反，这一工作必须被理解为孕育新合作形式的生物群落环境和崭新商业理念的孵化器。它或可引起愤怒和误解，但不能被视为一种挑衅。它需要一个庇护所，一个适配母公司的接口以及一名看护这个庇护所的保护人。事实上，在拥有支持者的同时，冲突亦不可避免。母公司仍以传统方式运营，而其中不少人反对此概念（"我们必须在这里遵循既定模式，而他们却可以在那里肆意挥霍金钱！"）。正是出于这个原因，我们需要不断地交流再交流，全方位的交流至关重要。最为恶毒的谣言往往就是在信息匮乏的情况下扩散的。除此之外，管理层的鼎力支持也不可或缺，即使一开始投资并无回报，管理层也必须明确表态支持分拆工作，与企业领导保持密切交流是根本前提。

还有一点同样重要，我们要考虑是否需与母公司重新整合，如果是的话，又该如何进行。如果决定整合，也应等到开发产品成功投放市场之后，这样就不会面临被老旧业务同化的风险。

分拆子公司既不能沦为附属品，又不能成为异物

当前，在大型集团公司内，大量新产品正由其分拆子公司进行开发，而这些公司也可以发展成独立的公司，其中 Moovel⊖ 就是一个例子。Moovel 提供移动解决方案，作为戴姆勒股份公司（Daimler AG）的全资子公司，其定位如同一家现代数字公司，其目的是创建"一个没有交通堵塞的世界"。公司致力于敏捷产品的开发和自组织，也是服务于这个目的。团队被划分为一个个"小分队"，组成人员既有来自集团公司内部的老员工，又有来自数字初创型企业的新招募员工或吸纳入编人员。截至 2018 年 8 月，Moovel 已拥有 290 名员工。

库卡集团是一家致力于自动化的全球性集团公司，拥有 1.4 万名员工。库卡机器人有限责任公司研发部副总裁克里斯蒂安·塔拉戈纳（Christian Tarragona）解释道，为了研发创新的协作机器人 LBR iiwa（智能型工业助手），库卡集团进行了子公司分拆，因为母公司的传统结构是无法研发新一

⊖ 戴姆勒（Daimler）公司创建的交通一站式出行＋共享平台。—译者注

代机器人的。借助敏捷方法的自主性工作模式能够吸引优秀的人才,公司规模也由最初的 40 名员工迅速发展壮大到 100 名。塔拉戈纳还说道,研发人员能够顺畅无碍地获取工作所需之物而无须历经漫长的采购流程以及关于决策正确与否开展的大型讨论。㊀ 就这样,协作机器人 LBR iiwa 成了世上第一款实现量产的灵敏型轻型机器人。

子公司分拆的功效应是多方面的,不仅能推动数字化进程和孕育创新成果,在理想情况下还能成为促使母公司转型的沃土,要想实现这一点,最好的办法莫过于让分拆子公司的员工重新转回母公司。这方面的一个典型案例是德国利维集团(Rewe Group)的现任公关部主管瓦妮莎·康内曼(Vanessa Connemann)。在此之前,她曾在利维数字公司工作过两年。面对我们,她是这样说的:"那里不拘礼节的合作氛围、'以你而非您'相称的去等级文化、包含多个会面点的开放式办公室设计以及对创造性工作的内生动力,都极大地改变了我的工作方式。如今,我在接触同事时不再那么官僚主义,也可以更快更有效地说出我的想法。在母公司开展工作的过程中,我也试图延续这些好品质:我把自己的私人办公室改成了会议室,并搬进了团队办公室。这就为我们的相互交流创造了空间,我也能在实操层面更真实地了解事项的进展。此外,我们还取缔了大量不必要的官僚机构,借助便利贴来交换信息,将重要的内容贴在团队工作室的墙壁上。我也坚持对别人以'你'相称,珍视平起平坐的人际交流而无视阶层差异。事实上在我们这里,即便是培训生和实习生也都是团队的正式成员,如此一来,人们才能表达自己的想法。"我们很想知道,她究竟是出于什么意图或目的才重新回到总部。"对我来说,下一个发展阶段已经来临,这就必然要求我迎接更多的责任和一个振奋人心的专业领域。我不是重回'老路'。我在利维数字公司工作的那段时间里学会了很多,而现在每天,我都能将这些习得作为新鲜血液重新注入公司。"

㊀ 参见迪特尔·莱德勒(Dieter Lederer)的 *Veränderungsexzellenz*(《卓越的变革》)。

7.8 一个生动的案例：绍曼家具公司的子公司分拆

子公司分拆也是中小型企业的一种选择。莉娜·绍曼（Lena Schaumann）介绍说："2014年，我创立了Lumizil——德国最大的灯具在线商店之一。我来自一个古老的家具世家，父亲是家族企业绍曼家具公司（Möbel Schaumann）的第三代经营者，在黑森州北部拥有四家家具店和工坊。2013年大学毕业后，我加入了这家公司并希望推动数字化这个课题。我的目标是打造一家能够通过各种渠道与顾客沟通的家具店，不再依赖网络世界，而是抓住数字化带来的机遇。

我的动力十足，但我很快意识到，这个目标比我预想中更远大。我当时并未意识到我必须把所有东西（真的是所有东西）都彻底推翻。正如千禧一代说的那样，以往的合作方式极其守旧，员工被束缚在固定的结构中，并未准备好接受这种变化。IT流程无法跟上最新潮流，无论是在谷歌公司上投放新型广告还是创建新的流程或更多的工作岗位，都无法争取到必要的预算，更别提投入试验了。

到处都有人向我解释，基于某些特定的原因这样做或那样做是行不通的，就这样，我越来越受限制，连自己都几乎相信，家具业务本就是这样运作的，我们必须继续分发更多的广告宣传册，以此弥补业绩的下滑。但好在，我只是将将相信！

> **即便对于中小型企业而言，分拆子公司也是一个成功秘诀**

6个月后，我决定把公司分拆出去。为了创造距离，我搬到了柏林，并为这个项目赢得了一名商业天使投资人和父亲的支持，然后在那里白手起家。我与团队一起共同创建了一家在线商店——Lumizil，遵循线上设计的所有规则，包括开启完全自动化的流程。我们不再受到家族企业现有基础设施的任何限制。尽管绍曼（Schaumann）这个名字仍在我们的视野之内，但空间距离给了我们完全自由开发和设计Lumizil的机会。

иㅤ

> 第 7 章
> 合作机构的作用场

我们学习线上的运作模式，着手对所有流程进行自动化改造，接触了解线上学习的新领域，每天只集中精力开展检测和试验。确实，我们经历了一些成功时刻，但也出现了不少失误。举例而言，我们会依赖唯一的程序员，当他离开我们以后，Lumizil 的发布不得不推迟近两个月，这导致成本大幅增加。

一年后，我们再次寻求与家具店建立关系。我们改建了灯具部门，将其与我们的线上商店连接，这就令点击提货订单成为可能。从那以后，该部门的 iPad 就以数字化方式扩大展示，我们还可以借助 iPad 开展咨询服务，通过针对性投放在线广告增加该部门的曝光率。一年前的批评声并未消失，但事实让质疑声越来越少。曝光率确实有增长，但营业额并未如我们期待的那样等幅增长。

三个月后，我们又启用了一种新方法，着手开展客户调查并竭尽所能地推动项目进展——这最终收获了成功。我们的工作理念正在渗入，现在我们把家具店一分为二：一方面，我们拥有一个完全数字化的灯具部门，包括一家网店；另一方面，商店的其余部分照旧运营。这样做的目标非常明确：我们必须将理念推广到整个家具店以及所有产品组。

仅仅三年之后，我们就把设在柏林的创业办公室搬回了卡塞尔——家族企业的中心。无论是在视觉感官还是文化上，Lumizil 的办公室都显得尤为醒目，与绍曼家具公司的办公室形成了鲜明对比。现在该由我们为公司的其他部门创建这种文化了，因为只有共同变革，我们才能保持可持续发展，而最大的挑战便是引领所有员工共同前进。

我们从失败和磨难中认识到，要想做到这一点，只下达指令毫无用处，以身作则和通过团队传播才是唯一的途径。所以今天，Lumizil 不再是一个纯粹的在线商店，而是我们实现家族企业数字化的方式。现在我们拥有了值得引以为傲的专业知识，已然成为家族企业中的一家初创型企业——绍曼家具公司（Möbel Schaumann）的创新中心。

Lumizil 的员工对所有事物都会打问号，不断寻找新的解决方案，而绍曼家具公司的员工拥有业内知识和创业经验丰富的管理团队，诸如这两者的合作并不常见。

> **最大的挑战在于引领所有员工共同前进**

领导的方式已然改变，我们不再局限于领导层做决策而是越来越多地共同开展设计。我们敢于质疑事物。Flipchart 和 Excel 列表被 Project planner、Slack 和 Trello 所取代。我们工作的座右铭是：开始做就对了！与其完美地做每一件事，不如快速地尝试。在短短数月内，我们共事的方式发生了积极的转变，并将继续下去。我们的团队中有很多千禧一代，他们不愿接受老旧的结构，而我们恰恰需要这些年轻员工来打破旧习。我们通过 Lumizil 意识到了这一点并成功将此带入家族企业。现在我们正全速迈向未来。"

7.9 众包：利用外部的智慧

另一个颇具前景的迈向未来的途径是"众包"（Crowdsourcing）。不少具有数字化思维的领袖认为，在未来几年，众包的重要性将与日俱增。这个词是由美国科技记者杰夫·豪伊（Jeff Howe）于 2006 年首创的，"Crowdsourcing"由英语单词"Crowd"（人群）和"Outsourcing"（外包）组成。因此，众包指的是将头脑风暴和创意流程承包给外部人群，即企业之外的最不同质化的人群。数字媒体的迅猛发展为此提供了强大的支持。由于大众堪当创新驱动力，将任务转包给他们将有助于提升企业的竞争力。在这里，无论是外部的专业人士（专家人群）还是"任何人"（自由人群）都能成为自愿的合作伙伴。这其中包括客户、商业伙伴、行业专家以及对创新和进一步发展感兴趣的互联网用户。

众包利用了众人的知识，也就是所谓的集体智慧。史蒂文·约翰逊（Steven Johnson）在其著作《好点子从哪里来》中是这样描述该效应的："阿基米德在沐浴时发现了浮力定律，他发出'我知道了'的兴奋呐喊，而某个想法的产生绝非此类灵光乍现的时刻。与之相反，通过与其他碎片化思想不断融合混杂，想法才能发展成熟并逐渐成为富有意义的创新。倘若没有通过交流实现想法的互联互通，并激发其相互碰撞，那么人们距离创新就很遥远。"⊖ 而互联网和众包明显增强了这种创新力。

例如，无论是在产品设计和产品研发中，还是对现代服务萌生创意或在解决专业问题的过程中，我们都能看到众包的身影。一名饮料制造商询问其客户："关于创新产品的点子，你愿意思考吗？你想近距离地参与打造最新潮流吗？如果是，那就加入我们独一无二的创新社区并和我们共同研发未来最具创意的饮料吧。"这样一来，外部人员被吸纳成为合作伙伴。一旦客户本身已经参与研发过程，就能节省很多来来回回的反馈，因而这种做法不仅能孕育新想法，还能节省成本。此举不仅能减少失败次数，还能在网络上留下积极正面的痕迹。人们借此把路人转变为粉丝，如果运气好的话甚至还能引领人群对某个品牌的狂热追捧。

> 众包可以防止失败并在网络上留下积极正面的痕迹

我们能够、应该和必须怎样进一步研发适合客户的产品及服务？要让客户参与此项决策，无论规模大小，任何企业都能用自己的方式找到这个问题的切入点。具体如何实现呢？举例而言，您可以邀请客户进入一个虚拟的创意实验室。有一家移动运营商是这样做的："对你而言什么是重要的，这个答案只有你才能给出，因而我们想与你分享自己的想法。请评价这些想法并告诉我们应该沿着哪个思路继续前进。在你看来，哪些产品可能与未来息息相关？"

尚未利用开发的最大创造潜力往往就在客户圈内。他们可以作为测试人员，提供富有建设性的反馈意见并积极地参与企业的流程改造。无论是模拟还是数字，这在方方面面都有实现的可能。例如，你可以在美国的商店里对错误点数进行积分，向运营商指出弊端并得到购物券。如果因为哪里出了问题导致人们无法读懂产品的使用说明，那不妨让雄心勃勃的客户

⊖ 参见 Steven Johnson 的 *Wo gute Ideen herkommen*（《好主意来自哪里》）。

来撰写，或者委托客户拍摄一段讲解视频。往往客户更擅长向别的客户做出明晰的阐释，而工程师给出的解释只有工程师才能理解。

成立于 2007 年的 mymuesli 是一家可以提供个性化定制配方的混合麦片在线分销商，对于该企业而言，整合客户资源是获得巨大成功的关键因素。该企业的联合创始人兼董事胡贝图斯·比绍（Hubertus Bessau）这样说道："早在企业成立阶段，我们就已通过博客实现了客户的整合，他们提出倡议，展示各自的想法，共同参与构建这家初创型企业。举例而言，我们在博客中沟通各类技术问题并在短短半小时内就获得了 27 个解决方案。除此之外，我们也借此和客户建立了密切联系。"这是初创型企业进军市场的一种典型做法，互联网和一个由朋友、"粉丝"品牌大使以及富有事业心的志愿者构成的网络为此打通了渠道。mymuesli 长久以来也坚持做实体零售，而且非常成功，多次斩获奖项。

国际上有一个著名的众包成功案例是信息平台 Quora，它是一个带有社区的在线门户网站。该门户网站的用户能就一切可能的话题向社区直接提问，这对其他所有用户都是可见的，由于这种开放性，很快就能获得以不同话题标签分门别类的回答。此外，对于任何一个新问题，借助标签都能找到合适的行业专家，提问者之后还会收到一个答复邀请，这就提高了相关性和速度，而所有的问题和回答都将被保留在平台上，以便其他读者查阅。每个问题只需提出一次即可，这就避免了浪费。Quora 的访问者从中获取知识并由此提高了调研质量，可谓受益良多。

不久前，在一场以"快乐生活"为主题的研讨会上，亚力克斯（Alex）在脸书上向参会者提前抛出了下列问题："影响你内心幸福感的最重要因素是什么？"借由高密度的网络，他在最短时间内就完成了意向的微型调研工作。借助各式各样的回答，与会者自己设计了研讨会的内容。也就是说，无须做标准的陈述介绍，亚力克斯（Alex）就能提前调整自己的演讲以适应大家的观点和需求。这在一开始就能确保一种高度的契合。

众包的一种从属形式是共创，指的是企业和用户从构思到生产直至销售，全过程参与产品研发。消费品行业已经充分利用了这一点。麦当劳（McDonalds）的汉堡、Joey's Pizza（乔伊）的比萨饼、Ritter Sport（瑞特斯波特）的巧克力、哈瑞宝（Haribo）的金色小熊软糖粉丝版都是借用这种方式开发出来的。瑞士军刀制造商维氏（Victorinox）每年都会邀请全球粉丝来设计当年的限量款，而多年以来，丹麦的玩具制造商乐高（Lego）也以共创的方式开展着创新活动。谁的产品成功量产，设计者就能在销售额中分一杯羹。

> 在共同创造的过程中，客户参与了产品研发

众包测试也是众包的一种特殊形式，它指的是通过线上用户志愿者对软件、游戏及各大应用进行测试。这样就有可能做到在各大应用正式上架前就在不同系统中检测其错误并增强其可用性。苹果公司为此开发了一个测试版软件程序，其网站上写着："来帮忙吧，让我们的下一代 iOS、macOS、tvOS 版本更上一层楼。作为苹果测试软件计划的成员，您可以测试预发布版本并与我们分享使用体验，从而帮助改进苹果的软件。"[一] 该活动的参与者可以体验"普通"用户无法使用的特性和功能，你完全可以想象，这会让那些具备相应知识的苹果"粉丝们"感到热血沸腾。

7.10 众包成功的衡量标准

如果某企业决定开发一个更大规模的众包项目，可在内部或外部平台上公布这项任务，此外，大量众包合作伙伴以及众包门户网站也能为开发众包项目提供外部帮助。这样一来，我们就能利用全球各地头脑的无穷智慧并在需要的时候超越空间距离联系到他们。任何一个众包项目都有自身的追求目标，我们必须差别化对待。

一 https://beta.apple.com/sp/de/betaprogram/.

成功众包八步法

1）定义任务： 在研讨会上（与委托企业及众包合作伙伴的代表一起）明确任务和行动目标。此外还须确定项目周期、项目负责人员以及采取何种决策流程。与此同时还要注意法务等相关问题。

2）明确目标群体： 合适的参与者决定了此类项目的成败。正因此，为了创造好的点子，我们应和哪些人进行商谈？在选择和确定该目标对象时应认真谨慎。

3）阐明核心问题： 面对我们梦寐以求的参与者，我们要确定适合他们并能够激发其能量的具体问题，同时也能在最大限度上挖掘出合适的想法和点子。为了避免犯错，我们还应制定一系列游戏规则，明确关于提交、投票以及排除的各项标准。

4）布局平台： 我们要遴选开展上述活动的线上平台并梳理和调整各项行动，视具体情况告知媒体。平台用户将受邀在其自身的网络圈子内进一步扩大宣传。

5）整理点子： 对搜集到的各种想法加以梳理并就此展开讨论，中期结果将被公之于众。而持续不断的评估也同样重要，否则提出点子的人也会因为失望而离去。

6）遴选点子： 从初步梳理过的点子清单中预筛选出特定数量的受欢迎的点子，对每个点子做出可视化的简要说明，在适当情况下也可考虑做样板试验。

7）评估点子： 将准备好的点子放到社区，在社区进行丰富扩充并评估。重要的是进行滚动式播放展示，否则人们会频繁地点击显示在页面最上方的点子。

> 8）落实优胜点子：公布（社区遴选出）优胜点子并将其付诸实践。点子池中其他合适的点子也将被逐步实施。胜出者将收到获奖通知并如约得到工作奖励。

众包项目可以帮助企业激发强大的自身活力，但同时也可能产生负面效应。通常而言，它犹如智库一样提供丰富的想法，但也有可能因为招募不到参与者或是并未给出有用的建议而导致整个项目失败，此时该如何是好呢？如果成功并未如期降临，就应启动预设的应急预案。这样一来，就算有向负面发展的趋势，也能较快扭转。

那么在我们的轨道模型中该由谁来进行众包呢？是战略创新管理层吗？创新管理层并不太关注某个单体项目，而是更多着眼于全球范围内的企业战略，鉴于此，我们认为客户接触点经理才是这个工作的合适人选。从操作层面来看，他恰好身处项目团队和客户的交界处，能以跨领域的方式将双方联系在一起，此外他还负责确保"粉丝"社区茁壮成长，而"粉丝"提供的反馈、改善举措和新想法又能推动企业进步。我们将在下一章对此进行详细介绍。

7.11 开放创新：全世界共同参与的创新

如何才能寻觅到创新点子以适应未来的可持续发展？其实无须在企业内部苦苦找寻这个问题的答案。如今，整个世界都可以成为你的研发部门。在创新过程中，很多组织超越了企业的边界。这往往涉及广泛的项目以及外部专业知识的激活。此做法被亨利·威廉·切斯布罗夫（Henry William Chesbrough）称为"开放创新"，他因这个概念为人所熟知。这里的"开放"并不意味着完全的透明以及洞察幕后发生的一切，而是首先着眼于将目前完全封锁于内部的研发流程向外开放，从而实现丰富和优化。

柏林的创新实验室就以此为宗旨组建了所谓的纳米实验室，不少的创新项目是在这些实验室中开发的。一名客户首先展示某个待处理项目，然后创始人、顾问、创意人士、设计师、学生和教练汇集形成一个小组。在这种组合中,各参与者往往从不碰面,但这才是正确的混合方式。因为跨职能的视角越多,就越有可能产生新型的解决方案。这个小组在每日例会上讨论这个项目,继而向客户提出建议。例如为一家行业领先的卫生洁具制造商开发一次客户之旅,这有助于观察,品牌塑造和购买过程中蕴含着哪些改进的可能。由艺术家、顾问甚至银行集团员工组成的团队不仅向我们证明团队工作的多样性能够大幅提升创造力和效率,还证明了其提供的解决方案也适用于客户,而其成本仅占咨询费用的一小部分。

针对重大项目设立一些全球创新平台,其中一个叫意诺新(InnoCentive),寻求解决方案的人可以利用这个目前已注册38万多"问题解决者"的平台。无须证明自己的专业,任何人都可以在那里解决问题。在一个案例中,美国航空航天局(NASA)想利用这个平台提高预测太阳耀斑的能力,最终解决这个问题的并非天体物理学家,而是一名退休的高频工程师,他因此获得了3万美元奖励。[一]

埃里克·布莱恩约弗森(Erik Brynjolfsson)和安德鲁·麦卡菲(Andrew McAfee)在《第二次机器革命:数字化技术将如何改变我们的经济与社会》一书中写道:"创新研究人员拉尔斯·博·杰普森(Lars Bo Jeppesen)和卡里姆·莱克汉尼(Karim Lakhani)针对166个无法在企业内部得以解决的科学问题开展了研究,发现其中49个可由意诺新(InnoCentive)解决,这相当于30%的成功率。他们进一步确认,成功的解决方案往往更有可能基于其他学科的贡献,而非什么显而易见的东西。"[二]这听起来不错,但又引发了一个意料之中的问题:如果人们启动开放创新活动,旨在为研发新型或改进现有产品、应用和流程注入好点子,那么岂不是每个竞争对手都能接触到公之于众的建议吗?没错,当然如此,但竞争对手并不知道企业是如何评估这些信息的,实际采用了哪些遴选流程,哪些想法被付诸实践,

---

[一] 参见 Erik Brynjolfsson 和 Andrew McAfee 的 *The Second Machine Age*(《第二次机器革命》)。
[二] 同上。

而这才是最重要的。

不幸的是，开放创新的失败往往是因为内部障碍。一方面，企业内部的律师有很多法务方面的顾虑，更具破坏性的是所谓的非此地发明综合症（NIH 综合症⊖），即对来自研发部门及创新项目团队的员工造成侵袭，这样一来，来自外部的想法和解决方案就会遭到排斥，其主要原因在于大家深信"外人并不了解我们的情况"，单凭这个因素，他们就自然不可能胜出企业内部的专家。然而，事实恰恰相反。操作层面的盲目性以及人类所特有的各种感知扭曲限制了他们的视野。而外部人士则能在一无所知的情况下，秉持开放的心态从不同视角来处理问题。在这方面，年轻的数字专家手头就有提供全新解决方案的现成工具。

独断专行的背后往往蕴含着对失去个人重要性的恐惧，正因此，大家纷纷小心看护自己的领土并把它围得严严实实。但如今，我们并不再需要对一切都高墙四筑了。但凡想要为自己创造更多的成长机会，就需要借助一个跨越企业界限的知识社区。社区的支持以及开放创新功能构筑起一座通往未来的极为坚实的桥梁。

> **外部视角有助于避免盲目操作**

⊖ NIH 综合症，是一种文化现象，是指社会、公司和组织中的人们不愿意使用、购买或者接受某种产品、研究成果或者知识，只是因为它源自其他地方。NIH（Not Invented Here）通常带有贬义。——编者注

第 8 章　推荐者和影响者作为架桥者的作用场

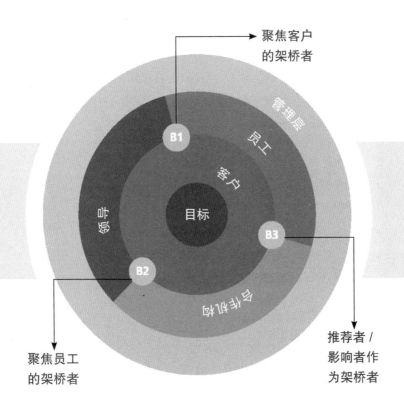

消费者意见的影响力要比以往任何时候都更加显著。如今，借助费用高昂的广告来提升品牌影响力已不再奏效，重要的是获得他人的口碑宣传。要想接触新客户，来自"第三方知情者"（即那些从自身经验出发宣传报道的充当了品牌大使和倡导者的人）的正面口碑宣传无疑是远胜其他渠道的最佳方式，于是，"拉帮结派的游戏"成了新标准。

德国联邦数字经济协会（BVDW）委托英孚瑞有限责任企业（Influry GmbH）共同开展了一项针对14岁及以上在线用户的代表性调查，下列数据源于此调查并能有力地证实我们的论述。⊖ 当被问及哪种类型的产品信息对他们来说特别可信时，1604名被调查者的回答如下：

- 63% 参与者：朋友和熟人的推荐；
- 48% 参与者：产品页面上的用户评分；
- 29% 参与者：网络上有影响力的人士的产品展示；
- 27% 参与者：报纸和杂志上的文章；
- 12% 参与者：报纸和杂志上的广告；
- 7% 参与者：电视广告。

包括诸如市场调研公司尼尔森（Nielsen）在内的诸多公司针对该课题进行了研究，均得出了相似的结论。这显然说明了一点：无论如何高估推荐者和影响者的重要性也不为过，他们是企业和客户之间必不可少的桥梁。无论是在现实环境还是在虚拟世界中，我们都能找到它们的身影：私人网络、商业网络、社交网络、论坛、评级平台以及知识门户网站。他们的"喜欢"或"不喜欢"犹如信息丛林中的指路牌。他们确保了信息真实可靠，提升了供应商的声誉，帮助其产品、服务、应用和品牌取得了突破性进展从而保障其获得成功。凡是口碑营销成功奏效之处，销售业绩也自然提升了。

⊖ https://www.bvdw.org/fileadmin/bvdw/upload/studien/171128_IM-Studie_final-draft-bvdw_low.pdf。

鉴于此，我们想在本章着重探讨下列几种架桥者：

- 作为拥护者和积极推荐者的客户；
- 作为信息传播倍增器和意见领袖的影响者；
- 有偿付费和无偿借力的社交媒体影响者；
- "粉丝"社区以及如何构建此类社区。

"推荐营销"这个大家族涉及方方面面，其中德语和英语的各种概念互相混杂。当客户充当了某个品牌的倡导者（代言人）并基于自身经验做出推荐、口口相传、打出评分或给出参考性建议时，专家们也会越发关注客户利益代言（Customer Advocacy）。如此看来，倡导式营销（Advocacy Marketing）即有针对性地获取并散播客户的支持信息。

此外，影响者营销的重要意义是呈比例增长的。影响者无须成为客户就能影响第三者的看法。网络为影响者营销提供了巨大的空间。就此而言，人们通常视其为一种自成一体的线上营销模式。那些主要活跃于社交媒体的影响者可被称为"社交媒体影响者"，其中权威人士还能因提供广告服务而收到报酬。

8.1 推荐营销的重要性与日俱增

大家想到的第一个问题是"为什么第三方推广会这般如火如荼地开展"。在我们看来，这背后有三个基本原因：

1）**信任危机**：假新闻、花钱买来的测试结果、低价贱卖的"粉丝"数量、伪造的质量证明、收受贿赂的鉴定专家、虚假的评级、欺骗性的包装、广告短片中主角的谎言、令人生疑的数据、借助机器人加以操控……消费者对于供应商所言所行的信任已所剩无几，而来自周围人的建议反倒变得可信。供应商不称赞自己，但会借由他的客户受到赞誉。也就是说，客户的美言能够为其带来信任红利。客户给出的提示信息往往基于自身的经验知识，因而具有高度相关性，这能引发好奇并广泛影响购买欲望。这就大大降低了购买阻力,人们很容易做出购买的决定。

2)数据保护:以值得信赖的方式处理数据是持续推进数字化的基本条件,正因此,消费者保护法将继续收紧。同时,宣传营销的广告铺天盖地,为了免受其侵扰,防御的技术手段也将与日俱增。对于企业而言,"冷漠"地与那些表露出购买兴趣的人打交道就越来越难了。如今,如果没有恰如其分地与消费者建立联系,不仅会导致投资失败、产生法律后果,还会严重损害自身形象。与之相反,推荐者则能构建一个完美的接入口。

3)降低复杂性:可靠的推荐提供了定位,我们也就无须在调研工作上耗费大量精力,它还能帮助我们免除决策上的冲突,降低犯致命错误的风险,节省时间并减少失望而归的可能性。就这样,面对日益纷繁复杂和信息过载的世界,它创造了一种安全感,事实上,它赠予了我们大脑某些特别喜欢的东西:已被证实为正确的信息包,这就意味着"明确无误、平静安定以及和谐融洽"。就像策展人一样,推荐者可以区分良莠并从中预选出合适的。但凡出现这样一位"大神"能够提供如此之多的便利,我们往往都会跟风相随。

那些想要积极推进第三方推广的人,并不会等着偶然的推荐机会。相反,他会系统性地推动整个进程向前。这就包括寻觅和找到那些能够且希望向他人做出推荐的人,还包括照顾和培养那些已推荐的人,并充分关爱那些接受推荐的人。当然,除此之外,这也需要知识、各种工具以及一个计划。㊀

有一点作为根基不可或缺:只有真正值得推荐的人才会被推荐。积极的口碑营销要靠顶级表现、激情、信任、同理心以及最为卓越的人才。整个企业永远都会面对一项任务,即让别人有足够好的理由推荐自己。但不幸的是,即使是热情高涨的"粉丝",往往也不会自动想到以口碑营销的方式来回馈企业。由此看来,在对话中植入的推荐行为必须由随机发生转为

㊀ 详细信息见安妮的书:Das neue Empfehlungs-marketing(《新的推荐营销》)。

刻意为之，而这方面的决定性问题在于：

> **如何才能让我们的客户甚至是那些并不购买我们的产品的人，对我们提供的产品或服务做出最佳推荐？**

其实，无须成为一家企业的客户，就能做到为它及其产品或服务积极代言。比如，每个人都认识那种自己没有保时捷却会对其大肆吹捧的人，而每个人也都会认识那种本身并未和某个厂商建立业务关系，却又公开对其大加赞赏的人。

不过，最有价值的推荐依然要仰仗于企业的客户群。客户利益代言可以强有力地支持企业的销售和营销活动，防御价格战，降低赢取新客户的难度，同时节省一大笔广告费用。推荐一家企业不仅能为其带来优质的新业务，还能增强客户的忠诚度，因而积极推荐者堪称企业向前发展的重要驱动力。鉴于此，我们已然证明，客户在做出推荐后会感觉自己与企业的联系更加紧密。另有迹象表明，做出推荐对推荐者本身回购的意愿也有积极影响。也就是说，那些满怀激情向他人推荐一家企业的人几乎不会离开这家企业，于是你就赢得了一群不离不弃的客户。

> **积极推荐能推动销售业绩猛增**

8.2 曾经是谁推荐了你

任何一个在市场上站稳脚跟的供应商都拥有大量的推荐者，其实多数连他们自己都不知道。因此，在寻找新的推荐者并为自己赢得影响者之前，不妨找找那些已经存在的推荐者——至少不要放过那些推荐者可能在的地方。特别是在 B2B（企业对企业的电子商务模式）中，只要条件允许，就应向初次购买者提出下列问题：

- 你是在哪里首次听说我们公司的？
- 你最初是怎么知道我们的？
- 谁/什么对你的决策影响最大？

应该如何开展未来的市场营销活动,你能从上述问题的答案中学到很多,仔细分析这些答案,很快就能生成一个样板,从而揭示那些有购买意愿的人是如何找上门来的真相,而且你也能一目了然地看到是哪些接触点在研究和决策过程中起了主导作用,哪些没有。如果要开展此类调查,不妨将其纳入现有的客户关爱活动中。温馨提示:考虑到如今与供应商接触的渠道实在多如牛毛,要注意有两个关键词尤为重要,即"不忘初心"(Original)和"先人一步"(First of all)。

倘若涉及具体的推荐,那么继续提问:

- 推荐者对我们/我们的产品/我们的解决方案/我们的服务究竟说了些什么?
- 如果您不介意,我现在很想知道:当初是谁推荐了我们?

通过第一个问题你可以了解,从市场角度来看,某项服务的哪个方面拥有特别广阔的前景,你能朝哪个方向拓展自身服务范围。此外,你还将了解某个推荐者的"销售对话"并知晓他在所处环境中说了什么才令你的产品显得特别诱人。通过第二个问题,你能弄清楚推荐者以及活跃推荐者的姓名。即使这件事发生在很久以前也没有关系,请你务必联系这名推荐者!感谢他曾经做出的推荐,因为无论是对于收到这个消息的人还是你,这都是一份礼物。如有可能,还要向你的推荐者反馈,告诉他推荐的成效,而且你也要重视由他推荐而获得的客户资源。比如可以这样告诉他:"我不得不说,您认识的人有趣/富有影响力/令人感到愉快。"此外还可以赠送他一件小礼物,这对于推荐者而言绝对是个惊喜。借此表达谢意是特别有效的,因为一旦借助某种行为得到了关注和认可,人们往往就会强化这种行为。此外还有一点:当收到别人的礼物时,我们会心存感激。心理学家称之为"互惠效应",也正因此,一次性推荐者有可能转变为超级推荐者,这就意味着,他会不断向别人推荐你。

从推荐者的人格特征和购买行为可以推断出推荐者可能存在的动机、

价值观、愿望和需求。人们更喜欢与那些与自己拥有相似兴趣、爱好、需求和期望的同类在一起。如果你的推荐者并不认为他的好建议会得到被推荐者的支持，他就不会做推荐。换言之，没有人会比客户更了解推荐信息的接收者。正因此，关于在报价单中应着重突出哪些论据，这样的信息中最有价值的恰恰来自客户。

还有一点同样重要，要在数据记录中为"推荐"这一主题创建一个字段。你要清晰标注通过推荐赢得的每一位客户，还要标明是谁推荐的以及他推荐的频次。推荐者是特别宝贵的客户，鉴于此，企业中的每一位员工都应该像这样特殊对待他们。推荐者知道自身的价值，因而标准化的工作方式肯定会把他们气走。

8.3 人们为何会主动推荐

推荐者总是希望自己的朋友和别人尽可能购买到最好的产品，好的推荐还可以美化个人形象。推荐者可以提升自己的威望和自我价值感，也能以鉴赏家的身份发挥作用。推荐者能影响别人，还可以帮助别人，对他人行善，这也有助于构建信任关系并巩固友谊。也就是说，驱动推荐者做出推荐的决定性因素并非物质利益，而是成为"某人"或做些贡献和好事。

特别是在口碑营销中，有一个方面很重要：成为首批听到消息的人，这样推荐者就可以成为先锋圈中的一员。不妨给予潜在推荐者一些能让他们神采奕奕的东西，这样一来，他们就能助益旁人或让自己脱颖而出，你也就更有可能得到他们的推荐。

不过，推荐总是主观的、个人化的。在某种程度上，它也能反映出人们的价值观并呈现两极分化。对于满怀激情谈论的事情，人们会为之赴汤蹈火，而对于令人失望的东西，人们会强烈反对。如果这样的事发生在网上，就会如同病毒般迅速大规模传播。就这样，推荐一方面可以掀起令人陶醉的爱慕之风，

人们可以借助一流的推荐美化自己

另一方面又可能引发臭名昭著的唾弃之浪。

推荐意愿在下列情况下表现得尤为明显：

- 当能为他人的福祉做出贡献时；
- 当能表达和彰显自己的个性时；
- 当需要显酷和满足虚荣心时；
- 当希望通过掌握内行知识或充当先锋而从众人中脱颖而出时；
- 当有归属感并体验到自己是集体的一分子时；
- 当参与构建开发过程时；
- 当提供某些富有娱乐性或耸人听闻的消息时；
- 当提供某些最新或者独一无二的东西时；
- 当提供某些特别有用或值得追求的事物时；
- 当能赢得某些好处（如快乐、名望、声誉、金钱）时。

美国加州大学洛杉矶分校（UCLA）科学家马修·利伯曼（Matthew Lieberman）开展的研究表明，某种东西是否得以继续传播取决于它的"奖励价值"。这方面有两个关键标准：首先，它对我来说有价值吗？其次，对他人而言，它富有价值吗？对许多人来说，面向第三方传播全新的、富有吸引力或实用性的内容，这本身就是一种回报。这同时还提供了建立社会资本的机会。因此，每个人都倾向于分享内容和提出建议，至于在实践中做到几分，这取决于个人性格内向或外向的程度。

当然，如能不受资金驱使按照自己的意愿做推荐，这样的推荐才最具价值。如果第三方得知存在资金流动，那么信任感和信誉度就会受损，这会令批判更加尖锐，还会促使人们对事情进行更加深入和仔细的调查。人们会有所保留，尽管推荐者的推荐并非全然出自私心，但大家最后宁愿选择不予采纳。

最有价值的推荐是无须付费并自愿做出的

尽管如此,你是否依然想要创建激励机制并奖励你的推荐者呢?那可千万要做出明智之选,务必注意法律上的相关条款。报酬不失为极具吸引力的诱饵,但也往往会阻碍好的事情发生。传统的以客户赢取客户的计划通常成效甚微。为了招揽新客户,网络上有一些商家会同时面向广告商和已招揽的客户提供临时的免费使用权;面向其他人则通过进一步的传播广积善缘,或者通过研发的等级排名、特殊符号和独特的徽章。人们往往很乐意在自己的网络中分享这些标志和勋章,这反过来又会对新的目标群体发挥作用并激发他们的兴趣。若条件允许,不妨为最勤勉、最卖力的推荐者创建一个内部的"名人堂",也可为超级推荐者专门组织一场盛会,这会让他们感受到满满的幸福感,最好是为其提供一些金钱买不到的东西。例如,航空公司可以选择为推荐者提供代金券或在贵宾休息室歇息的权益。你知道大多数推荐者的选择是什么吗?答案是休息室。如果客人带着自豪感在网上描述这件事并辅之以图片说明,这无疑又形成了免费的广告效应。

8.4　影响者营销是如何迅速崛起的

借影响者之力达到自身的目的,这种策略由来已久。只不过在过去,这只能通过线下的方式,即通过私下的人际交往或媒体进行。这样一来,被聚焦的首先是那些享有声誉并因此具有引领作用的人士:精英分子和权威专家。但人们早已开始转变观念并对此进行反思。最近,数字影响力已然超越了一切,人人都能成为信息的发送者。高度发达的网络以及快速发展的网络空间使得基于网络产生影响的各种可能性变得非常有趣。意见领袖和消息的大规模传播者首推那些在社交网络中存在感很强的人,由于其他人觉得他们发布的内容富有价值,因而会进一步广泛传播,观点和思维方式会迅速蔓延开来。

各大企业也早已认识到,他们很难像过去那样通过投放大量广告接触到目标群体,这在年轻一代身上表现得尤为明显,这代人更喜欢从同龄人的嘴里听到对于这个世界的解读。对他们而言,来自"同伴"的推荐比商家的一面之词更加重要。19岁的索菲亚（Sofia）这样说道："如果我不知道某个品牌，我会想先知道自己圈子里的其他人是怎么看的。"人们会乐于分享那些积极正面的体验，这样一来，其他人也会这么做："瞧一瞧我所看到的吧，你可能也会喜欢。"但与之相反，那些带来消极经历的品牌不仅会惨遭排挤，还会被拿到台面上说事。"千万别到……那儿买东西，我被'宰'了个精光。"就这样，人们发出了抵制购买的呼吁，而网友为了规避损失也会对此一呼百应。这就是千禧一代在社交网络中对他人表达的喜恶会爱恨相随的方式。就这样，言语有力的影响者确定了基调和前进的方向。

就此，管理咨询公司科尔尼（A. T. Kearney）开展的全球未来消费者研究发现，Z一代（2000年后出生）中有54%，Y一代（1985—1999年出生）中有51%，即便X一代（1985年前出生）中也有35%⊖的受访者在做购买决策时受到影响者的引导。

就这样，企业非常有针对性地利用有影响力的人来接触期望获得的目标群体，扩大影响范围，打响产品的知名度，提高声誉并促进销售。确实，B2B供应商也需要采用影响者营销，但首当其冲的是B2C领域。在这方面，他们与选定的意见领袖合作，后者把需要推广的产品融入自己的生活并将其呈现给自己的追随者。数字化的意见领袖能够产生一种放大效应，而在下列领域中，供应商尤其仰仗这种效应：食品、饮料、烹饪、旅行、生活、健身、运动、时尚、美容、消费电子产品、软件、电子游戏和音乐，这些领域总是伴随通过影响者得到广泛传播的新闻消息。

若是问年轻人，他们的偶像是谁时，许多人的答案不再是演员、音乐家或运动员，而是YouTube和Instagram上的明星。年轻人会关注他们的生活，寻求他们的建议并希望成为他们那样的人。这种榜样效应（有时也有些可疑）使他们在市场营销中变得非常有趣。社交媒体达人和他们的目标群体一样，都是"超链接"和"永远在线"的。他们有自己的话题重点

⊖ 这些年代名称来自社会学家的研究，具体年代数字各文献不同。

和个人的独特风格,他们服务于特定的年龄段和特定的环境,他们维护自己的社区并赢得追随者的信任。他们也知道,要促成追随者采取行动,哪些内容会有效,又必须以何种频率发布这些内容,对于如何进行视觉传达,如何讲好故事,如何确保独特性和原创性,他们都有很好的感知力。

在多数情况下,对于影响者制作的内容都可以免费访问。因此,在决定是否跟随影响者方面,人们是自觉自愿的。这就形成了一种高度的认同和强烈的联系。不同于以往,人们不再把某个品牌"端"到潜在客户面前,影响者更希望激发追随者的兴趣,从而真正接受他们的推荐。

然而,我们必须确保建立一种正确的匹配关系。影响者推荐的产品及其代表的生活方式必须协调,否则就像生拉硬拽一般看起来很假。在我们看来,如果将企业与影响者的合作理解为一种纯粹的交易,那将是最大的损失。若这样做则无法挖掘其潜力,还会花费大量的时间和金钱。相反,如能巧妙吸收影响者,品牌就能以一种真实的形象吸引关注的眼光。影响者能令产品变得"活灵活现"并借助自身的网络权威树立可信度。如此一来,社区的成员就会自发地接近供应商。实际上,一系列品牌的成功都要归功于运作良好的影响者营销。

在影响者营销中,必须建立正确的匹配关系

8.5 影响者分类:商人、狂热爱好者、偶尔推荐者

通常而言,影响者的工作是以自身明确的价值取向为基础的。激情是这项事业的驱动力。影响力从何而来?这就需要影响者具备一些天赋,能够迎合时代的精神,能够通过播放视频片段温暖人心,能够通过所展示的生活方式吸引受众。他们乐意彰显自己的色彩,在公众面前毫不掩饰地表达自己的观点,呈现各种生活细节,有时甚至一天数次展示。那些有利于推广这些理念的品牌会被捧上天。这可以是自发生成的,或者得到资金支持。

当然了，你不必为每个影响者所提供的服务付费。有些人也不愿收费，因为他们不想树立买卖关系的形象。如果影响者的服务涉及具体的产品推广，即为商家提供广告服务，那么对于所谓的纳米级影响者（即追随者不多的人），可以向其提供测试商品；拥有超过2万名追随者的人被称为微型影响者，可以向他们支付小额推广费；而对于那些拥有数十万甚至数百万追随者的宏观影响者来说，付费推广已然是业内行规。这些人通常是社交媒体达人，他们主要活跃在 Instagram 和 YouTube 上，而且就像电视广告中的明星代言一样，他们经由代理商进行营销，这样就能获利。

根据影响者的不同行为动机，我们将其分为三种类型。这三种类型具有一些共性，简化分类应该可以帮您为自己的企业找到一个合适的影响者策略。

- **商人**：这类人通过植入式广告牟利。他或她（在其利基市场）的知名度足以促使人们产生购买行为，其指标性特征在于发布极其醒目同时也是浅显易懂的帖子。作为一名社交媒体明星，这位影响者拥有广泛的"粉丝"，而这些"粉丝"往往关注的是他本人。与这类人合作的优点在于这场交易具有可预见性，而缺点是商家很难控制这种植入式营销的类型，也就往往缺乏真实性。而且，整体投入费用相对高昂。

- **狂热爱好者**：他本人是绝对的"粉丝"，其指标性特征是：出于对产品效用的高度赞同而做出价值驱动的表述。他拥有一群忠实的追随者，后者瞄准的是他的专业领域并认可他作为行家的身份。与这类人合作的优点在于可以获得真实性，而且这样的人往往饱含着"传教士"般的热情。此外，他的推广往往是免费的。这种类型的缺点在于：这类人很难被发现，而且也不太可能激发他们经常宣传推广的积极性，这就给用数据驱动实现优化增加了难度。

- **偶尔推荐者**：这类人基于自身经验随意推荐一些品牌。他对于产品对其生活产生的影响有强烈的兴趣。他做出推荐的另一个动机在于，能将一个受人敬仰的品牌进行形象转化并与他本人联系起来。此外，这样做还可以帮助自己的朋友和同事避免一些负面体验。其指标性特征是，不做任何表面的广告，受利益驱动做出表述。与这类人合作的一个优点是，他通常满足于以产品赞助作为报酬，而缺点在于，类似于狂热爱好者，这类人进行明确推广宣传的规律性不足，且必然会对目标群体产生消极的影响。

这里举一个偶然推荐者的例子？那我们就直接说说亚力克斯（Alex）吧，他的领导力培训公司 Growth Masters 与那些和其具有相似价值观的年轻品牌合作，这些品牌也为他开展全球业务和探险培训提供有意义的辅助服务，其中包括路上享用的健康零食、教练团队和学员的功能性服装、覆盖全球的通信解决方案。就这样，亚力克斯的公司在各种活动中积极尝试了这些品牌，顺其自然地成了它们的影响者。这其中的关键点在于开展简单易行且低工作强度的协作，也正因此，这种协作通常仅限于产品赞助。通过此类合作，参与品牌已经赢得了更多的顶级影响者，并在超过 10 万名"粉丝"面前展示了自己。

如果仅仅想要花钱买影响力，商人这类影响者堪称理想合作伙伴，而且这类人也很好找到：第一步搜索符合情境的顶级影响者榜单、指定的数据银行、专业机构以及市场。但要注意，影响者市场早已不在起步阶段，它已经过于火热了。目前，它收取的费用非常高昂。CNI 是一家时尚珠宝供应商，多年来一直与影响者合作，其联合创始人贾尼克·埃尔本（Jannick Erben）这样说道："影响者基本不适合帮助企业直接销售，证明其作用的唯一方法就是观察其带来的长期品牌效应。"他还打比方说，要想获得 50 万名追随者的关注，与其抓住一名拥有该数量级追随者的顶级影响者，不如寻找 10 名微型影响者合作（其中每个微型影响者拥有大约 5 万名追随者），后者将更有价值。这样一来，只要多付出一点点努力，你就能获得一些仅满足于试用产品以及/或少量资金的影响者。此外，相较于在一个热门人物身上孤注一掷，这样做也更能丰富获取图片和视频素材的渠道。

8.6 影响者营销中最该做和最不该做的事

在遴选影响者的过程中会犯很多错误。最大的问题一方面在于对金钱的贪婪，另一方面在于行动主义以及双方三脚猫般的业余水平。影响者并未与品牌建立可靠的关系，在植入式广告中往往表现得笨手笨脚，这就给人留下了愚蠢和刻意渗透的印象，也就完全无法实现预期的效果。影响者和品牌都感到难堪，他们会因此失去忠实的"粉丝"，只能得到网络上的冷嘲热讽。

与影响者保持良好的人际关系至关重要

那些市场营销人员呢？他们一如既往地在奔波忙碌中树立自己高大的形象。他们将自己的产品与不合适的影响者关联在一起，以伪装起来的隐形广告耍花招，任由自己被各项虚假的指标所蒙蔽。统计经理们最看重的因素往往只是纯粹的影响范围，这样一来，人们很容易就被那些仅仅关注一己私利的人玩弄于股掌之间。赢得大规模的追随者和"粉丝"只要花上区区几百欧元。运用计算机程序就可以令观看、点赞和评论的数量迅速飙升。不过，相应的软件可以监测此类欺诈行为。

在对影响者进行定性评估时，除了他的影响范围（Reichweite），我们还需将相关性（Relevanz）、声誉（Reputation）以及成效（Resultate）纳入考虑范围。由于关乎高质量的联系及其产生的影响力，因而上述四个因素（4R）尤其在B2B领域和在微型影响者中显得格外重要。就此而言，对于纳入考虑的影响者，最基本的就是分析其社区、内容和行业地位。因为在目标群体看来，影响者就是你的品牌大使。

良好的人际关系一如既往地至关重要。你与影响者做生意，他也是服务于人。在你邀请被选中的人参加一个活动前，你应该认识他们，至少通过电话，如果能面对面交流更好。在理想情况下，这段关系会长久存在，这就要求我们首先建立信任，只有这样才能期待最大限度的忠诚可靠。

如就合作达成共识，企业便将与影响者共同开发推广活动。若将其视作纯粹履行职责的助手，并把自己的想法强加于他，那就注定会失败。其实，创造自由的空间非常重要，你给他们自由，他们中的专业人士会制定并发布一个更加真实的、语言表达上更易被理解的信息，从而达到比传统广告更佳的效果。不过，也有些内容会显得过于浮夸，部分内容简直荒谬可笑。因此，最有益的做法是双方针对各种改进的可能性不断交换意见，这样就能建立一种在外界看来一如继往的长期关系。

在启动影响者营销之前，先要以书面形式明确一个实施计划，包括以下几点：

- 谁对影响者计划负责？
- 该计划追求的总目标和分目标是什么？
- 该计划旨在触达哪些目标群体？
- 应该借助哪些媒体渠道？
- 哪类影响者合适且引人注目？
- 应该推广哪个主题/活动项目？
- 我们能为影响者提供什么附加值？
- 何时才是合作的恰当时机？
- 针对每种情况需要沟通哪些内容？
- 有多少预算和资源可供使用？
- 如何将结果记录在案？

除了纯粹的植入式广告，还有很多其他推广方式：抽奖游戏、产品测试、正确使用产品指导、邀请参加活动、参观公司总部等。影响者往往有非凡的点子，能巧妙地将此类场景转变成极具吸引力的故事，从而受到追随者的热烈追捧。

8.7　如何搜索、找到并免费赢得影响者

要想找到合适且具备能力的影响者，知人善任和富有同理心极为重要。试着站在影响者的立场上看问题，就像某次客户旅程一样。只有当你真正了解他们的意图和行为方式，才能达成长期合作，赢得"粉丝"和新客户也就水到渠成了。

那现在还缺什么呢？一个辅助搜索偶尔推荐者、狂热爱好者、纳米级和微型影响者的清单，这个清单对开展和实施营销活动也有帮助。

成功开展一次影响者营销活动的清单

1）**创建选择列表**：根据定义的标准（追随者、渠道、帖子质量、基调、频率等）列出5~10名具有足够影响力且与品牌相匹配的人选，比如可以在主题社区中寻找这类人，此外也可借助关键词在脸书、Instagram、Pinterest、推特、XING和领英等社交媒体上进行搜寻，在查找时也可以寻求第三方的帮助。此外也可开展一个媒体调查：考虑使用的影响者是否为公认的专家？他们现在"正流行"吗？他们能承担先锋角色吗？他们的话语被媒体引用了吗？他们的活动是否在搜索引擎的点击率中遥遥领先？他们过去推广过什么东西？

2）**社交互动**：对影响者发布的内容表示出兴趣，密切关注他，你（以及你的团队）要点击、评论、分享和转发他的帖子。这需要付出时间和精力，不过，这恰恰是成功合作的基础。一方面，这是对你自己的一个测试；另一方面，鉴于社交网络上充斥了包装和自吹自擂，你正好可以看看，这些影响者是否真得符合自己的期望。

3）**真诚可靠**：如果你想赢得影响者，真诚极为重要。尽管这点显而易见，但往往是症结所在。你必须明确阐述自身具备哪些优势，足以吸引你所选择的影响者。在这方面，历史悠久的企业或者传统的品牌并不一定是劣势。即便影响者想要与你合作并帮助宣传推广，他也需要强

有力的支撑。也许,他还想借助你的品牌来美化自己。

4)创建内容:这一步要做的是基于你的优势提供影响者喜欢或令其信服的内容或产品样品。作为一名意见领袖,他会频频现身于某个由专家组成的网络中,因而提供的内容必须深刻到位。为了让其显得"内涵丰富",务必提供卓越的洞见和背景信息。这样一来,你的内容就能以其独一无二性脱颖而出。特别是那些博主和视频博主(即那些视频频道的运营者),他们靠的就是率先传播相关信息或先人一步测试产品。此外,所提供的内容也可作为一种试运营,以此观察该影响者的追随者做出什么反应,我们也可以快速看清此次合作有多大的潜能。

5)简化分享:你应以人们特别乐于分享的内容为傲。例如,智能手机应用程序Oak的首批用户获得了"创始成员"称号。他们可以通过截图在短短几秒内与朋友分享这一"荣誉",这就引发了人们的好奇心并获得流量。又例如,邀请其在自己的博客上发表一篇自由评论或进行一次采访。影响者会在自己的社交媒体上分享上述内容并为你赢得一定的影响力。

6)提供酬劳:你应该向影响者提出酬劳的方案,竭尽所能与之建立牢固的合作关系。合作的第一个关键词是平起平坐,第二个关键词是排他性。就酬劳而言,我们也可以考虑提供金钱以外的回报,比如产品赞助、扩大影响范围的交叉推广、企业办公空间的使用、媒体设备、网络、学习资源、顶级活动邀请函等企业资源。除此之外还有一点:取悦他们,令其感到尊贵和荣耀,许多人都非常看重自身的重要地位。

7)驾驭合作:一旦达成交易,下一步要做的就是以引人注目的方式传播信息以及与之相关的一切,让影响者的工作尽可能简单。视频博主需要视频材料,博客博主需要文字(加上图片、图形、影像)。播客专家法比安·陶施（Fabian Tausch）是年轻企业家播客（Jungunternehmer Podcasts）的创始人，正如他向我们展示的，音频材料也可以带有趣味。此外，在开展宣传的过程中，必须保持斗志高昂。人们总是乐于获得感谢、鼓励、认可以及对事态的定期反馈。

8）监控：启动之后就要定期分析影响者的行为。记录其所取得的成果。如果必要，小心谨慎地跟进，看看他是如何在自己的网络圈中推荐你的产品的。通过这番探索，你或许能了解全新的营销策略。

还有一个小贴士：向每一名与客户建立联系的员工下达一项明确的任务，即鉴别影响者。这能节省成本，说不定还能带来惊喜，即发现意料之外的东西，从而带来奇妙的效果。

8.8 "粉丝"社区：如何最佳利用网络效应

如今，企业能以如此简单的方式和它们的客户进行持续地交流并互联互通，这是前所未有的，靠"粉丝"社区使之成为可能。对于许多企业而言，人们只能向其极力建议建立这样的社区。对于一个品牌的追随者而言，此类社区可谓完美的收集池，这样一来，那些依然仰仗中间商运营的生产者得以与客户直接接触。"粉丝"社区加强了与某个供应商及其产品的联系，有利于打造正面的口碑并为市场营销注入动力。例如，总部位于伍珀塔尔（Wuppertal）的家电制造商 Vorwerk 在售卖温度计时大获全胜，并将其归功于他们的非常活跃的在线社区。

"粉丝"社区确保了与客户的直接联系

社区成员可谓杰出的大使，通常非常热心和投入。在社区平台上，他们交换信息，互帮互助，还参与新产品以及现有产品的深度开发，其产出丰厚、实用性强、品质好。就此而言，"粉丝"社区也非常适合做性能优化。我们可以借此搜集各种意见、评估和感受，还能以迭代的方式测试各个版本。人们可以实时请求那些特别的反馈——而且这一切的成本

第 8 章
推荐者和影响者作为架桥者的作用场

都极其低廉。

当然,"粉丝"群向来都有,其中一些堪称传奇。不过,只有在互联网和社交网络出现后,社区才能充分发挥其潜力,实体世界和虚拟世界以特别的方式联结。比如 Impulse(《冲动》)杂志为中小型企业家创建了一个网络,他们借助网络见面会、协商会、学习旅行和研讨会来交流想法和信息。德国商报出版集团(Handelsblatt publishing group)也向其主要目标群体经理人提供类似服务。

在本章中,我们对社区的形式特别说明下:

- **品牌社区**:这些社区想要赞同各大品牌所代表的生活方式。那些对该品牌或它的产品持有好感的人们在此相聚,这种社区的主要目标是把会员和品牌绑定,并让他们成为品牌大使。

- **主题社区**:这些社区由志趣相投的人组成,他们就专业话题、爱好或生活中遇到的问题交换意见。在这里,效用才是人们关注的重点。此类门户网站通常具备咨询功能和/或提供产品优化的可能性。

许多部门和专业领域都设有主题论坛。感兴趣的人自愿访问这些社区,搜索内容和志同道合者、寻找帮助和具备特定知识的专家。他们讨论各种各样的问题,而不与企业直接建立联系。供应商最好在这里潜心倾听,从而更多地了解潜在客户的担忧,并获取如何改进自身产品和服务的宝贵见解。

> 在主题论坛中,供应商最好学会潜心倾听

在荷兰,亚力克斯(Alex)的好朋友建立了一个真棒基金会(Awesome Foundation),这是一个由解决者组成的社区。所谓解决者,是指那些有动力和致力于改善城市环境的人。他们互联互通,汇集知识,并创造了一种新的工作方式——在私人和社会环境中运作"流程优化"。这个真棒基金会以地区单元的方式自组织起来,用小额资金支持那些提出好点子从而推动社区发展

的人。这个社区每月组织一次聚会活动,其中经过预遴选的点子会被提交给由 20 名投资者组成的评审团,胜出的方案将获得 1000 欧元并付诸实践。如此一来,当地的环境每个月都有改善。

为内部点子创建一个融资社区,这样的概念本身就能被轻而易举地转移到商业环境中。相较于一年一度的大规模预算,说服少量小额投资者把他们的一小部分预算投入到某个新项目中要容易得多。如果立即落地该项目并在实践中取得成功,那就能为当下运营的项目获得进一步融资,而每家初创型企业都是这么做的。

8.9 如何构建自己的"粉丝"社区

和那些大平台一样,社区也依靠网络效应生存。然而,并非每个人都想随大流待在众人所在之处。正因此,利润微薄的利基市场才得以崭露头角,而这反过来也为主题论坛及"粉丝"社区提供了巨大的机会。当然,这方面最重要的任务是以适当的方式把这种社区"做大"。具体有两种可能的做法:

- **支持一个现有的社区**:"粉丝"群及其社区页面往往是在完全没有任何企业及品牌帮助的情况下创建的。在这里,重要的是让自己与有趣的社区挂钩,予以支持并邀请新成员加入。
- **创建一个全新的社区**:如果尚不存在与你喜欢的话题或品牌相关的社区,不妨白手起家。由此向各方感兴趣的人士提供了一个虚拟会面的平台。

在论坛和社区中慎用自我推销

构建一个富有价值的"粉丝"社区需要投入时间和资源。我们必须有序组织、缓慢推进并通过创造性的活动激发成员之间的交流。要做到这一点,公司必须认识到自己的首要角色是倾听和回答,而非以自我为中心的"传教"。这就意味着要在论坛和社区中极力避免自我推销,否则社区成员很快

第 8 章
推荐者和影响者作为架桥者的作用场

就会再次离去。

一名社区管理者热心致力于社区成功,这几乎成为他的职责,对于这样的人必须精挑细选,他在行动上讲究策略,同时也很贴近人群,对社交媒体具有亲和力,具备组织能力和沟通能力。我们可以想象这样一个角色,他身兼二职,结合了管理影响者和社区管理者的工作。在较小的企业,客户接触点经理是这个角色的绝佳人选,他能清除所有决策和审批方面的障碍。要想令社区生机勃勃需要一定的回旋余地,而这些障碍会起到破坏作用。这同时也意味着,社区要尽可能摆脱复杂的企业身份识别规则。

创建一个社区并在那里交换信息,这有时会显得相当混乱,也可能会激怒许多对控制上瘾的管理者。此外,社区里也会讨论一些负面的东西,从这个意义上讲,它并不是一种公关工具,而是一套完美的预警系统,往往可以同时提供多种可行的解决方案。毕竟,"粉丝"社区并不是利润中心,而是一种本身就能带来额外销售的树立品牌形象的手段。现有客户可以说服那些新人首购。最重要的是,"粉丝"们在那里找到了一种归属感,培养了集体意识,互相支持,并把令人欢欣的消息从这里传播到世界各地。此外,活跃的社区还有助于减少服务问询。

只要社区规模合适,顾客互助效应会非常显著。奥地利的 A1 电信公司通过引入一个支持社区节省了 25% 的客户支持成本。德国电信(Deutsche Telekom)对 60 名高级客户进行了调查,他们就各式各样的问题共撰写了 1 万多份回复并以此帮助了很多人。其实,他们偶然获得了大量的专业知识,反过来又向社区提供知识。做出突出贡献的会员可以获得"荣誉":既可以是电信社区的平台货币,又可以是奖励和徽章。平台管理者伊娃·海因里希斯(Eva Heinrichs)指出:"每两到三个案例中就会出现用户互相帮助的情况,这让电信员工的干预显得多余。"⊖

⊖ 来源:*Lead digital*(《数字化领导》),2017 年 8 月。

组织小型比赛可以激发社区成员的热情，他们会兴致勃勃地参与，分享自己的经验和技巧并提交改进意见。一旦达到预定的级别，活跃用户就会获得一个可见的包括各种特权的特殊状态。人们参与的主要动机无关乎金钱，而在于名声和荣誉，或者通过自身掌握的知识发光发热的可能，再或者是享受一种被需要的感觉，从而让别人的生活更美好，又或者只是消磨时光、享受快乐，并支持一项有益的事业。有些管理者相信，只有金钱才能驱使人们按照他们的想法行事，这一想法会就此改变。

第 9 章 管理层的作用场

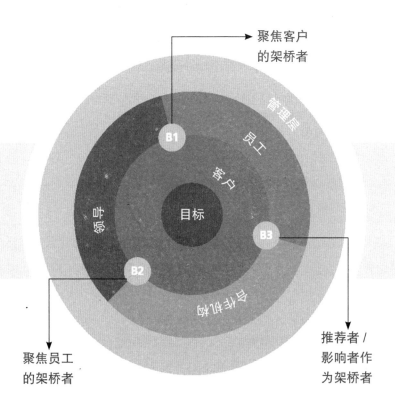

轨道模型：
9步打造适应数字化未来的组织架构

管理的根本任务是什么？它将带领企业走向未来并确保其持续生存。要做到这一点，就必须构建正确的内部框架，无论在结构上还是文化上都是如此。归根结底，一切成败都取决于人的因素。要想永久具备转型的能力，敏捷性、互相协作和颠覆的意愿都必不可少且须深植于企业文化。这就要求我们采取一种战略，同时纳入演变发展和变革求新的思维。要想转型成为一家适应下一代经济的活力十足、数字化和以客户为中心的企业，这就要求企业对首要任务做出根本性的决定。

有以下四种动机可以引发改变，形成新的合作形式：

- 经济原因；
- 受变化所迫；
- 伦理道德的原因；
- 心态变化所致。

人们惯用老旧的重型设备，但若墨守成规，只会令你在数字海洋中沉没。换言之，在安定的时代，传统的管理方法是恰到好处的，但在流动变化的环境中，你必须学会游泳。正因此，为了达到那片未来的"水域"，我们需要一些能够提供浮力并使自身变得极其灵活的工作方法。

你能做很多事，但向他人施加压力是最糟的

面对外部压力的增加，你有很多种应对方式，但最糟的往往也是司空见惯的做法是：向他人施加压力，这犹如绷紧的弦，大大增加了等级化的内部压力，只会导致组织僵滞。其实最好的办法是：放松一点，就像体育竞赛前的热身一样，让团队以自组织的方式起飞翱翔。这方面的工具一应俱全，你也已经在前面的章节中对此有所了解，现在是时候将其迅速整合成一种可以应对未来的战略。

9.1 如何将企业带入未来

从理论上看,世界的变化向来要比人类变化快得多,这是一方面。另一方面,仅当人们自己实验时,才能正确地把握整个事情,也就是说,让自己沉浸在新世界中,用你所有的感官去体验那里正在发生的事情。你一定会浑身起鸡皮疙瘩,惊讶不已,不过这样一来,你就能够减少接触的恐惧,清楚地识别潜在的机会。事实上,只有未知才会让我们感到害怕。也就是说,为了创造一种乐观精神,吐故纳新,让变革的意愿遍布企业的各个角落,我们建议按以下步骤执行。当然也有一个亘古不变的法则:并非所有做法都适合每个人,有些企业能走得更远,而另有些企业则可能止步于眼前。

如何创造更多乐观精神?我们的建言和倡议

1)**永远共同着眼于未来**:未来的技术会对你所在的行业及客户产生什么影响?这是一个至关重要的问题。我们如今常常听到这样的感慨:"我们不够勇敢,我们本该早点开始做。"请让企业里的每个人都参与进来,尤其是"职位较低"的员工和年轻人才。在 YouTube 上浏览未来学家和商业哲学家的视频或者阅读他们的著作。将 TEDx 视频作为学习资源,预定知名网络大学的课程,邀请享有盛誉的专家来企业做报告和开研讨会。打破常规,从自身的工作方式中突破重围,一旦进入"外面的世界",人们往往更能行稳致远。参加未来大会,与经历过转型的企业打交道并公开报道他们的经验。没有人能从平淡无奇的公关故事中学到任何东西。请你与那些和你一样走在路上的组织建立联系,跟上最新的趋势。常规性的年度战略会议已经远远不够,至少要每三个月召开一次,这样才能促使新事物尽快在整个企业中普及。此外,为了让自己立足于未来却又能回归当下进行思考,构建未来的场景也很有帮助。

2)**熟悉数字化初创型企业的运作场景**:与其和同行业中的志同道

合者谈论同样的事情,不如对接薪新的创新生态系统。参观"遇见初创型企业"系列活动、参观技术中心,或者正如第7章中以柏林创新实验室为例所勾勒的那样,为了快速提高自身的数字化水平,以项目为单位预订一个创新实验室。在那里,某企业提出了一个与新产品或商业模式有关的具体问题。接着,由来自不同领域的创始人和专家构成的异质化小组在短短数小时内提出可能的解决方案。或者,你也可以参观创新营地,远离日常生活,在一个受保护的空间里,你会了解到工作组织和创新管理的新方法。再或者,你可以在一个共享办公空间里开展临时工作。例如,钢铁贸易公司 Klockner AG 的首席执行官吉斯伯特·鲁尔(Gisbert Rühl)为了使自己完全沉浸在创新氛围中,就将自己的董事会办公室迁至柏林的联合办公空间——贝塔社(Betahaus),并在那里工作了数周,之后,他便对公司进行了数字化改造。

3)引入反向指导计划:采用一种简单的方法,你便能为企业注入一股清流,引入数字化思维和敏捷行动,并为采取更大规模的转型措施做好准备。当人们谈及技术成就、当前的消费者行为以及现代工作环境时,那些早已接受数字化转型洗礼的千禧一代会是关键因素。于是,在反向指导中,传统辅导模式中的角色发生了逆转:在一些"年轻人"更擅长的专题领域,初级职员向高级职员授课,这样做的根本目的在于增加整个企业中的数字化适应度,转变传统的沟通和工作方式,使之适应数字化时代的新要求,也让年龄较长者更加熟悉千禧一代的生活世界。总而言之,在构建学习型组织方面,反向指导堪称优秀工具。

4)组建一支数字化风暴部队:应该将数字化安置于何处,目前关于这方面的讨论仍然被禁锢在筒仓般的思维里,而这正是大错特错之处。数字化当然不应隶属于系统所有者所在的 IT 部门。业务、生产和沟通过程的数字化以跨部门的方式影响着企业内的所有人。鉴于此,不妨指定一人直接受命于管理层或董事会首席数据官,并在其领导下创建一个完全自主管控的内部数字化工作小组。在数字化领域，他能迅速采取行动，充当各领域间的架桥者，此外还能组织黑客马拉松（Hackathons）活动。这个词由"hack"（黑客）和"marathon"（马拉松）组合而成，是针对大部分时限要求极高的数字化任务生成集中性联合解决方案而举办的活动。这样就能获得极为高效的成果——通常耗时仅为平时的一半。这种做法也必不可少，因为数字化系统总希望能彼此协同合作，那些无法提供此类服务的企业很快就会惨遭淘汰。

5）组织"请颠覆我"研讨会：采取该措施旨在进行自我革新，这其中的关键问题是我们身处的领域，什么将被取代并消失？凡是自认为无懈可击的人事实上已经失败了。为了使之永续下去，要充分利用眼下的好光景。在遭受攻击之前，你最好在主持人的鼓舞下首先进行自我攻击，至少可以将其视作一种理论练习。通过这种方式，你可以先人一步发现自己的痛点，重新思考自己并为未来的业务领域奠定关键基础。为了不被更年轻、更优秀的攻击者所颠覆，不少数字经济的先驱者都在持续探究这个课题。

不妨接受他人的鼓舞，但也务必要找到属于自己的道路，而且最重要的是：请特别明确一点，尝试和错误恰恰是你转变过程中不可或缺的一种工作方法。

9.2 企业重新设计：更新路线图

既然我们已经充分意识到现实情况，现在是时候采取行动了，你要对企业进行重新设计。请注意：千万不要单独做决定，而要共同决策，不妨以一轮集体协商拉开这项工作的序幕。首先要确认现状：你现在位于轨道模型的何处？什么可以维持？什么必须摒弃？你想前往何处？哪里会有风险点？机遇又在哪里？一开始，人们往往会召开一场战略会议或研讨会并在此过程中做出基本决策：我们将启动转型。这时需要注意的基本问题如下：

- 我们为何想要改变？
- 如果不做改变，将会发生什么？
- 我们具体想要实现什么？
- 这对所有参与者意味着什么？
- 那些无论如何不想配合参与的人会怎样？
- 我们想要通过哪些步骤开启这项工作？
- 我们如何才能注意到自身变得越来越好？
- 哪些因素有可能破坏我们的计划？
- 我们如何确保自己不会重新拾起老旧的习惯？

最重要的是，这需要最高领导层的承诺，愿意放手并授权。这差不多可以通过以下原则予以体现：

- 以客户为中心优于利润最大化；
- 迭代优于按部就班；
- 参与优于等级阶层；
- 自主性工作优于自上而下的管理。

最后，你要以书面形式撰写一份鼓舞人心的目标声明，说明你的转型倡议想要达到什么，简明扼要、令人难忘、激励人心、令人折服。之后，你作为管理层成员只需再做一件事：确保项目组（即你的转型团队）顺利创建。

9.3 重建专家：转型团队

重建过程中的所有具体步骤都由初始的转型团队发起。管理层并不属于这个团队。这个小组不仅由领导组成，而且从一开始就包含下列特征：

- **跨阶层**，这就意味着，即使那些没有肩负领导职责的员工也要从一开始就参与其中。
- **跨领域**，这就意味着，与此项行动相关的所有业务领域都要参与

第 9 章
管理层的作用场

其中。

- **非匀质化**，这就意味着，具有各种性格特征的男女老少员工都要参与其中，在跨国企业中还要囊括有不同国籍的人。

在理想情况下，团队成员是其所处环境中的意见领袖。他们乐于改变、善于交际、具备社交能力，也擅于提出新理念和想法。此外，他们也要有毅力，而且必须以自愿为前提参与工作。如果设有职工委员会，这些人也应位列其中，如果需要特别的专业技术知识，还可以额外加入一些成员。

核心团队应该由 7 名成员（上下浮动 3 人）组成，他们的工作时间中有 x% 可以自由支配。要想快速取得进展，Scrum 或许不失为一种好的工作方法。如此一来，就有了一名转型负责人，他既是管理层对外的传声筒，又是直接联系人。除此之外，我们还有必要招募一名转型专家，由他来主持和处理组织方面的问题。转型项目有一个鲜活的名字以及与之相应的 LOGO（标志），人们通过任务板（一种可公开浏览的情况概览板）实现待完成任务的可视化处理。在项目向前推进的过程中，为了能有针对性地启动某些个别措施，有必要四处扩大子团队。

其实，转型团队也可以采取某些转型措施，但事实上大多数团队并未这么做，它们只是提出建议。鉴于此，所有层级的领导是否支持整个项目成了决定结果好坏的关键。对于那些既得利益者而言，任何新生事物都充满了危险。于是，正如我们所见，那些领导感到自身受到了转型项目的威胁，他们会比"一般"员工更不愿意接受变革，而且在初始阶段表现得尤为明显。然而，倘若你不特别注意领导层，那就会在企业里树敌，而且是势力强劲的反对力量。鉴于此，转型团队也必须处理好人员心理方面的问题。此外，保持透明度和持续沟通也非常重要。要想确保整个项目获得成功，管理层的鼎力支持非常重要。事实上，在 Scrum 逻辑中，他们被称为转型的赞助人。

> **所有领导对项目的支持是成败的关键**

257

9.4 筹建转型工作组

为了立即启动，我们需要筹建一些雷厉风行的工作组，这可能是转型团队最先做出的决策之一。我们也将此类突击部队称为转型工作组（TTs）。它们并不属于某个业务单元，而直接归属于管理层。其中的人员是从现有员工中征聘的，必要时也可吸纳外部专业人员作为补充。年轻的数字化人才拥有直接的表达方式以及新鲜的观点，也充满了推动事物进一步走向创新、灵活、数字化和协同化的澎湃激情，这样的人注定会成为转型工作组的成员。此外，他们往往也非常熟悉现代的合作方法。其中有几项甚为关键：

1）各工作组的工作不得受到部门领导的阻碍。

2）出现各方阻力时，不能受其干扰和诱惑。

3）为了实现高效运行并自由做出决策，团队必须能以自组织方式工作。

4）杜绝耗时耗力的报告流程和大范围铺开的内控行为。

5）允许实验和走弯路，也容忍因此出现的失误。

6）管理层无条件的支持至关重要。

7）千万不能委托外部的顾问团队管理此类项目。

如果没有注意到上述问题，那你的预期目标就无法实现。

下列三个转型工作组应立即启动工作：

- **一个数字专班**，独立于部门运作，可保障迅速采取必要的数字化措施。
- **一个客户接触点经理工作组**，用于尽快消除与客户有关的跨部门漏洞。
- **一个整治官僚腐败的突击队**，说通俗点，这个工作组努力搜捕的是内部的"官僚怪物"。这里有个小建议：不妨从采购部门入手，相信你很

第 9 章
管理层的作用场

快就会有所收获。曾经,某较大规模中型企业的部门主管在一次管理研讨会上,随随便便地从安妮(Anne)那里为自己所在部门买了五本书。没过多久,一名职员打电话来交涉,解释说这名部门主管并无此权限,订购图书应由采购部门完成。为了让整件事"正式合规",接下来数小时出现了附带各式各样表格的邮件往返。最后,甚至连发票都得重新开。顺便说一句,那位部门主管刚还在预报中自豪地宣称,他的企业已经"在所有细节上都领先超前"。

破旧才能迎新。要想让幼小的种子萌发,就必须先为其除草,任何一名园丁都会这么做。其实从一开始就能轻而易举地节省大量成本,剔除华而不实的行政管理体系堪称明智之举!来自 8 个欧洲国家的 1 万名员工参加了一项名为"欧洲劳动力观察"(Workforce View in Europe)的研究,该研究表明,低效的制度和流程是导致工作岗位生产力匮乏的首要原因(近20%),其次是老旧过时的技术(19%)。

一个颠覆官僚主义的团队可以跨越整个企业处理那些过时的流程。例如,"截至目前,完成某某流程需要一周时间,我们如何能将进度缩短为一天呢?"人们可以对流程进行数字化改造并借助敏捷的工作方法大幅提升效率。你认为各部门应当各自负责提高自身的效率吗?这样做是行不通的。管理者总是倾向于补充和增加,而非剔除和减少。烦琐的工作程序和堆积如山的规章制度是一种自我保护机制,能让一切都看上去更有意义,但最终都得由客户买单,而且很多部门正是通过构建膨胀的操控管理体系才"刷"出自身的生存权利。这不仅封锁了进步,也阻碍了创新。

巧妙剔除整套华而不实的行政管理体系堪称明智之举

一名汽车集团公司的高级职员向我们讲述了一场"表单马拉松",这彻底耗尽了她对创新的兴趣。面对一个简单的项目,为了对抗官僚主义的繁文缛节,她经历了一场持续数周的战斗,整个项目也几乎因此陷入停滞。为了做出微小的决策,她不断修改表格形式,专注于内容相关工作简直成了一种错觉。她这样说道:"在政治层面根本没有组

259

织变革的意愿，而那些真正想要推动企业前进的人则会不断遭遇障碍。"面对如此情境，人们只能摇摇头并愤怒地呼喊："阻碍进步应该受到惩罚！"

9.5　如何成功开发新的业务单元

如前所述，如果能脱离传统思想得以发展，那么新思想往往拥有巨大的机会。正因此，人们将核心业务和未来业务分隔开来，这样一来，首先把企业的部分领域变成一块能够让突破性新思维自由驰骋和翱翔星空的试验田。为此需要满足三点：时间、金钱以及合适的人。他们需要一个能在企业内部培养企业家精神的环境。为了摆脱母公司的束缚，以新业务单元形式出现的第一批先锋部队最好能在空间上与母公司分隔或索性整个迁出。通常，他们作为自主团队，以自组织的形式开展工作，还需要一个可以在母公司中代表他们的联络人。此外，他们也需要上级的支持，否则就会一发不可收拾。

跃入未来不仅是一种意念上的雄心勃勃，而且也需要强有力的资金支持，为此我们建议采取以下步骤：

- 减少至少 50% 的内部官僚主义成本；
- 专注于最赚钱的核心产品；
- 彻底剔除副产品以及与之相关的费用；
- 把大部分利润投资于新事物：创新、工具、人才；
- 创建能够快速研发新产品并将其投放市场的单元；
- 采购缺少的专业知识，以便面对一切新事物时能迅速改善。

这种"武装"升级很快就会收到成效。无论是对于员工还是客户，创新的企业都更具吸引力。此外，各种研究表明，此类企业的利润也迅速增长，经常说到的数值是"增长 20%"⊖。

⊖　https://www.smarter-service.com/wp-content/uploads/2018/03/Mind-Studienbericht-Digitale-Dividende-2018.pdf。

现在让我们谈谈何谓合适的人。除了具有某项必要的技术专长外,他们还需具备下列品质:好奇心、求知欲、对于研究的渴望以及开拓精神。和任何一种品质特征一样,人与人之间有着天壤之别。如果一切都严格遵照计划执行,凡是横向思考者均被压制,员工因墨守成规而得到奖励,那么,企业中只有少数人才具备上述品质也就不足为奇了。如果一个人经常因创造性做法而遭受批评,或者他的想法被屡屡驳回,那么就会出现一种被称为"创造力伤害"的现象,好奇心随之消失。因此,你必须寻觅一些特别的员工,他们需要新事物作为激励并且内心充满了好奇。此外,要想在未知领域获得胜利,全力以赴的拼劲和坚持不懈的毅力也不可或缺。

当然,这同样适用于此:如果你正在计划成立新的业务单元,不能简单地向其派遣员工。先锋人士应该自愿报名,共同决定组织结构和工作方法,然后开足马力,全速启动。即使最初仅有少数创新团队希望以敏捷和自组织的方式工作,所有管理者都必须允许和支持这一点。这些业务单元创造的有效成果必须在实践中予以执行。为自己开脱辩解以及仅为公关目的开展的活动都不可取,它们毫无益处,还会摧毁内部信誉。即使是最早成立的自组织单元也绝不能在完全孤立的情况下运作。事实上,团队应该以透明的方式不断地阐述自己的工作,而不是保持神秘。此外,为了让整个过程清晰、具体,也可以制作视频和/或向员工征集。就这样,先锋团队可以成为整个组织结构和文化变革的核心。关键性问题在于"我们如何将这种团队的乐观精神、合作意愿和激情活力带入整个企业?",这方面的一切障碍都必须被彻底清除。

需要的品质:好奇心、求知欲、对于研究的渴望及开拓精神

整个企业将逐步经历结构和文化的变革。如图 9-1 所示,即便在这里,作用力也呈水平方向,而非自上而下。一旦获得初步的成功,受其鼓舞,别的单元也将纷纷效仿。

"反应较快的大多数"不会做试吃螃蟹的第一人,直到这群人中的足够多的人已被说服尝试新的东西,"反应迟缓的大多数"将会紧随其后。

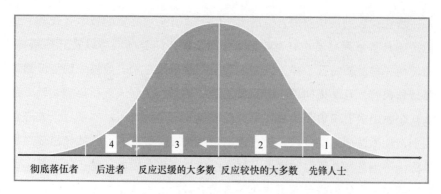

图 9-1 人们应对变化的反应各不相同,因此应当因人制宜,逐步引导其进入变革过程
[参照埃弗雷特·罗杰斯(Everett Rogers)的创新曲线]

还有不少观望者,期望一开始就俘获他们并无任何益处。相反,不如先不强求他们参与变革,让他们冷静下来。"后进者"往往心存顾虑,仅当所有危险都被彻底消除后,他们才会对此信以为真。企业将会失去一些人,他们之所以离开是因为企业不再适合他们,或者他们想与企业分离。有些人会带着一种新的恐惧将变革妖魔化,会固执己见地滞留在老旧的模式中,但如今,大家都没有时间去等这些人"上车",要是踩下刹车,一切都会停滞不前。不过,此处我们要注意区分一点:富有建设性的怀疑派很有价值,因为他们能引导我们思考得更深入并形成更好的论点。我们必须提防那些抵制者,他们无视眼前的机会,只会盲目地为老旧过时的做法提供保护伞,或是出于一己私利捍卫过去,对于这样的人,任何一家企业都无法忍受。

没有人有时间等待那些妖魔化变革的人

为了保持前进的道路畅通,为了迅速采取能够推动企业文化变革、结构调整以及数字化的各项创新措施,我们往往需要注入来自外部的新鲜"血液"。然而,人们通常会忽视这方面内部专业知识体系的构建。因此,数字化不仅意味着赋予现有事物数字化的生机活力,更重要的是孕育全新的数字化商业理念。因此,正如第 7 章所述,请与匹配的外部合作机构建立联盟。一定要让才华横溢的年轻人想要申请你们提供的职位,并为他们施展才华提供合适的

"竞技场"，只有这样，他们才会愿意留下来。

9.6　大型小组研讨会：转型流程的理想之选

事实证明，召开大型的小组研讨会非常有利于在更大范围内驱动变革，这对任何一家中型企业都有裨益。如今，越来越多的企业终于鼓起勇气和员工一起走上这条道路。为什么要说勇气？大型小组活动在尚未知晓将要前往何方的情况下就把下一步的行动计划交给他的员工，这本身能够释放民主意愿，此举收获巨大，可以说，整个组织都为之一振。新视野、新思想、新关系和新的通信网络正在应运而生。寻求共同的未来，吸引所有人走到一起，大家自然也产生了希望将其付诸实践的兴趣。与之相反，如果依然像过去那样，事事遵循指令，那么人们只能无可奈何地停留在各种限制中。

我们已经论述过"群体智慧"，而举办一场大型小组活动恰恰可以将其释放出来。丰富的观点、共同的创造力以及互相的启迪和滋润可以让创意迸发。众人行，行更远。为了挖掘这种潜力，我们完全可以在一天之内对 50~70 名员工做结构调整，也可以跨层级、跨部门介绍一些待处理的课题。为期一天的紧凑活动可以孕育一些成熟的可付诸实践的运营理念，在理想情况下，这些理念甚至在现场就能通过小组决策予以批准，继而立即开始执行。常规的上会讨论和审批只会造成不必要的拖延并最终导致倡议的搁置，而采取新做法就意味着可以绕道行之。我们的经验还表明，员工要比管理者想象中更清楚什么对企业有利，因而他们会朝着正确的方向前进。

上午针对各大主题板块组织一场活力四射的演讲，下午就此议题展开进一步讨论。这种来自外部的脉动和激情提供了一种宽广视野，参与者不仅能从已有的东西中有所习得，还能从崭新的事物中汲取养分。当我们在这样的活动中登台演讲时，会把自己视作横向思维者，展现最新视角、呈现心理背景并陈述该专业领域的最佳实践，还会提醒人们少走弯路，直言令人不快的真相，缓和各种顽固的抵制。尽管对内而言非常危险，但我们迫切需要这种横向思维。

之后，与会者将推荐一些他们希望合作推进的主题。才华横溢的千禧一代在此类工作小组中扮演着特殊的角色。一旦企业运营失控，他们会是第一个注意到的人，他们也最有可能发现落伍的方法和过时的流程，而且也有勇气提出质疑。他们也最熟悉合乎时势的解决方案。总之，他们堪称优秀的未来塑造者。

如果同时存在几个层级，那么最高管理者在某个自己的小组中工作。等级制度阻碍了工作进展，控制行为扼杀了创造力。研究表明，即使上级什么也没有做，只是单纯地出现在员工身边，也会给许多人造成压力。他的绝对命令会导致沉默。只有平起平坐、共同相处时，大家才会勇敢地、不带偏见地提出哪怕荒诞的想法。而且，只有在剥除权威的环境中，人们才会毫无保留地谈论那些令人不快的问题。从操作层面看，将权力和责任移交给"许多人"，结果会比目前看来更能令人接受。而且，我们的经验也证实了这点：面对大家预支的信任，参与者在推进工作时往往会非常认真，也充满激情。

为了推动改革，我们甚至可以组织开展大规模的活动，例如筹办一些"创新即兴大讨论"，此类活动将在特殊的线上平台上持续1~3天。在IBM公司，大约已有15万名员工、客户和合作伙伴在全球范围内参与了此类活动。参与者在论坛上开展在线讨论并提出自己的想法。软件通过评级、排名和讨论热度来引导话题。德国电信公司（Deutsche Telekom）也曾组织2500名员工参与这样的大型讨论，讨论主要围绕两个问题展开：行业如何改善合作方式？哪些新的商业理念值得在未来进一步推广？仅在短短72小时内就产生了170个具体的想法。⊖

⊖ 托尔斯滕·皮特里（Thorsten Petry）：*Digital Leadership*（《数字领导力》），第330页。

9.7 成功因素的可视化处理：转型画布

使用画布开发商业模式的想法可以追溯到瑞士商业战略家亚历山大·奥斯特瓦德（Alexander Osterwalder）。关键点在于做到可视化，与冗长、文本繁多的经典商业计划不同，它使所有的要点一目了然。借助这种方法，人们能够清晰地梳理从基本想法到最终商业模式形成的全过程。对于初创型企业，这已经发展成为一种标配，现在也被世界各地的大型市场参与者广泛使用，甚至还进入了董事会，成为管理层画布。

> 等级制度阻碍了工作进展，控制行为扼杀了创造力

原始的商业模式画布以模块化的方式在 9 个定义字段中显示了商业模式必须考虑的基本结构和核心因素。这样一来，人们就能快速了解各方面的情况及其交互作用。不同颜色的便利贴会被贴到相应的业务领域，人们也可根据需要删掉、移动或添加部分内容。这样就能以简单的方式提出必要的修订意见以及下阶段追求的发展目标。

为了阐明本章中描述的种种组织转型流程，我们基于奥斯特瓦德的画布开发出一幅转型画布，这样就能将各项活动以及与之相应的种种考虑都记录在一整块大板上（最好是 DIN A0 格式，即 84.1cm×118.9cm），以便与相关人员共同处理（见图 9-2）。为此，我们首先要定义项目目标及其机会和风险，继而罗列出合适的措施。监控板块描述了预设目标、衡量指标、负责人、时间轴和结果。这样一来，每个人眼前都会呈现一幅开放、透明且始终动态变化、包含种种元素的全景图。

画布中的五大战略措施决定了转型流程的成功与否，我们再次对其概述如下：

1）以轨道模型为基础，勾勒出企业重新设计的草图，并做出启动的决定。

2）指定一个转型团队，致力于研究必要的实施步骤。

3）设置转型工作组，以便立即采取紧急措施。

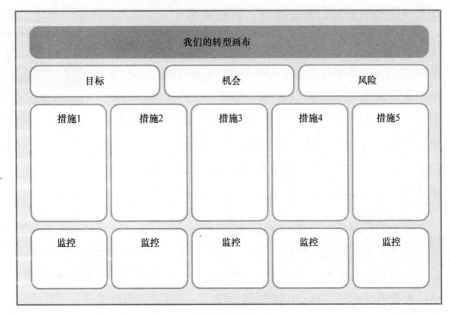

图 9-2 转型画布示例

4）开发新的业务单元，成立新的企业和/或与合适的外部合作机构形成联盟。

5）发起大型小组研讨会，鼓舞员工发挥作用，发起操作层面的转型行动。

在上述所有措施中，务必吸引那些具有聪明智慧的年轻人成为你最亲密的顾问。互联网一代正在改变所有行业的游戏规则，他们决定了我们的未来，也决定了供应商可以灵活回旋的余地。让年轻的思想、新鲜的观点和崭新的方法引领你穿越变革——这将帮助你成为未来经济时代的佼佼者。我们预祝您：

大获全胜！

参 考 文 献

[1] Arnold, Hermann: Wir sind Chef, Haufe Lexware, Freiburg 2016.
[2] Avery, Christopher u. a.: The Responsibility Process, Partnerwerks, Comfort, TX (USA) 2016.
[3] Bauer, Joachim: Arbeit-Warum sie uns glücklich oder krank macht, Blessing, München 2013.
[4] Berndt, Jon C.; Henkel, Sven: Future-ready!, Printamazing, München 2018.
[5] Bodell, Lisa: Kill the Company-12 Killer-Tools für die Wiedergeburt Ihres Unternehmens, Campus, Frankfurt a. M. 2013.
[6] Brandes-Visbeck, Christiane; Gensinger, Ines: Netzwerk schlägt Hierarchie, Redline, München 2017.
[7] Brynjolfsson, Erik; McAfee, Andrew: Machine, Platform, Crowd, Plassen, Kulmbach 2017.
[8] Brynjolfsson, Erik; McAfee, Andrew: The Second Machine Age, Plassen, Kulmbach 2014.
[9] Buhr, Andreas; Feltes, Florian: Revolution? Ja,bitte. GABAL, Offenbach 2018.
[10] Case, Steve: Die dritte Welle: Gewinnerstrategien für die Zukunft der Tech-Branche, Plassen, Kulmbach 2016.
[11] Chouinard, Yvon: Let my people go surfing, Penguin Books, New York 2016.
[12] Christensen, Clayton M. u. a.: Besser als der Zufall, Börsenmedien, Kulmbach 2017.
[13] Christensen, Clayton M. u. a.: The Innovator's Dilemma, Vahlen, München 2013.
[14] Cole, Tim: Digitale Transformation, Vahlen, München 2015.
[15] Dahmen, Dietmar; Bond, Marcus: Transformation. BAMM!, Murmann, Hamburg 2017.
[16] Dark Horse Innovation: Thank God it's Monday!, Econ, München 2014.
[17] Diamandis, Peter H.; Kotler, Steven: Überfluss-Die Zukunft ist besser, als Sie denken, Plassen, Kulmbach 2012.
[18] Dueck, Gunter: Das Neue und seine Feinde, Campus, Frankfurt a. M. 2013.
[19] Dueck, Gunter: Schwarmdumm-So blöd sind wir nur gemeinsam, Eichborn, Frankfurt a. M. 2010.
[20] Eberl, Ulrich: Smarte Maschinen, Hanser, München 2016.
[21] Erbeldinger, Juergen; Ramge, Thomas: Durch die Decke denken-Design Thinking in

der Praxis, Redline, München 2015.

[22] Ford, Martin: Aufstieg der Roboter, Plassen, Kulmbach 2016.

[23] Francis, Dave; Young, Don: Mehr Erfolg im Team, Windmühle, Hamburg 2013.

[24] Gaedt, Martin: Rock your Idea-Mit Ideen die Welt verändern, Murmann, Hamburg 2016.

[25] Giesa, Christoph; Schiller Clausen, Lena: New Business Order, Hanser, München 2014.

[26] Gladwell, Malcolm: David und Goliath-Die Kunst, Übermächtige zu bezwingen, Campus, Frankfurt a. M. 2013.

[27] Goleman, Daniel: Soziale Intelligenz, Knaur, München 2008.

[28] Graf, Richard: Die neue Entscheidungskultur, Hanser, München 2018.

[29] Hackl, Benedikt u. a.: New Work: Auf dem Weg zur neuen Arbeits- welt, Springer Gabler, Wiesbaden 2017.

[30] Hamel, Gary: Worauf es jetzt ankommt, Wiley, Weinheim, 2012.

[31] Harari, Yuval Noah: Homo Deus-Eine Geschichte von Morgen, C.H. Beck, München 2016.

[32] Häusel, Hans-Georg; Henzler, Harald: Buyer Personas, Haufe-Lexware, Freiburg 2018.

[33] Häusling, André (Hrsg.): Agile Organisationen-Transformationen erfolgreich gestalten, Haufe-Lexware, Freiburg 2017.

[34] Häusling, André; Römer, Esther: Praxisbuch Agilität, Haufe-Lexware, Freiburg 2018.

[35] Hermann, Silke; Pfläging, Niels: Open Space Beta, BetaCodex Publishing, Wiesbaden 2018.

[36] Hofert, Svenja: Agiler führen, Springer Gabler, Wiesbaden 2016.

[37] Hofert, Svenja: Das agile Mindset, Springer Gabler, Wiesbaden 2018.

[38] Hoffmann, Kerstin: Lotsen in der Informationsflut, Haufe-Lexware, Freiburg 2017.

[39] Hüther, Gerald: Biologie der Angst, Vandenhoeck & Ruprecht, Göttingen 2007.

[40] Ismail, Salim u. a.: Exponentielle Organisationen, Vahlen, München 2017.

[41] Jahnke, Marlis (Hrsg.): Influencer Marketing, Springer Gabler, Wiesbaden 2018.

[42] Jánszky, Sven Gábor (Hrsg.): Die Neuvermessung der Werte, Goldegg, Berlin 2014.

[43] Johnson, Steven: Wo gute Ideen herkommen, Scoventa, Bad Vilbel 2013.

[44] Kahneman, Daniel: Schnelles Denken, langsames Denken, Siedler, München 2012.
[45] Kawasaki, Guy: The Art of the Start, Vahlen, München 2013.
[46] Keese, Christoph: Silicon Germany, Knaus, München 2016.
[47] Keese, Christoph: Silicon Valley, Knaus, München 2013.
[48] Keller, Bernhard; Ott, Cirk Sören (Hrsg.）: Touchpoint Management, Haufe-Lexware, Freiburg 2017.
[49] Knapp, Jake u. a.: Sprint-Wie man in nur fünf Tagen neue Ideen testet und Probleme löst, Redline, München 2016.
[50] Kotter, John P.: Accelerate, Vahlen, München 2015.
[51] Krebs, Andreas; Williams, Paul: Die Illusion der Unbesiegbarkeit, GABAL, Offenbach 2018.
[52] Kurzweil, Ray: Menschheit 2.0. Die Singularität naht, Lola Books, Berlin 2013.
[53] Laloux, Frederic: Reinventing Organizations, Vahlen, München 2015.
[54] Land, Karl-Heinz: Erde 5.0-Die Zukunft provozieren, Future Vision Press, Köln 2018.
[55] Lanier, Jaron: Wem gehört die Zukunft?, Hoffmann &Campe, Hamburg 2014.
[56] Lederer, Dieter: Veränderungsexzellenz, Hanser, München 2018.
[57] Leonhard, Gerd: Technology vs. Humanity, Vahlen, München 2017.
[58] Lohmann, Detlef: … und mittags geh ich heim, Linde, Wien 2012.
[59] Lotter, Wolf: Innovation. Streitschrift für barrierefreies Denken, Edition Körber, Hamburg 2018.
[60] Lyons, Dan: Disrupted-My Misadventure in the Start-Up Bubble, Hachette, New York 2016.
[61] Markova, Dawna; McArthur, Angie: Collaborative Intelligence-Thinking with People Who Think Differently, Spiegel &Grau, New York 2015.
[62] Maurya, Ash: Running Lean-Das How-to für erfolgreiche Innovationen, O'Reilly, Heidelberg 2013.
[63] May, Jochen: Schwarmintelligenz in Unternehmen, Publicis, Erlangen 2011.
[64] Nowotny, Valentin: Agile Unternehmen, Business Village, Göttingen 2016.
[65] Oestereich, Bernd; Schröder, Claudia: Das kollegial geführte Unter-nehmen, Vahlen, München 2017.
[66] Osterwalder, Alexander u.a.: Business Model Generation, Campus, Frankfurt a. M. 2011.

[67] Osterwalder, Alexander u.a.: Value Proposition Design, Campus, Frankfurt a. M. 2015.
[68] Pépin, Charles: Die Schönheit des Scheiterns, Hanser, München 2017.
[69] Petry, Thorsten (Hrsg.）: Digital Leadership, Haufe-Lexware, Freiburg 2016.
[70] Pfläging, Niels; Hermann, Silke: Komplexithoden, Redline, München 2016.
[71] Pfläging, Niels: Organisation für Komplexität, Redline, München 2014.
[72] Pink, Daniel H.: Drive-Was Sie wirklich motiviert, Ecowin Verlag, Salzburg 2010.
[73] Pinker, Steven: The Better Angels of Our Nature, Penguin Books, London 2011.
[74] Ries, Eric: Lean Startup, Redline, München 2014.
[75] Rustler, Florian: Innovationskultur der Zukunft, Midas Management, Zürich 2017.
[76] Sassenrath, Marcus: New Management, Haufe-Lexware, Freiburg 2017.
[77] Scheller, Torsten: Auf dem Weg zur agilen Organisation, Vahlen, München 2017.
[78] Schüller, Anne M.; Schuster, Norbert: Marketing-Automation für Bestandskunden, Haufe-Lexware, Freiburg 2017.
[79] Schüller, Anne M.; Steffen, Alexander, T.: Fit für die Next Economy-Zukunftsfähig mit den Digital Natives, Wiley, Weinheim 2017.
[80] Schüller, Anne M.: Das neue Empfehlungsmarketing, Business Village, Göttingen 2015.
[81] Schüller, Anne M.: Das Touchpoint-Unternehmen-Mitarbeiter- führung in unserer neuen Businesswelt, GABAL, Offenbach 2016.
[82] Schüller, Anne M.: Touch.Point.Sieg-Kommunikation in Zeiten der digitalen Transformation, GABAL, Offenbach 2016.
[83] Schüller, Anne M.: Touchpoints-Auf Tuchfühlung mit den Kunden von heute, GABAL, Offenbach 2016.
[84] Schültken, Lydia: Workhacks-Sechs Angriffe auf eingefahrene Arbeitsabläufe, Haufe-Lexware, Freiburg 2017.
[85] Sinek, Simon: Frag immer erst: warum, Redline, München 2014. •
[86] Sprenger, Reinhard K.: Radikal Digital, Deutsche Verlags-Anstalt, München 2018.
[87] Stepper, John: Working Out Loud, Ikigai Press, 2015.
[88] Struck, Pia: Game Change-Das Ende der Hierarchie, GABAL, Offenbach 2016.
[89] Surowiecki, James: Die Weisheit der Vielen, Goldmann, München 2007.
[90] Taylor, Christina: Oops, Swisscom AG, 2016.
[91] Tegmark, Max: Leben 3.0. Mensch sein im Zeitalter Künstlicher Intelligenz, Ull-

stein, Berlin 2017.
[92] Thaler, Richard H.; Sunstein, Cass R.: Nudge-Wie man kluge Entscheidungen anstößt, Ullstein, Berlin 2011.
[93] Trost, Armin: Unter den Erwartungen-Warum das jährliche Mitarbeitergespräch in modernen Arbeitswelten versagt, Wiley, Weinheim 2015.
[94] Van Delden, Catharina: Crowdsourced Innovation, innosabi Publishing, München 2016.
[95] Vollmer, Lars: Zurück an die Arbeit, Linde, Wien 2016.
[96] Winters, Phil: Customer Strategy, Haufe-Lexware, Freiburg 2014.
[97] Zeuch, Andreas: Alle Macht für niemand-Aufbruch der Unterneh-mensdemokraten, Murmann, Hamburg 2015.